MARIOLOGISCHE STUDIEN
Band XIX
»Geboren aus der Jungfrau Maria«

D1985503

MARIOLOGISCHE STUDIEN
Band XIX
»Geboren aus der Jungfrau Maria«

herausgegeben von
Anton Ziegenaus

im Auftrag der deutschen
Arbeitsgemeinschaft für Mariologie

Anton Ziegenaus (Hg.)

»Geboren aus der Jungfrau Maria«

Klarstellungen

VERLAG FRIEDRICH PUSTET
REGENSBURG

Bibliografische Information der Deutschen Nationalbibliothek

Die Deutsche Nationalbiblithek verzeichnet diese Publikation
in der Deutschen Nationalbibliografie;
detaillierte bibliografische Daten sind im Internet
über http://dnb.d-nb.de abrufbar.

www.pustet.de

ISBN 978-3-7917-2080-7
© 2007 by Verlag Friedrich Pustet, Regensburg
Umschlaggestaltung: Martin Veicht, Regensburg
Druck und Bindung: Friedrich Pustet, Regensburg
Printed in Germany 2007

INHALTSVERZEICHNIS

Vorwort

Die Deutsche Arbeitsgemeinschaft für Mariologie hat sich auf ihrer Tagung vom 23. – 26. November 2005 in Augsburg dem Credosatz „Natus ex Maria Virgine“ zugewandt. Das Thema war schon einmal Gegenstand einer Tagung: vgl. A. J. Brosch u. a., Jungfrauengeburt gestern und heute (MSt IV), Essen 1967. Die erneute Befassung mit diesem Thema überrascht einen Kenner der Geschichte kaum. Bereits Jes 7,14 erfuhr schon in der Zeit vor Christus verschiedene Interpretationen. Im zweiten Jahrhundert begegnen in Justins Dialog mit dem Juden Tryphon im Grunde schon alle Fragen der neuzeitlichen Diskussion.

Franz Sedlmeier untersucht im ersten Beitrag Jes 7,14, wobei gerade dem Septuagintatext mit der Unterscheidung zwischen der Sprachgestalt übernatürlicher Zeugung und dem Sachverhalt eines einzigartigen Heilsbringers hohes Gewicht zukommt. Die Übersetzer „akzentuieren die wunderbaren Züge der künftigen Rettergestalt … dadurch, dass sie die Geburt aus der Jungfrau betonen und dem sündlosen, aus dem übernatürlichen Bereich kommenden Heilsbringer die Fähigkeit absprechen, Böses zu wirken“ (F. Sedlmeier).

Das Problem der Klärung der Aussage von der Jungrauengeburt stellt sich dringlicher der frühen Christenheit. Im Zusammenhang mit dem Ereignis der Menschwerdung des ewigen Sohnes, die von den verschiedensten Häretikern abgelehnt bzw. nach in ihrem Vorverständnis „zurecht interpretiert“ wurde, wird vor allem an der Glaubensüberzeugung der gott-menschlichen Konstitution Jesu Christi die jungfräuliche Mutterschaft erkannt, und zwar – wie es der Menschwerdung entspricht – jeweils bis ins Leibliche hinein. Sprachgestalt und Sachverhalt fallen zusammen, bei Christus und bei seiner Mutter. Der tragende Grund für die jungfräuliche Mutterschaft ist, so der zweite Beitrag, die Menschwerdung Gottes. Wo diese Zusammenhänge vergessen werden, fällt mit der mariologischen Aussage auch die christologische. Deshalb ist ein Rückgang der Marienfrömmigkeit auch christologisch von höchstem Belang. Je mehr im kirchlichen Glaubensbewusstsein die christologischen Grunddaten (Gott und Mensch und ihre Einheit) und der Kanon der neutestamentlichen Schriften geklärt wurden, desto zentraler wurde die zunächst nur bei Mt und Lk eindeutig gelehrte Jungfrauengeburt als Kurzformel für die wahre Menschwerdung des präexistenten Sohnes gegen den Judaismus, der die Präexistenz leugnete, und gegen die Gnosis, die das Menschsein des Erlösers verkürzte, geortet. Die Geburt aus der Jungfrau kann daher nicht aus den beiden genannten Evangelien allein hergeleitet werden, sondern setzt in ihrem christologischen Gehalt die ganze Schrift voraus. „Erst nach der Schärfung des christologischen Bewusstseins ... in der Auseinandersetzung mit den verschiedensten Häresien konnte die Bedeutung der Mariengestalt geklärt werden“ (*A. Ziegenaus*).

Die christologische Einortung der Geburt aus der Jungfrau wird auch durch die Glaubensbekenntnisse bestätigt, die diese im christologischen Hauptstück nennen. *Manfred Lochbrunner* untersucht die verschiedenen Symbola der Alten Kirche, die Taufsymbola, die Konzils- und die Synodalbekenntnisse (Toledo), das Apostolikum und das Nicaeno-Konstantinopolitanisches Glaubensbekenntnis. Letzteres bildet ein festes Band der Einheit zwischen der West- und Ostkirche. Als Vorbereiter der Glaubenssymbola werden Ignatius von Antiochien, Justin der Märtyrer und Irenäus von Lyon herausgestellt, dessen Realismus in die Inkarnation auch die jungfräuliche Mutterschaft einschließt. Die Jungfrauengeburt galt durch das ganze Mittelalter als unbestrittenes Glaubensgut der Kirche, auch die Reformatoren hielten daran fest. Erst seit der Aufklärung und der preußischen Synode von 1846 und im späteren Apostolikumstreit wurde sie aufgegeben.

Michael Kreuzer greift den ersten Teil des christologisch-mariologischen Bekenntnisses zur Inkarnation auf. Was heißt: „Empfangen vom Heiligen Geist“? Bei dem Aufweis der Geburt aus der Jungfrau wird diese Frage oft beiseitegelassen. Die spezifische Aufgabe des Heiligen Geistes bei der Erschaffung der Welt ist, das im Ratschluss des Vaters grundgelegte und durch den Sohn ins Dasein gerufene Geschöpf liebend und wollend Wirklichkeit werden zu lassen. Diese Wirkweise ist nach Kreuzer auch bei der Menschwerdung zu beachten. Die Menschwerdung des Sohnes ist grundgelegt im Ratschluss des Vaters, geschieht durch das Jawort des Sohnes und das Wollen des Heiligen Geistes. Schon in der Verkündigungsszene zeigt sich das Spezifisch-Triadische (vgl. Lk 1,35) des göttlichen Handelns. Dieses Wollen des heiligen Geistes geht bei der Menschwerdung parallel mit dem Mariens.

Seit dem 4. Jahrhundert wird um das nähere Verständnis der virginitas in partu gerungen, sicher, wie *Manfred Hauke* urteilt, das heikelste mariologische Thema. Zunächst wird die biblische Begründungsmöglichkeit angedeutet. Aus der Sichtung des theologischen Standes im 2. und 3. Jahrhundert ergibt sich, dass die virginitas in partu noch nicht zum offiziellen Glaubensgut der Kirche gehört, aber doch starke Befürworter im Volksglauben fand. Die Ansichten schwankten, da es zu klären war, wie die wahre Mutterschaft Mariens mit ihrer bleibenden Jungfräulichkeit zu vereinbaren ist. Die Klärung der theologischen Postulate geschah durch Theologen und Lehramt im 4. Jahrhundert und vor allem auf dem Konzil von Chalzedon (451), obschon das Wie offen blieb: das natus ex Maria virgine gilt nicht nur für die Empfängnis, sondern für den gesamten Vorgang der Menschwerdung. Das christologische Spiegelbild der jungfräulichen Mutterschaft (Gott-Mensch, Jungfrau-Mutter) bleibt auch bei der virginitas in partu bestehen. Ausführlich wird in diesem Zusammenhang die Lateransynode von 649 ausgeweitet. Die neuzeitlichen Dokumente weichen davon nicht ab. Papst Johannes Paul II. sieht den Ausgangspunkt für die Jungfräulichkeit Mariens in der Christologie, d.h. in der göttlichen Natur Christi. Insgesamt bietet M. Hauke eine umfassende Abhandlung des Themas.

Die „immerwährende" Jungfräulichkeit Mariens verlangt auch ein Eingehen auf die Frage: Hat Maria nach der Geburt Jesu eine ganz normale Ehe geführt? Was besagt die Rede von „Brüdern und Schwestern Jesu". Ist die virginitas post partum nur, wie ein evangelischer Exeget behauptete, ein Problem der katholischen Dogmatik, aber nicht der Exegese? *Josef Kreiml* greift dieses Thema auf. Seiner Ansicht nach kann eine philologische Analyse allein das Problem nicht lösen. Es hängt von Vorverständnissen ab, wie die Diskussion im Altertum zeigt (Wertung von Ehe und Ehelosigkeit). Die Einzigartigkeit der Empfängnis und Geburt Christi impliziert eine Einzigartigkeit der Beziehung Mariens zu Gott und ihre ganzheitliche Indienstnahme durch ihre Berufung.

Wegen der inneren Vernetzung der Mariologie mit den wesentlichen Themen der gesamten Theologie hat die jungfräuliche Mutterschaft auch eine ekklesiologische Dimension. Auch die Kirche ist nach LG 63 Jungfrau und Mutter. *Christian Schaller* handelt über „Mariens Jungfräulichkeit als Urbild der Kirche": Ambrosius führte schon die christologische und ekklesiologische Sicht der Neuen Eva zusammen. Maria ist „urbildlich" beteiligt nicht nur in ethischer Hinsicht (Jungfräulichkeit als Freiheit von Sünde und Falschlehren), sondern auch im Hinblick auf das Gnadengeschehen in Taufe und Eucharistie (eucharistische Frau), im Empfangen und Weitergeben. Maria und die Kirche gebären jungfräulich, in der Kraft des Heiligen Geistes in unversehrtem Glauben Kinder zum neuen Leben. Jeder kirchliche Aktionismus des Machens bleibt insofern dem Empfangen untergeordnet.

In Bezug auf die „Geburt aus der Jungfrau Maria" stimmen Ost und West (Orthodoxe und Katholiken) überein. Obwohl sich die aus der Reformation hervorgegangenen Bewegungen (Protestanten, Kalvinisten, Anglikaner) zum consensus quinquesaecularis bekennen und das Symbolum im 16. Jahrhundert kein Streitobjekt war, wird heutzutage die Jungfrauschaft Mariens auf eine spirituelle Interpretation reduziert. *Joachim Schmiedl* behandelt das Tagungsthema im Hinblick auf die Positionen der Groupe des Dombes und des ARCIC (Anglican-Roman Catholic International Commission) – Dokuments 2005. In den Konsenspapieren werden die biblischen Grundlagen und die Tradition behandelt, die bis zur Reformation keinen Anlass zur Kontroverse gegeben haben. Die unterschiedlichen Positionen werden diskutiert, wobei die dauernde Jungfräulichkeit „zumindest nicht auszuschließen ist". Der Bruch zwischen der katholischen und der reformatorischen Position trat erst im späten 16. und im 17. Jahrhundert ein.

Nicht nur im ökumenischen Dialog spielt die jungfräuliche Mutterschaft Mariens eine Rolle, sondern auch in existentieller Hinsicht. Dies wird in *Klaus Guths* Beitrag: „Frau – Jungfrau – Mutter. Maria im Verständnis von Edith Stein (1891–1942)" deutlich. Nach Edith Stein ist in Maria das Ethos der frei gewählten Jungfräulichkeit, also der Ordensleute vorgebildet. Sie wird aber auch für alle, die für immer oder zeitweilig (z.B. Tod, Krankheit, Krieg) auf den Partner verzichten müssen, zur Lebensorientierung. So wird das Marianische wichtig in der Frauenfrage und für die Mädchenbildung.

Den Schluss dieser der Jungfrauschaft Mariens geltenden Tagung bildet der umfangreiche und ergiebige Beitrag von *P. Johannes Nebel FSO* über den „Preis der Jungfrau in der aktuellen römischen Liturgie“. Die lex orandi wird nach ihrem Zeugnis über Mariens Virginität befragt. Methodische Vorfragen werden eingangs in ausgewogener Weise geklärt, damit das Gewicht der Einzelaussagen ermessen werden kann. Die Texte werden lateinisch und in der deutschen Übersetzung vorgelegt; wodurch die Unterschlagung mancher Aussagen des lateinischen Originals in der deutschen Wiedergabe immer wieder auffällt. Auch wer eine solche Verarmung zugunsten der Flüssigkeit der Übersetzung in Kauf nehmen will, muss einräumen, dass für die theologische Forschung der lateinische Text die Grundlage bilden muss. Im Einzelnen ergibt sich ein überaus differenziertes Bild, das nicht nur für die Mariologie, sondern auch für die persönliche Spiritualität die verschiedensten Aspekte und Nuancierungen aufschließt. Grundsätzlich bleibt die Jungfräulichkeit Mariens der Garant für die gott-menschliche Wahrheit des Erlösers. Der Vorrang der geistigen vor der leiblichen Jungfräulichkeit wird in der Liturgie gesehen, ohne dass dadurch die leibliche Dimension eingeengt würde. P. Johannes Nebel gelingt es, die Jungfräulichkeit in ihrem umfassenden Beziehungsgeflecht aufleuchten zu lassen, auch wenn im Kirchenjahr der Jungfräulichkeit der Gottesmutter kein eigener Text gewidmet ist.

Insgesamt brachten die Vorträge und die anschließende Diskussion bei der Arbeitstagung wiederum zu Bewusstsein, dass in der Mariologie die verschiedensten theologischen Themen, vor allem der Christologie und Ekklesiologie, mitverhandelt werden. Die Mariologie stellt keinesfalls ein Thema von untergeordnetem Rang dar, wie es nicht selten mit der Rede von der „Hierarchie der Wahrheiten“ insinniert wird, „denn Maria vereinigt, da sie zuinnerst in die Heilsgeschichte eingegangen ist, gewissermaßen die größten Glaubensgeheimnisse in sich und strahlt sie wider“ (LG 65).

Anton Ziegenaus

JESAJA 7,14

Überlegungen zu einem umstrittenen Vers und zu seiner Auslegungsgeschichte[1]

von Franz Sedlmeier

Es gibt biblische Texte, die im Laufe der Überlieferungsgeschichte so häufig und so kontrovers gedeutet wurden, dass selbst der Bibliker davor zurückschrecken möchte, sich erneut mit ihnen auseinanderzusetzen. Jes 7,14 gehört mit Sicherheit dazu.[2] Eine auch nur einigermaßen vollständige Präsentation der unterschiedlichen Deutungen, die dieser singuläre Vers im Laufe der innerbiblischen wie der nachbiblischen Auslegungsgeschichte erfahren hat, ist im Rahmen dieses begrenzten Beitrages nicht möglich. Deshalb sei in gut theologischer Tradition „das Ganze im Fragment" geboten. Diese notgedrungene Bescheidung steht der Theologie als Ganzer gut an, in Sonderheit dem Alttestamentler und Exegeten, der sich an einen Text wie Jes 7,14 heranwagt.

Der folgende Beitrag untersucht zunächst die Stellung von Jes 7,14 im weiteren und näheren Erzählzusammenhang des Jesajabuches (1.). Er bietet sodann einen Überblick über die wichtigsten Grundpositionen im Verständnis dieses Verses (2.). Aus der umfänglichen Wirkungsgeschich-

1 Der vorliegende Beitrag geht auf einen Vortrag zurück, der im Rahmen einer Mariologentagung am 26. November 2005 in Augsburg gehalten wurde. Der Vortragsstil wurde weitgehend beibehalten.

2 Vgl. dazu die sprechende und vielzitierte Aussage von M. Buber, Der Glaube der Propheten, Heidelberg ²1984, 177, der von der „wohl umstrittensten Bibelstelle" spricht.

te der Immanuelweissagung soll abschließend vor allem deren innerbiblische Relecture und Interpretation in den Blick genommen werden (3.).[3]

1. Jes 7,14 und sein Erzählzusammenhang

1.1 Jes 7,14 und seine Stellung in Jes 1–12

Jes 7,14 gehört dem ersten Teil des Jesajabuches an, der die Kapitel Jes 1–12 umfasst und sich in drei konzentrisch gestaltete Textabschnitte gliedern lässt.[4] Auf die bucheröffnende Überschrift (1,1) folgt in Jes 1,2–5,7 ein erster Erzählbogen, der JHWHs Rechtsstreit mit seinem Volk thematisiert. Im Kampf gegen das hochmütige JHWH-Volk, das zur „Dirne" geworden ist und die Weisung JHWHs mit Füßen tritt, bringt JHWH Recht und Gerechtigkeit zur Geltung und erweist sich gerade darin als göttlicher König. Der zweite Erzählbogen Jes 5,8–10,19, dem auch der einschlägige Text aus Jes 7 angehört, kreist um die sog. „Denkschrift" (6,1–8,18). Auf sie wird im Folgenden noch näher einzugehen sein. Ein dritter Erzählbogen Jes 10,20–11,16 ist geprägt vom Motiv des Restes, mit dem JHWH eine neue Zukunft herbeiführen wird. Das Danklied Jes 12,1–6 schließt den ersten Teil des Jesajabuches Jes 1–12 ab.

[3] Zur Wirkungsgeschichte von Jes 7,14 im Neuen Testament, in Patristik, Mittelalter und Neuzeit bis herauf in die Gegenwart sei verwiesen auf den demnächst erscheinenden ausführlichen Beitrag von Marius Reiser, Aufruhr um Isenbiehl oder: Was hat Jes 7,14 mit Jesus und Maria zu tun (erscheint im Jahre 2007). Für das zur Verfügung gestellte vorläufige Manuskript sei Herrn Kollegen Reiser sehr herzlich gedankt. Der Mainzer Neutestamentler kann, ausgehend von einem gegen Ende des 18. Jahrhunderts stattfindenden Streit um den Mainzer Priester Isenbiehl und seine Deutung von Jes 7,14 überzeugend aufzeigen, dass die wichtigsten Argumente der gegenwärtigen exegetischen Diskussion bereits in der Patristik und im Mittelalter auf höchstem Niveau diskutiert wurden, bei freilich anderen Verstehensvoraussetzungen.

[4] Vgl. dazu Jüngling, Das Buch Jesaja, in: E. Zenger u.a. (Hg.), Einleitung in das Alte Testament, Stuttgart [5]2004, 427–451, hier 431. Zu weiteren Vorschlägen in der Gliederung des Textmaterials von Jes 1–12 vgl. U. Berges, Das Buch Jesaja. Komposition und Endgestalt (HBS 16), Freiburg, Basel, Wien 1998, 50–53; W.A.M. Beuken, Jesaja 1–12 (HThK AT), Freiburg 2003, 30–36; P. Höffken, Jesaja. Der Stand der theologischen Diskussion, Darmstadt 2004, 115–123 (mit weiterer Literatur).

Jes 7,14 gehört somit dem mittleren und damit dem zentralen, seinerseits wiederum konzentrisch gestalteten Textabschnitt Jes 5,8–10,19 an. Den Kern dieses Textabschnittes bildet die sog. „Denkschrift" Jes 6,1–8,18, die ihrerseits von einer dreifachen Rahmung umgeben ist:[5] deren äußere besteht aus Weherufen (5,8–24; 10,1–19), die mittlere aus Kehrversgedichten, die um das Motiv der zum Gericht ausgestreckten Hand JHWHs kreisen (5,25–29; 9,7–20). Die innere Klammer wird durch das Stichwort „Dunkel" angezeigt (5,30; 8,22).

Auch die „Denkschrift" ihrerseits zeigt noch einmal eine besondere Gestaltung. In ihrem Zentrum steht Jes 7, ein Er-Bericht, der von zwei in Ich-Form gestalteten Textblöcken gerahmt wird: von der Berufungserzählung in Jes 6 und von den Gerichts- und Warnworten in Jes 8.[6] Damit erhält das Kapitel Jes 7 innerhalb der Komposition des ersten Teils des Jesajabuches eine herausragende Stellung. Die Immanuelweissagung von Jes 7 gehört der zentralen mittleren Ringkomposition innerhalb von Jes 1–12 an, innerhalb dieser der zentralen „Denkschrift" und sie bildet darin noch einmal die Mitte.[7]

5 Vgl. dazu Berges, Jesaja (siehe Anm. 4), 87f. Zur Problematik um die Hypothese einer „Denkschrift" vgl. J. Werlitz, Studien zur literarkritischen Methode. Gericht und Heil in Jes 7,1–17 und 29,1–8 (BZAW 204), Berlin, New York 1992, 102–122; J. Barthel, Prophetenwort und Geschichte. Die Jesajaüberlieferung in Jes 6–8 und 28–31 (FAT 19), Tübingen 1997, 37–65, hier 37–43.

6 Nach Berges lässt sich der Aufbau der Denkschrift noch präziser fassen, so dass die Immanuelweissagung in ihrer zentralen Stellung noch pointierter zur Sprache kommt. Demnach ist Jes 7,10–17 (Weissagung des „Immanuel") als Mitte der Denkschrift von zwei symbolischen Handlungen mit den Kindern des Propheten „Schear Jaschub" (7,1–9) und „Maher-Schalal-Hasch-Bas" (8,1–4) umrahmt. Eine äußere Klammer 6,1–11 und 8,11–18 handle von der „Berufung" des Propheten. Diese so konzentrisch gestaltete Denkschrift sei, wie oben erwähnt, noch einmal umklammert vom Stichwort „Dunkel" (5,30 und 8,22), das auf die assyrische Bedrohung verweise. Vgl. Berges, Jesaja (siehe Anm. 4), 93f. (mit weiterer Literatur).

7 Für die besondere Bedeutung von Jes 7 nicht nur innerhalb von Jes 1–12, sondern innerhalb des Jesajabuches spricht die gezielte Gegenüberstellung der beiden Könige Ahas und Hiskija. Während Hiskija nach Jes 36–39 den Typos des auf die Weisung Gottes vertrauenden davidischen Herrschers darstellt, erscheint Ahas als politischer Stratege, der sich dem prophetisch ver-

1.2 Jes 7,14 und seine Stellung in Jes 7,1–17[8]

Um die Bedeutung der Aussage von Jes 7,14 zu erheben, gilt es in einem weiteren Schritt den Ort dieses Verses innerhalb von Jes 7,1–17 und seine Einbindung in dieses so zentrale Kapitel, das aus den beiden Abschnitten VV. 1–9 und VV. 10–17 besteht, näher zu untersuchen.

Ein Heilsorakel für den bedrängten König (Jes 7,1-9)

Als geschichtliche Einleitung eröffnen VV. 1–2 den Er-Bericht und verorten das folgende Geschehen zeitgeschichtlich am Beginn des sog. syrisch-efraimitischen Krieges 734–732 v. Chr. Datierung wie genealogische Notiz in V. 1 unterstreichen die Bedeutung der hier überlieferten Ereignisse.[9] Zugleich wird von Anfang an das Scheitern des feindlichen Angriffs gegen Jerusalem konstatiert, wohl unter Bezugnahme auf 2 Kön 16,5.[10] Das zunächst aufgebaute Bedrohungsszenarium und gegenläufig dazu die Information für den Leser, dass die Stadt verschont bleibt, rückt das Verhalten der Handelnden um so mehr in das Blickfeld. Damit verweist der biblische Autor bereits von Anfang an mit der ggf. aus 2 Kön 16,5 übernommenen konkreten Situierung über die historische Begebenheit als solche hinaus. Vor dem Hintergrund des konkret vorgestellten historischen Szenariums soll Grundlegenderes reflektiert werden. Kontrastierend zur Aussage von V. 1 über das Misslingen des feindlichen Ansinnens beschreibt V. 2 die Reaktion, die die anstehende Bedrohung beim König und beim ganzen Volk auslöst: König und Volk geraten in Panik, wie das Bild eines vom Sturm hin und hergepeitschten

mittelten göttlichen Wort verweigert. Ausführlicher dazu: Berges, Jesaja (siehe Anm. 4), 111: „Auf der dunklen Folie des ungläubigen Ahas wird das Beispiel des treuen Hiskija ... umso heller".

8 Die sicherlich später angefügten VV. 18–20.21–22 und 23–25 bleiben hier außer Acht.

9 „In der Zeit, als Ahas, der Sohn Jotams, des Sohnes Usijas, König von Juda war, zogen Rezin, der König von Aram, und Pekach, der Sohn Remaljas, der König von Israel, gegen Jerusalem in den Krieg; aber sie konnten die Stadt nicht einnehmen." Die relativ ausführlichen genealogischen Angaben sind vermutlich von Jes 6,1 her beeinflusst.

10 „Damals unternahmen Rezin, der König von Aram, und Pekach, der Sohn Remaljas, der König von Israel, einen Kriegszug gegen Jerusalem. Sie schlossen Ahas ein, konnten ihn aber nicht zum Kampf zwingen."

Waldes anschaulich vor Augen führt. Zu Recht merkt Irsigler an, dass der in VV. 1–2 eröffnete narrative Rahmen unvollständig ist: „Das tatsächliche Geschick Arams und Efraims wird über V. 2 hinaus nicht erzählt. Die narrativen Sätze haben nur die Funktion, göttlich legitimierte Rede oder Gespräch einzuführen und sie geschichtlich und situativ zu verankern, nichts weiter. Allein die göttlich legitimierte prophetische Rede ist dem Text wichtig."[11]

Vor dem Hintergrund des historischen Szenariums der VV. 1–2 ergeht in VV. 3–9 die JHWH-Rede an Jesaja mit dem Auftrag, eine Begegnung mit König Ahas herbeiführen. Das JHWH-Wort in VV. 3–4aα verweist ausdrücklich auf den Ort der Begegnung und auf den Sohn des Propheten, der diesen begleitet.[12] Dass Ahas sich gerade bei der Wasserleitung an der Walkerfeldstraße aufhält, innerhalb oder außerhalb der Stadt, wird vor der Bedrohungskulisse von VV. 1–2 wohl so zu deuten sein, dass der König für den Fall der kommenden Belagerung die Wasserversorgung in der Stadt überprüfen will.[13] Dass Jesaja im Auftrag JHWHs in Begleitung seines Sohnes zu gehen hat, der ausdrücklich mit seinem Namen „Schear Jaschub" genannt wird, macht deutlich, dass dieser Name besondere Aufmerksamkeit verdient. Unklar bleibt zunächst freilich,

11 H. Irsigler, Der Aufstieg des Immanuel. Jes 7,1–17 und die Rezeption des Immanuelworts in Jes 7–11, in: ders., Vom Adamssohn zum Immanuel (ATS 58), St. Ottilien 1997, 101–154, hier 104.

12 Die Tatsache, dass eine Ausführung des göttlichen Auftrages durch den Propheten nicht eigens geschildert wird, diese nach dem späteren Fortgang der Handlung in V. 10ff. jedoch selbstverständlich vorausgesetzt ist, zeigt einmal mehr, dass nicht die präzise Wiedergabe eines historischen Geschehens, sondern die im Auftrag JHWHs ergehende prophetische Rede das entscheidende Datum des vorliegenden Textes darstellt.

13 Jes 36 schildert eine ähnliche Bedrohung, die jedoch von den Heeren der Assyrer während der Belagerung Jerusalems 701 v. Chr. ausgeht. Nach Jes 36,2 hält sich König Hiskija ebenfalls an der erwähnten Wasserleitung auf. Auf diese Weise werden die beiden Könige Ahas und Hiskija in ihrem Verhalten miteinander verglichen. Diese Gegenüberstellung macht einmal mehr deutlich, dass die Aussagen von Jes 7 wie von Jes 36 tendenziell ins Grundsätzliche und Paradigmatische gehen. Im Verhalten der beiden Könige und in ihrer Stellungnahme zum prophetisch vermittelten Wort JHWHs wie zum Propheten als JHWHs Gesandten, werden grundlegende, einander ausschließende Optionen vor Augen geführt.

worin die Botschaft des Namens „Ein Rest kehrt um" liegt. Offensichtlich soll die präzise Bedeutung der Aussage in der Schwebe gehalten werden. Zielt der Name „Schear Jaschub" auf die angreifenden Truppen, dann dürfte er als implizite Heilansage zu verstehen sein. Sind die hingegen die eigenen Truppen im Blick, die als versprengter Rest geschlagen zurückkehren, würde der Name auf kommendes Unheil verweisen. Wirbt der Name hingegen dafür, sich doch von der Panik, die sich nach V. 2 breit gemacht hat, freizumachen, statt dessen zu JHWH zurückzukehren und im Gottvertrauen verlässlichen Halt zu finden, dann impliziert er einen Ruf in die Entscheidung, das Vertrauen auf JHWH zu setzen. Das im Auftrag JHWHs stumm mitgehende Kind kann demnach auf Unterschiedliches verweisen: In ihm kann eine Mahnung zur Umkehr, die Ankündigung von Heil, aber auch die Androhung von Unheil zeichenhaft gegenwärtig sein. Als Kind mit einem bedeutungsvollen und zugleich geheimnisvollen Namen kann „Schear Jaschub" darüber hinaus bereits ein Vorverweis auf das in Jes 7,14 angekündigte Kind sein, dem ein nicht minder bedeutungsschwerer wie geheimnisvoller Name zukommt.[14] Die Aussage „Ein Rest kehrt um" lässt somit keine eindeutige Festlegung zu. Sie bleibt offen für verschiedene Deutungen und sensibilisiert den Leser als primären Adressaten des Textes zur wachsamen Lektüre der bewusst hintergründig gehaltenen Aussagen.[15]

14 Vgl. dazu die Ausführungen von Berges, Jesaja (siehe Anm. 4), 93f., wonach die beiden Namen „Schear Jaschub" (7,1–9) und „Maher-Schalal-Hasch-Bas" (8,1–4) die zentrale Aussage um den „Immanuel" (7,10–17) rahmen. Insofern ist eine Korrelation zwischen beiden Namen anzunehmen, so dass ein Vorverweis von „Schear Jaschub" auf „Immanuel" zumindest in der Endgestalt des Textes gegeben sein dürfte.

15 Anders H.-J. Stipp, Vom Gericht zum Heil. Die Selbstinterpretation Jesajas in der Denkschrift, in: F. Sedlmeier (Hg.), Gottes Wege suchend. Beiträge zum Verständnis der Bibel und ihrer Botschaft (FS für R. Mosis zum 70. Geburtstag), Würzburg 2003, 323–354. Stipp geht von einer ursprünglichen Heilsprophetie des in der Zionstheologie beheimateten Heilspropheten Jesaja aus, der sich mit der Ankündigung des Scheiterns der feindlichen Aggressoren des Wohlwollens der Dynastie vergewissert. Bei dieser Annahme fungieren die Namen „Schear Jaschub" und „Maher-Schalal-Hasch-Bas" als zwar indirekte, aber eindeutige Heilsbotschaften für Ahas und die bedrohte Dynastie, da sie auf die Niederlage der Feinde bezogen sind. Im Namen „Immanuel" kommt zusätzlich noch eine direkte Heilszusage für Ahas und sein Haus hinzu. Aufgrund der politischen Aktivitäten des Ahas, der sein

Das aus vier Verben bestehende Heilsorakel, das Jesaja nach V. 4 zu verkünden hat,[16] fordert den König zur Furchtlosigkeit auf, sicher in Opposition zur allgemeinen Panik, die sich bereits breit gemacht hatte. Diese Furchtlosigkeit hat ihren Grund im Scheitern des feindlichen Angriffs, wie das Bildwort von den „rauchenden Stummeln" (V. 7) deutlich macht. Das mit Botenformel eingeführte und damit zugleich hervorgehobene Gotteswort von V. 7 „Nicht kommt's zustande und nicht wird's geschehen" wird durch ein vorausgehendes Feindzitat (V. 5f.) begründet: Demnach planen Aram mit Efraim, in Juda einzumarschieren, die Hauptstadt zu erobern und einen neuen Herrscher mit Namen Tabeal einzusetzen.[17] Es soll also nach den feindlichen Planungen der Versuch unternommen werden, die davidische Dynastie gewaltsam zu beenden. Die Gefahr, die besteht, übersteigt somit die konkrete historische Situation. Im historischen Detail – einer aktuellen kriegerischen Gefahr für die Stadt – wird eine Frage von grundsätzlicher Bedeutung verhandelt:

Vertrauen mehr auf Assur denn auf den Zionsgott JHWH setzte und mit dieser seiner Strategie durchaus erfolgreich zu sein schien, sei Jesaja in eine Legitimationskrise geraten und habe um der eigenen Glaubwürdigkeit willen die ursprüngliche Heilsbotschaft in eine Gerichtsbotschaft transformiert. Doch selbst bei Annahme einer solchen Entwicklung des Propheten – einer „Bekehrung Jesajas vom Heilspropheten zum Künder des Gerichts" (Stipp, a.a.O., 354) – präsentiert sich der Text in seiner Endgestalt änigmatisch und lässt eine eindeutige Bestimmung des Namens „Schear Jaschub" als Heilsansage für Ahas nicht mehr zu.

16 Buber übersetzt den hebräischen Text wie folgt: „Hüte dich, halte dich still, fürchte dich nimmer, nimmer weich werde dein Herz ...". Die Einheitsübersetzung gibt leider nur drei Verben wieder, nimmt damit die Eindringlichkeit der Mahnung zurück und verwässert so die Aussage des biblischen Textes.

17 Die Bedeutung des Namens „Tabeal" ist umstritten. Eine plausible Deutung liefert Beuken, Jesaja (siehe Anm. 4), 198: „Der Vater des anvisierten Vasallen, Tabeal, wird am besten mit Tabeël, einem König von Tyrus indentifiziert, der zusammen mit Rezin und Menachem, einem Vorgänger von Pekach, in einer assyrischen Liste von Königen vorkommt, die Tiglat-Pileser III tributpflichtig geworden waren ... Wenn überhaupt eine historische Notiz vorliegt, so darf man davon ausgehen, dass der Name des Vasallen Tabeël »gut ist Gott«, gelautet hat. Dieser wurde dann zu Tabeal, »Taugenichts«, verballhornt. Damit kontrastiert er noch mehr mit der Person, dessen Name erst später fällt und den Schutz JHWHs auf ganz besondere Weise verkörpert: Immanuel".

nach der Festigkeit und der Zukunft der davidischen Dynastie wie nach der Gültigkeit der göttlichen Verheißung an das Haus David. Durch die Zurückweisung des feindlichen Ansinnens erklärt JHWH mit der Autorität seines Wortes die Zukunft des Hauses David zu seiner ureigenen Angelegenheit. Den Bestand der davidischen Dynastie begründet und gewährleistet das verlässliche Wort JHWHs. Die sich anschließenden VV. 8–9a erläutern und entfalten das Scheitern der Feinde des Hauses David unter Hinweis auf deren Hauptstädte, die selbst Opfer kriegerischer Agitation werden sollen. Implizit ist damit noch einmal der Schutz Jerusalems angesagt.

Eine besondere Bedeutung kommt dem abschließenden Halbvers 9a zu, ein Wort, das als Mahnung oder bedingte Drohung zu verstehen ist: אִם לֹא תַאֲמִינוּ כִּי לֹא תֵאָמֵנוּ „Glaubt ihr nicht, so bleibt ihr nicht!" Der durch JHWHs Wort gewährte Fortbestand der Dynastie wie des Volkes verlangt nach einer Entscheidung, sich an JHWH-Gott festzumachen. Das ursprüngliche Heilsorakel wird so relativiert und präzisiert: Es ist nicht im Sinne eines Heilsautomatismus misszuverstehen. Das von Gott geschenkte Heil will vielmehr in gläubigem Vertrauen und mit Entschiedenheit ergriffen werden. Erneut weitet sich der Horizont der Aussage: Die Anrede an Ahas („du") geht über in eine Anrede an die davidische Dynastie und das gesamte JHWH-Volk („ihr"). Damit rekurriert die Aussage noch einmal auf V. 2, wonach König und Volk in Panik geraten waren, was als Zeichen fehlenden Vertrauens verstanden werden muss. Diese Weitung des Kommunikationsgeschehens öffnet das JHWH-Wort VV. 4–9 bereits für die folgende Szene VV. 10–17. Denn die pluralische Anrede „ihr" taucht erneut in der zentralen Immanuelaussage von VV. 13–14 auf: „ihr vom Hause David". So wird am Ende des ersten Abschnittes das ursprüngliche Kommunikationsgeschehen erneut entgrenzt, auf das ganze Haus David hin geweitet und somit in einen großen heilsgeschichtlichen Bogen eingefügt. Insofern kommt V. 9b als dem Abschlussvers der ersten Szene eine besondere Bedeutung zu: „Dieser Anhang soll die Redeinheit VV. 3–9 öffnen auf die Fortsetzung hin, in der deutlich wieder das Ihr (des Davidshauses) Verwendung findet, VV. 13f(f). Das heißt: Dort entscheidet sich für den Erzähler, ob ‚geglaubt' und ‚geblieben' wird, in negativem Sinn."[18].

[18] P. Höffken, Das Buch Jesaja. Kapitel 1–39 (NSK-AT 18/1), Stuttgart 1993,

Die Immanuelweissagung (Jes 7,10–17)

Der sich anschließende zweite Abschnitt von Jes 7, der die eigentliche Mitte des Erzählkranzes Jes 5,8–10,19 darstellen dürfte,[19] bringt die Fortsetzung des Gesprächs „JHWH" – „Prophet" – „König". Die seltsame Eröffnung וַיּוֹסֶף יְהוָה דַּבֵּר „und JHWH sprach noch einmal ..." hat zu vielerlei Vermutungen Anlass gegeben.

Der textkritische Apparat der BHS verweist auf das Targum, das nicht JHWH, sondern Jesaja als Sprecher anführt. Tatsächlich wäre eine Fortsetzung wie „und Jesaja sprach noch einmal ..." zu erwarten. Martin Buber versteht die Narrativform וַיּוֹסֶף als Hifil und gibt den Text kausativ wieder: „Und weiter ließ ER zu Achas reden". Höffken bietet eine literarkritische Lösung und sieht in der eröffnenden Aussage von V. 10 den Einfluss von Jes 8,5 וַיֹּסֶף יְהוָה דַּבֵּר אֵלַי עוֹד לֵאמֹר wirksam.[20] Die im hebräischen Text vorgegebene Formulierung ist, unabhängig von dessen Vorgeschichte, nicht zu korrigieren, sondern im Sinne einer sprachlichen Konzentration zu verstehen. Die Begegnung zwischen Prophet und König, die im ersten Abschnitt nicht eigens erwähnt ist (VV. 4–9), wird auf die Begegnung zwischen JHWH und König hin verdichtet.[21] Damit rückt die Relation zwischen davidischer Dynastie, deren Fortbestand

86f. Stipp, Selbstinterpretation (siehe Anm. 15), 348 weist den Abschluss von V. 9 wie die eindringliche Warnung von V. 4 dem späteren Jesaja zu, der seine frühere Heilsbotschaft inzwischen selbstkritisch uminterpretiert habe: „In der ersten Hälfte spiegeln nur die VV. 4d–9b, geformt nach der Gattung ‚Heilsorakel an einen König in bedrängter Lage' ..., die Essenz von Jesajas ursprünglichen Worten wider, während der gattungsfremde Rahmen mit den Warnrufen in 4bc und 9cd die Wirkungsgeschichte seiner Rede ins Auge fasst."

19 Siehe oben Anm. 6 mit Verweis auf Berges, Jesaja 93f. Dieser Textabschnitt VV. 10–17, in dem jedes Wort diskutiert wurde, wie die schier uferlose Literatur zeigt, stellt sicherlich keine ursprüngliche literarische Einheit dar. Die hier vorgetragenen Überlegungen basieren auf den gründlichen Studien von Irsigler, Aufstieg (siehe Anm. 11), 112–120.

20 Höffken, Jesaja (siehe Anm. 18), 87f.: „Die Lösung liegt aber wohl darin, daß der Verfasser sich an 8,5 orientiert hat, wo entsprechend formuliert wurde, um ein weitergehendes Reden der Gottheit zu thematisieren."

21 Diese sprachliche Verdichtung entspricht der besonderen Bedeutung des Textabschnittes VV. 10–17 innerhalb von Jes 1–12.

und JHWHs wirksamen Wort noch mehr in den Fokus der Aufmerksamkeit. Auch dieses Mittel sprachlicher Verdichtung dient erneut der Transzendierung des augenscheinlichen Geschehens und verleiht den folgenden Dialogen grundlegende Bedeutung.

Dass Jesaja selbst nach wie vor als Sprecher des Gotteswortes zu gelten hat, geht aus dem folgenden V. 11 hervor, wonach er den König auffordert, ein Zeichen „vom Herrn, deinem Gott" zu erbitten. In der Regel geht die Zeichenbitte vom Menschen aus, um eine zukünftige Heilstat Gottes verbürgen oder bestätigen zu lassen.[22] Im vorliegenden Fall bietet JHWH im Munde des Propheten dieses Zeichen an, das darauf zielt, den Glauben des Königs zu bestärken (vgl. V. 9b). Die auffällige Aussage, dieses Zeichen zu erbitten „vom Herrn, deinem Gott", eine in diesem Zusammenhang und für Jesaja singuläre Wortverbindung, dürfte die Bundesformel bzw. das göttliche Bundeshandeln evozieren. Damit wird das Zeichen in den Horizont des Bundes gestellt, den JHWH mit dem Haus David geschlossen hat. Die Weite des Bereiches, aus dem das Zeichen erbeten werden kann – die „Unterwelt"[23] und die „Höhe" – und bezeichnet als Merismus die gesamte Lebenswelt. Diese Großzügigkeit des göttlichen Angebotes steht in einem auffallenden Kontrast zum tatsächlichen Verhalten des Königs.[24]

22 Vgl. dazu Ex 3,12 im Anschluss an den vorausgehenden Einwand des Mose: „Gott aber sagte: Fürwahr: Ich bin mit dir (כִּי־אֶהְיֶה עִמָּךְ), ich habe dich gesandt, und dies (wird) für dich das Zeichen (sein) (וְזֶה־לְּךָ הָאוֹת): Wenn du das Volk aus Ägypten herausgeführt hast, werdet ihr Gott an diesem Berg verehren." Das Zeichen trifft in relativ ferner Zukunft ein. Nach Ri 6,17 fordert Gideon ein Zeichen, das unmittelbar danach gegeben wird. In Jes 7,30–32 und 38,7–8 erhält Hiskija jeweils ein Zeichen und profiliert sich so als Gegenbild des ungläubigen Ahas.

23 Die Masoreten korrigieren dieses großzügige Angebot dahingehend, dass sie „Unterwelt" umvokalisieren in שְׁאָלָה „bitte doch!" Wahrscheinlich wurde der Konsonantenbestand ursprünglich als „Unterwelt" verstanden, wie dies auch die Septuaginta und die Rezensionen Aquila, Symmachus und Theodotion belegen. Die Vokalisierung der Masoreten ließe sich auch so erklären, dass sie eine bewusste Angleichung an das folgende לְמָעְלָה intendierten. Die Deutung von שְׁאָלָה als Imperativ bzw. Infinitiv absolutus ist in der jüdischen Überlieferung besonders häufig belegt.

24 Höffken, Jesaja (siehe Anm. 18), 88 betont: „Das gebotene Zeichen endlich wird sich ja im Bereich des Alltäglich-Möglichen bewegen." Die Frage ist

Ahas reagiert auf das gottgewährte Zeichen abweisend (V. 12), wobei er die Begründung seiner Weigerung in Anlehnung an die deuteronomisch-deuteronomistische Theologie formuliert: Der Mensch darf Gott nicht auf die Probe stellen (vgl. Dtn 6,16; Ps 78,18; Mk 1,12f.). Das Verhalten des Ahas dürfte freilich weniger von Ehrfurcht und Gehorsam gegenüber dem göttlichen Willen geleitet sein, als dies seine Worte insinuieren. Der Erzählzusammenhang legt vielmehr nahe,[25] dass der König mit der Zurückweisung des Zeichens sich weigert, sein Vertrauen auf Gott als verlässlichen letzten Halt zu setzen. Wenn mit dem Angebot eines Zeichens „vom Herrn, deinem Gott" zudem auf die Bundesformel bzw. das göttliche Bundeshandeln Bezug genommen ist, dann geschieht mit der Absage des Königs zugleich eine Verweigerung, im Bund zu bleiben bzw. das göttliche Bundeshandeln nicht als Bezugspunkt für das eigene Verhalten gelten zu lassen.

Entsprechend deutlich fällt demnach auch die Antwort des Propheten in VV. 13–14.17 aus. Sie ist formal als begründetes, mit Hörruf eingeleitetes Gerichtswort gestaltet, besteht also aus Schelte und Drohung. Der das Drohwort eröffnende Hörruf nennt als Adressat ist nicht länger Ahas, sondern bezeichnender Weise das „Haus David". Nicht das persönliche Schicksal des historischen Königs Ahas, sondern die Zukunft der davidischen Dynastie wird verhandelt. Damit transzendiert der Verfasser

freilich, ob Höffken hier nicht vorschnell festlegt, wie das tatsächliche gegebene Zeichen aus V. 14 denn zu verstehen sei. Wird nicht vielleicht doch, gerade aufgrund des universalen Horizontes des angebotenen Zeichens in V. 11, schon ein hintergründiger Hinweis auf das tatsächliche Zeichen in V. 14 gegeben, das den Horizont des „Alltäglich-Möglichen" dann ebenfalls übersteigen könnte. Die innerbiblische – sei es die inneralttestamentliche wie die zwischentestamentarische – Auslegungsgeschichte wie die Väterexegese scheinen hier hellhöriger gewesen zu sein für die Hintergründigkeit und Mehrdimensionalität der Aussagen von Jes 7,1–17.

[25] Vgl. dazu besonders die den ersten Abschnitt des Kapitels VV. 1–9 abschließende Mahnung des Propheten: „Glaubt ihr nicht, so bleibt ihr nicht!" Da das angebotene Zeichen den König in seinem schwankenden Glauben bestärken soll (siehe auch V. 2 und V. 4), manifestiert sich in der Zurückweisung des göttlichen Zeichens die Verhärtung des Königs im Unglauben (vgl. Jes 6,9f.).

einmal mehr die konkrete Szenerie und zielt auf eine für die Zukunft des JHWH-Volkes grundlegende und schicksalhafte Frage.[26]

Der Schuldtatbestand, der das kommende Unheil begründet, erscheint in einer „tadelnden Frage“[27], die steigernd angelegt ist. Der emotional aufgeladene Ausdruck לאה „belästigen, ermüden, schwächen“[28] verweist zunächst auf das Versagen der davidischen Dynastie gegenüber den Menschen,[29] zielt dann aber mit der Anklage „Gott · belästigen“ bzw. „Gott ermüden“ verschärfend und zuspitzend auf den entscheidenden Schuldtatbestand. Damit ist die Zurückweisung des angebotenen göttlichen Zeichens eindeutig als Entscheidung des gegenwärtigen Repräsentanten der davidischen Dynastie gegen den göttlichen Heilsplan zu verstehen. Dieser Sachverhalt findet auch darin seinen sprachlichen Ausdruck, dass Jesaja nicht länger „vom Herrn, deinem Gott“ (so noch in V. 11), sondern stattdessen von אֱלֹהָי „meinem Gott“ (V. 13) spricht. Gott wechselt gleichsam die Seiten. Berücksichtigt man, dass in V. 11 in einer für Jesaja singulären Formulierung an das göttliche Bundeshandeln erinnert wurde, dann bestätigt diese Neuformulierung „mein Gott“ in V. 13, dass der Repräsentant der davidischen Dynastie den Bund mit seinem Gott aufgekündigt hat.[30] Der Schuldtatbestand wird somit in die Nähe eines Bundesbruches gerückt.

26 Mit der pluralischen Anrede „Hört her, ihr vom Haus David!“ wird auf die entsprechende Anrede aus V. 9b Bezug genommen: „Glaubt ihr nicht, so bleibt ihr nicht!“

27 Höffken, Jesaja (siehe Anm. 18), 88.

28 Zur Verwendung der Wurzel לאה im Jesajabuch vgl. Jes 1,14; 16,12; 47,13; weitere Belegstellen: Ex 7,18; Jer 6,11; 12,5; 15,6; 20,9; Mi 6,3; Ijob 4,5; 16,7.

29 H. Wildberger, Jesaja 1–12 (BKAT X/1), Neukirchen-Vluyn, ^{2}1980, 288 vermutet aufgrund von Belegen wie 1 Kön 19,4 (Klage des Elija) oder Jer 6,11; 15,6 und 20,9 (Klagen des Jeremia), „daß Jesaja bei den ‚Menschen‘ vornehmlich an sich selbst denkt“, worauf auch das folgende „mein Gott“ hinweisen könnte. Vgl. auch Irsigler, Aufstieg (siehe Anm. 11), 106.

30 Vgl. dazu Wildberger, Jesaja (siehe Anm. 29), 288: „Nie redet Jesaja sonst von Jahwe als ‚seinem Gott‘; wenn er es hier tut, will also diese Inanspruchnahme Jahwes für seine Person andeuten, daß die Verbindung zwischen Jahwe und dem Davidshaus am Zerbrechen ist.“ Dass hier die Fragestellung „Bund“, „Bundeshandeln“ und „Bundesbruch“ mitzuhören ist, bringt auch R. Kilian, Jesaja 1–12 (NEB 17), Würzburg 1986, 54 zum Ausdruck, wenn er

Die mit der üblichen Partikel לָכֵן „deshalb“ eröffnete Drohung – ihr gehört der zentrale V. 14 an – spricht von einem Zeichen, das die Gottheit selbst und aus eigener Initiative geben wird. Die Bezeichnung der Gottheit als אֲדֹנָי „Herr“ ist entgegen der masoretischen Punktation wohl mit אֲדֹנִי „mein Herr“ wiederzugeben, so dass die Opposition aus V. 13 zwischen dem göttlichen Herrn auf der einen und dem Repräsentaten der Davidsdynastie auf der anderen Seite fortgeführt wird.[31] Adressat des Gerichtswortes ist zunächst das Haus David, dann natürlich auch Ahas als herrschender Davidide. Das von Gott gewirkte Zeichen besteht in einem Geburtsorakel. Die Ankündigung der zukünftigen Geburt eines Kindes geschieht in üblicher Weise unter Hinweis auf die anstehende Schwangerschaft, auf die kommende Geburt und auf die Namensgebung. Dabei kommt dem Namen des Kindes eine besondere Bedeutung und Funktion zu. Vgl. dazu besonders Gen 16,11 und Ri 13,3–5; ferner: Gen 18,10–15; 21,1–3; 1 Sam 1,19f.; 1 Kön 13,2; 2 Kön 4,11–17; Jes 8,2f.; 1 Chr 22,9f.; Lk 1,31.

Der Name des angekündigten Kindes bedeutet Heil: עִמָּנוּ אֵל „Gott mit uns!“ Er impliziert eine Zusage des Schutzes und des Beistandes der Gottheit und weist somit ganz allgemein auf die Befreiung aus Bedrängnissen hin. Dabei wird man angesichts der in der Szenerie von VV. 1–2 aufgezeigten Bedrohung zunächst an Rettung aus der durch die oben erwähnten Aggressoren verursachten Gefahr zu denken haben. Aufgrund der folgenschweren Verweigerung des Davidshauses wird dieser an und für sich heilvolle Name in VV. 14–17 in den Unheilszusammen-

das Verhalten des Ahas wie folgt charakterisiert: „Als Realpolitiker setzt er nicht auf Jahwe, sondern auf den Assyrer, dem er sich unterwirft (vgl. 2 Kön 16,7). Das hat zur unmittelbaren Folge, daß Jahwe künftig nicht mehr sein Gott, der Bundesgott der Davididen – so noch in 11 –, sondern nur noch der Gott des Propheten ist.“ Ganz im Sinne eines Bundesbruches haben das Verhalten des Ahas auch die Verfasser von 2 Kön 16,7f. und von 2 Chr 28,16–27 gedeutet.

31 Zur Wiedergabe von אֲדֹנָי „Herr“ mit אֲדֹנִי „mein Herr“ in V. 14 vgl. M. Rösel, Adonaj – warum Gott ‚Herr‘ genannt wird (FAT 29), Tübingen 2000, 78–124, hier 95–97.101–102. Zu Jes 7,14 vermerkt Rösel zusammenfassend: „Häufig findet sich der Herrentitel auch bei Prophezeiungen gegen die Führer des Volkes (7,14; 9,16), so daß mit einem expliziten Gegensatz zwischen *dem* Herrn des Propheten und den falschen Herren des Volkes zu rechnen ist“ (101–102).

hang eines Gerichtswortes gestellt. Dieser Kontext der Drohung realisiert somit eine der beiden in V. 9b angezeigten Möglichkeiten, die negative: „Glaubt ihr nicht, so bleibt ihr nicht!" Doch schwingt mit dem Namen „Immanuel" zugleich auch die andere, von Ahas nicht realisierte Möglichkeit mit: „Glaubt ihr aber, so habt ihr gewiss Bestand!"[32] D.h.: Die Wirksamkeit der Heilszusage, die mit dem Namen des Kindes „Immanuel" gegeben ist, hängt entscheidend von der Stellungnahme zu JHWH ab, der dieses Zeichen gibt. Nur bedingt kann somit gelten: nomen est omen.

Während V. 15 wohl als späterer Zusatz zu bewerten ist,[33] führen VV. 16–17 das ursprüngliche Gerichtswort fort. Die Art der Fortführung bestätigt, dass der heilvolle Name „Immanuel" in einen Heils- wie in einen Unheilszusammenhang zugleich gestellt ist. Als ursprünglich unmittelbare Fortführung von V. 14 verweist V. 16 als Teil des Gerichtswortes einerseits auf die Bedrohung während des syrisch-efraimitischen Krieges, kündigt aber zugleich inmitten dieses Unheils für das Haus David Heil und Rettung an, da der Angriff der Aggressoren scheitern wird. Der folgende und die Perikope zugleich abschließende V. 17 stellt dieses kommende Heil hingegen wieder in einen Unheilszusammenhang: Hinter der Rettungserfahrung (V. 16) kündigt sich umso größeres Unglück an, für das Volk von Juda, für das Haus David und für König Ahas. Die Anspielung auf die Reichsteilung weist ausdrücklich auf die Schwere und Tragweite des Unheils hin. Umgekehrt gilt es aber auch hier noch einmal festzuhalten: Trotz der Unheilsankündigung, welche die Immanuelweissagung abschließt, schwingt im Namen „Immanuel" nach wie vor die Möglichkeit des Heils mit.[34]

[32] Diese zweite, nach der hebräischen Textüberlieferung von Ahas nicht realisierte Möglichkeit verwirklicht indessen nach Jes 36–39 der ideale König Hiskija. Zur Gegenüberstellung der beiden Antagonisten vgl. die zahlreichen Parallelen: Beide Könige befinden sich an der „Wasserleitung" (7,3; 36,2), werden im Glauben geprüft (7,4; 37,6–7). Beiden wird ein „Zeichen" (7,10–13; 37,30–32; 38,7–8) und ein „prophetisches Kriegsorakel" gegeben (7,4–9; 37,6–7). Vgl. Berges, Jesaja (siehe Anm. 4), 111, Anm. 285. In der Septuagintaüberlieferung hingegen realisiert Ahas die andere der in V. 9b eröffneten Möglichkeiten. Ausführlicher siehe unten, 3.2.

[33] V. 15 ist schon Teil der Auslegungsgeschichte von V. 14 und deutet dessen Aussage wahrscheinlich bereits messianisch.

[34] Zum Ineinander dieser verschiedenen Zeichen und zur unterschiedlichen

2. Jes 7,14 und das umstrittene Zeichen

Die vielen ungeklärten Probleme um das in Jes 7,14 angekündigte Zeichen kreisen vor allem um zwei zentrale Fragen: Wer ist mit הָעַלְמָה „die Junge"[35] gemeint? Und wer verbirgt sich hinter עִמָּנוּ אֵל „Immanuel"? Um das Ergebnis gleich vorweg zu nehmen: Es ist nicht möglich, aus dem vorliegenden Text Gewissheit darüber zu erlangen, welche konkrete historische Gestalt jeweils gemeint ist, selbst wenn eine solche ursprünglich im Blick gewesen sein sollte. Der überlieferte Text redet mit Sicherheit nicht mehr von einer historischen Gestalt. Sein Aussageziel weist in eine andere Richtung.

Im Rahmen dieses begrenzten Beitrages seien die wichtigsten der vertretenen Positionen kurz vorgestellt.

2.1 Zur Bedeutung von הָעַלְמָה

Die häufig vertretene Auffassung, הָעַלְמָה bedeute „die junge Frau", nicht hingegen „Jungfrau", sieht in der Übersetzung der Septuaginta mit παρθένος eine entscheidende Umdeutung.[36] Aquila, Symmachus und Theodotion hätten dieses Verständnis mit ihrer Wiedergabe νεᾶνις revidiert. Doch diese weit verbreitete Sicht überzeugt nicht.

Zunächst ist davon auszugehen, dass eine junge, unverheiratete Frau im Alten Orient in der Regel auch Jungfrau war. Der Ausdruck עלמה verweist dabei mehr auf ihre Jugend, בתולה kann hingegen auch eine ältere unverheiratete Frau sein.[37] Wenngleich die Grundbedeutung von עלם

Verhältnisbestimmung von Signifikant und Signifikat innerhalb von VV. 14–17 vgl. die aufschlussreichen Ausführungen von Stipp, Selbstinterpretation (siehe Anm. 15), 342–346. Die sich anschließenden Gerichtsworte VV. 18–20 und 21–25 malen die Gerichtsankündigung von V. 17 weiter aus. Sie sind im Rahmen dieses Beitrages nicht weiter von Bedeutung.

35 So die Übersetzung von Martin Buber.

36 So z.B. Höffken, Jesaja (siehe Anm. 18), 82.

37 Diese Auffassung vertritt bereits Hieronymus: vgl. Hier., in Is C. III 7,14 (CCL 73/1, 104).

nicht auf den Aspekt der Jungfräulichkeit zielt,[38] sondern die Betonung auf „stark, mannbar, geschlechtsreif sein" liegt, so ist der Bedeutungsgehalt „jungfräulich sein" nirgends positiv auszuschließen.[39]

Dass die entscheidende Umdeutung von „junge Frau" im Hebräischen in „Jungfrau" durch die griechische Septuaginta vollzogen worden sein soll, ist so sicher nicht. Die verschiedenen Bezeichnungen für Rebekka in Gen 24 mögen diese Bedenken beispielhaft verdeutlichen. In Gen 24 bringt die Septuaginta fünfmal παρθένος (VV. 14. 16 [2x]. 43. 55) und zweimal παῖς (28.57). Der hebräische Text wechselt zwischen נער[ה], בתולה und עלמה. So ist παρθένος in Gen 24,14.16a.55 die Übersetzung von הנער,[40] in Gen 24,16b von בתולה und in 24,43 von עלמה. Umgekehrt scheint auch die Übersetzungsweise Aquilas in Jes 7,14 mit νεᾶνις für עלמה so eindeutig wie gemeinhin angenommen nicht zu sein. Das zeigt seine Wiedergabe von Dtn 22,28. Auch hier bietet Aquila νεᾶνις, obwohl der hebräische Text בתולה hat. Dies aber wirft neu die Frage auf, ob die abweichende Wiedergabe von Jes 7,14 in der Septuaginta

38 So hingegen Hieronymus, wenn er das Nomen עלמה von einem Stamm עלם I (niph. „verborgen sein"; hiph. „verbergen") ableitet. Vgl. Hier., in Is C. III 7,14 (CCL 73/1, 103f.): „Porro alma apud eos uerbum ambiguum est; dicitur enim et adolescentula et abscondita, id est ἀπόκρυφος ... Ergo alma non solum puella uel uirgo, sed cum ἐπιτάσει uirgo abscondita dicitur et secreta, quae numquam uirorum patuerit aspectibus, sed magna parentum diligentia custodita sit … Et quantum cum mea pugno memoria, numquam me arbitror alma in muliere nupta legisse, sed in ea quae uirgo est; ut non solum uirgo sit, sed uirgo iunioris aetatis et in annis adolescentiae."

39 Eine Herleitung von עלם II „stark, mannbar sein" (W. Gesenius, F. Buhl, Hebräisches und Aramäisches Handwörterbuch über das Alte Testament, Berlin, Göttingen, Heidelberg [17]1915 = 1962, 593) bzw. von *עלם III „stark, kräftig sein" (L. Koehler, W. Baumgartner, J.J. Stamm, Hebräisches und Aramäisches Lexikon zum Alten Testament. 3. Lfg., Leiden 1983, 790) – über eine ugaritische Wurzel „ġlm" „erregt sein" oder ein arabisches Lexem „ġalima" „von starker Begier erfüllt sein / werden" – zielt vor allem auf die Bedeutung des Jungseins, hier also auf „junge Frau". Dass diese Herleitung die Konnotation des „jungfräulichen" Jungseins nicht ausschließen wird, ist auch von der gleichlautenden hebräischen Wurzel her anzunehmen. Trotz möglicher etymologisch unterschiedlicher Herkunft schwingen die Bedeutungsgehalte gleichradikaler Wurzeln ineinander, zumal in einem Text, der wie Jes 7,1–17 bewusst änigmatisch formuliert ist.

40 Zur textkritischen Problematik vgl. die Kommentarliteratur.

überhaupt antichristlich erklärt werden muss.[41] Soviel kann zumindest festgehalten werden: Die weit verbreitete Auffassung, die Bedeutung „Jungfrau“ für עלמה sei durch die Wiedergabe der Septuaginta entstanden, wird der Vielschichtigkeit der Problematik nicht gerecht.

2.2 Wer ist הָעַלְמָה „die Junge“?

Die Frage nach der Identität dieser „jungen Frau“ bzw. „Jungfrau“ innerhalb von Jes 7,14 muss wohl für immer offen bleiben. Folgende Versuche einer Identifizierung der „jungen Frau“ werden vertreten:

הָעַלְמָה *als die Frau des Propheten:* Für diese Deutung verweist man vor allem auf weitere Kinder des Propheten, die in Jes 7,3 und 8,1ff. erwähnt werden. Unerklärt bleibt dabei allerdings, warum der Prophet sich in 7,14 so unverständlich ausdrückt. Und warum spricht er von הָעַלְמָה, wenn seine Frau doch nach Jes 7,3 schon einen Sohn geboren hatte, „Schear Jaschub“? Aus Jes 7,3 und 8,3 geht zudem deutlich hervor, dass der Prophet Vater dieser Kinder ist, in Jes 7,14 würde er seine Vaterschaft hingegen verbergen. Widersprüchlich bleibt ferner, wie bei der Annahme, Jesaja sei der Vater des „Immanuel“, der angekündigte Sohn ein Königskind sein kann (vgl. Jes 8,8) und worin denn das Wunderbare des Beglaubigungszeichens bestehen soll, wenn die Frau des Propheten ein weiteres Mal schwanger ist oder wird.

הָעַלְמָה *als die Frau / eine der Frauen des Ahas oder ein weibliches Mitglied der Dynastie:* Für diese Deutung spricht, dass Ahas und die davidische Dynastie durch das Zeichen der jungen, gebärenden Frau angeredet sind. Zudem ist Immanuel nach Jes 8,8 als Königskind verstanden, als Herr des Landes. Auch der Name des Kindes – so Wildberger – weise in diese Richtung, da er typische Zusagen an das Haus David aufgreife.[42] Stipp führt ferner die satzsyntaktische Gestaltung der Aussage hierfür an: „Es handelt sich

[41] Ausführlicher dazu M. Reiser, Isenbiehl (siehe Anm. 3).

[42] Wildberger, Jesaja (siehe Anm. 29), 293: „Wenn das Zeichen von 7,14 irgendwie in Verbindung mit dem Heilsorakel von 7,4–9 mit seinem herausgehobenen Abschluß 9b steht, dann muß also der Name עמנו אל aus dem Zusammenhang der Davidstradition gedeutet werden. Dann ist aber dem Schluß schwerlich auszuweichen, daß der Immanuel der Königssohn und die עלמה die oder doch eine Frau des Ahas ist.“

um eine oder eher die Gattin des Ahas, also wohl um Abi, die nach 2 Kön 18,2 erwähnte Mutter Hiskijas. Denn die Frau wird ohne Vorstellung, aber mit Artikel wie eine bekannte Figur eingeführt, als sei sie für die implizierten Adressaten mühelos identifizierbar gewesen. Außerdem benutzt die formelhafte Prophezeiung von Schwangerschaft und Geburt sprachliche Kategorien für die Gegenwart bzw. die nahe Zukunft. In dem Satzbund ... 14bc הִנֵּה הָעַלְמָה הָרָה וְיֹלֶדֶת בֵּן wird die Schwangerschaft durch das Adjektiv הָרָה als gegenwärtig behandelt, womit die Empfängnis entweder konstatiert (vgl. Gen 16,11) oder für die baldigen Zukunft in Aussicht gestellt wird (vgl. Ri 13,5.7). Bei fortwirkendem הִנֵּה wird die Geburt durch die Konstruktion הִנֵּה + Partizip verheißen, einem Ausdruck des Futurum instans, wonach selbst die Niederkunft noch in der nahen Folgezeit zu erwarten ist.“[43]

Freilich hinterlässt auch diese Deutung ihre offenen Fragen. So verwundert zunächst die komplizierte, unklare Ausdrucksweise. Da Ahas zuvor mehrfach direkt angeredet wurde, wäre eine Formulierung wie „deine Frau“ denkbar. Sollte mit der Frau an Abi, die Mutter des Hiskija gedacht sein, bleibt immerhin zu bedenken, dass nach Ausweis der Chronologie der Königsbücher Hiskija beim Ausbruch des syrisch-efraimitischen Krieges bereits geboren war. Wenngleich diese Chronologien derzeit kritisch hinterfragt werden und eine Deutung auf Hiskija zumindest aus diesem Grunde nicht ausgeschlossen werden kann, so ist für eine solche Deutung doch Zurückhaltung geboten.[44]

43 H.-J. Stipp, Selbstinterpretation (siehe Anm. 15), 339. Ähnlich H. Irsigler, Zeichen und Bezeichnetes in Jes 7,1–17. Notizen zum Immanueltext, in: BN 29 (1985), 75–114, hier 89 (= U. Struppe, [Hg.], Studien zum Messiasbild im Alten Testament [SBAB 6], Stuttgart 1989, 155–197, hier 171f.); Irsigler, Aufstieg (siehe Anm. 11), 125f. Vgl. auch M. Buber, Glaube (siehe Anm. 2), 201: „Wenn Ahas, das Wort »die *'almah*« hörend, weiß, wer gemeint ist (und nur dann trifft ihn wirklich das Zeichen), dann kann dies nur eine Frau sein, die ihm nahsteht, und wieder kaum eine andere als die junge Königin; man kann sich wohl denken, daß man sie in Hofkreisen damals als »die junge Frau« zu bezeichnen pflegte.“

44 Hiskija besteigt nach 2 Kön 18,2 im dritten Jahr des Königs Hoschea von Israel im Alter von 25 Jahren den Thron. Er müsste, folgt man der Chronologie der Königsbücher, demnach zum Zeitpunkt der Begegnung Jesajas mit Ahas mehrere Jahre alt gewesen sein. Schon Hieronymus weist auf diesen Sachverhalt hin: „Hebraei hoc de Ezechia filio Achaz prophetari arbitrantur, quod ipso regnante sit capta Samaria, quod omnino probari non potest.

הָעַלְמָה *als eine kollektive Größe:* Der determinierte Ausdruck הָעַלְמָה kann rein grammatikalisch durchaus auch ein Kollektiv bezeichnen. Dabei wird zum Teil vorgeschlagen, עלמה stehe für mehrere Mütter, die schwanger seien und ihren Kindern den Namen „Immanuel" geben würden. Die biblischen Parallelstellen Gen 16,11f., Ri 13,5 und Lk 1,31f. sprechen zumindest gegen dieses Verständnis.

Andere deuten עלמה als kollektive Größe auf das gesamte JHWH-Volk bzw. auf eine nachexilische Restgemeinde. Freilich gebraucht Jesaja hierfür durchgehend andere Ausdrücke wie „Tochter Zion", „Frau Zion", etc., nicht aber עלמה. Neuerdings hat Berges diesen Vorschlag wieder in die Diskussion gebracht, dabei freilich Jes 7,14b.16a.bα als spätere, nachexilische Einschreibung aus dem ausgehenden 5. Jahrhundert bestimmt.[45] Diese sog. „Knechtsgemeinde" drücke ihre Heilshoffnung im

Siquidem Achaz, filius Ioatham, regnauit super Iudam et Hierusalem annis sedicim, cui successit in regnum filius eius Ezechias, annos natus uiginti quinque et regnauit super Iudam et Hierusalem annis uiginti nouem. Quomodo ergo, ut demus primo anno Achaz hanc ad eum factam prophetiam, de Ezechiae conceptu dicitur et natiuitate, cum eo tempore quo regnare coepit Achaz, iam nouem Ezechias esset annorum, nisi forte sextum Ezechiae regni annum, quo est capta Samaria, infantiam eius appellari dicant, non aetatis, sed imperii." (Hier., in Is C. III 7,14 (CCL 73/1, 105). Allerdings gibt die Chronologie der Königsbücher eine Reihe offener Fragen auf, wie z.B. die Arbeiten von Schedl, Pavlovskí und Vogt zeigen: C. Schedl, Textkritische Bemerkungen zu den Synchronismen der Könige von Israel und Juda, in: VT 12 (1962) 88–119 und V. Pavlovskí, E. Vogt, Die Jahre der Könige von Juda und Israel, in: Biblica 45 (1964) 321–347. Wenn Hiskija nicht 25, sondern erst 5 Jahre alt war, als er 728/27 auf den Thron gehoben wurde, dann „ist es wenigstens nicht ausgeschlossen, daß an Hiskia zu denken ist. Doch ist angesichts der Ungesichertheit der Zahlen, aber auch bei unserer Ungewissheit über die familiären Verhältnisse des Königs in jener Zeit, dem Exegeten in dieser Hinsicht äußerste Zurückhaltung geboten" (Wildberger, Jesaja [siehe Anm. 29], 292).

45 Berges, Jesaja (siehe Anm. 4), 92–94 setzt die Entstehung der Denkschrift, die auf einen jesajanischen Grundbestand zurückgreife, in der Zeit Manasses an. Im Textabschnitt VV. 10–17 sieht er mehrere literarische Schichten gegeben. VV. 10–14a.17a gehören nach ihm in die frühnachexilische Zeit, in der eine „prophetische Restgemeinde" König Ahas, der das ihm angebotene Zeichen ablehnte, für das Scheitern der davidischen Dynastie verantwortlich macht. Das Zeichen, das JHWH nach V. 14a geben wird, besteht nach Berges ursprünglich nicht in der Ankündigung eines Immanuel, sondern in der

Geburtsorakel des Immanuel aus. Daraus ergibt sich für das Verständnis von הָעַלְמָה, dass diese die Zionsgemeinde verkörpert, die den Immanuel gebären wird. „Die Auslegung der עלמה in 7,14 als Frau Zion, die als Erstgeborene die Gemeinde der Frommen gebiert, hat den Vorteil, daß sie zum einen den Artikel erklärt, denn Frau Zion ist eben nur diese eine, zum anderen die Namensgebung durch *sie* (וקראת), da von einem Vater bei dieser Metapher keine Rede sein kann; außerdem findet auch das Partizip ילדת mit betontem הנה, was auf eine nahe bevorstehende Geburt hinweist, eine passende Erklärung, denn man ist der Überzeugung, die Geburt, d.h. das An-die-Öffentlichkeit-Treten, stehe kurz bevor."[46]

Abgesehen von der literarkritischen Hypothetik der Ausführungen Berges und der nicht bewiesenen Spätdatierung des Textabschnittes ist die Verwendung des Ausdrucks העלמה für die kollektive Größe des JHWH-Volkes oder des neuen Israel im Jesajabuch und darüber hinaus ungewöhnlich. Auch bei dieser Lösung bleiben somit offene Fragen.[47]

Ankündigung des Gerichtes gemäß der Aussage von V. 17a. Berges stützt sich in seiner Deutung auf die Untersuchungen von O. Kaiser, Das Buch des Propheten Jesaja Kapitel 1–12 (ATD 17), Göttingen [5]1981, 150–169. Den in unserem Zusammenhang einschlägigen Textabschnitt Jes 7,14b–16a.bα datiert Berges in das ausgehende 5. Jahrhundert. Hier drücke die „Knechtsgemeinde" ihr Selbstverständnis aus: „So ist das Geburtsorakel über den Immanuel das Bekenntnis einer Gemeinde, die das durch die Exilsereignisse und durch die gescheiterte Restauration unter Serubbabel diskreditierte davidische Königshaus ablöst" (542). Für eine Spätdatierung der Immanuelweissagungen in die exilisch-nachexlisiche Zeit und für deren messianische Deutung votiert auch J. Werlitz, Noch einmal Immanuel – gleich zweimal!, in: BZ 40 (1996), 254–263.

46 Berges, Jesaja (siehe Anm. 4), 116. Berges verweist in diesem Zusammenhang auch auf E. Haag, Das Immanuelzeichen in Jesaja 7, in: TThZ 100 (1991), 3–22, hier 19: „Die 'almāh in Jes 7,14 ist ... im Sinne dieses metahistorischen Sachverhaltes die Repräsentantin des Zion, nämlich jener ‚Ort' in der Welt, wo Jahwe den ‚Rest' des Hauses David als den ‚Anfang' des erlösten Gottesvolkes konstituiert."

47 Als weitere Deutungen werden angeführt: (1) עלמה verweise auf Maria, die Mutter Jesu. (2) עלמה bezeichne die Mutter des Messias. (3) עלמה sei als mythologische Gestalt zu verstehen. Zu diesen und weiteren Vorschlägen vgl. M. Rehm, Der königliche Messias im Licht der Immanuel-Weissagungen des Buches Jesaja (EichSt NF 1), Kevelaer 1968, 49–63; Wildberger, Jesaja (siehe Anm. 29), 289–294.

2.3 Und wer ist עִמָּנוּ אֵל „Immanuel“?

Hier ergeben sich ähnliche Varianten der Deutung. Kilian führt folgende sechs Möglichkeiten an, die weitgehend mit den Erklärungsversuchen von עלמה korrespondieren und deshalb in nur aller Kürze vorgestellt seien:[48]

עִמָּנוּ אֵל *als Sohn des Ahas:* Auf die Probleme, die sich hierbei hinsichtlich der Datierung ergeben, wurde bereits hingewiesen. Zumindest nach Angabe der Königsbücher wurde der Ahassohn Hiskija schon Jahre vor Ausbruch des syrisch-efraimitischen Krieges geboren. Zu fragen ist ferner, worin denn das Besondere des von Gott selbst gewährten Zeichens zu sehen ist. Wenn dieses in der Geburt eines Thronerben als Zeichen der Treue JHWHs zum Haus David und als Garantie für deren Fortbestand der Dynastie angesichts drohender Gefahr besteht, dann bleibt zumindest eine Spannung zwischen der Haltung der Verweigerung des Königs und der – trotz V. 9b – gegebenen Verheißung JHWHs zu erklären.

עִמָּנוּ אֵל *als mythische Gestalt:* Trotz gegebener mythischer Vorstellungen und Einflüsse aus Ägypten und Ugarit, und trotz einer hellenistisch geprägten Umwelt besonders in den Diasporagemeinden, bleibt festzuhalten: Es gibt nach dem Selbstverständnis des Alten Testaments weder einen gottgezeugten irdischen König noch einen zeugenden JHWH. Der Name „Immanuel“ lässt sich besser aus innerisraelitischen Überlieferungen herleiten, im vorliegen Falle besonders aus der davidischen Tradition, welcher der Beistand Gottes zugesagt ist.[49]

עִמָּנוּ אֵל *als Sohn Jesajas:* Diese wenig wahrscheinliche Lösung wurde oben (2.2) bereits zurückgewiesen.

עִמָּנוּ אֵל *als Name für die Kinder mehrerer Mütter:* Grammatikalisch ist dieses Verständnis zwar möglich. Da aber der heilsbedeutsame Name „Immanuel“ innerhalb eines Gerichtswortes positioniert ist und somit zugleich als Unheilszeichen wirkt, ist diese Deutung nicht plausibel. Der Text fordert kein kollektives Verständnis in diesem Sinne.

48 Vgl. Kilian, Jesaja (siehe Anm. 30), 57–62; vgl. ferner Rehm, Messias (siehe Anm. 47), 64–121.

49 Anders verhält es sich u.U. bei den Überlieferungen der Septuaginta, zumal in den Diasporagemeinden, die in einer ägyptisch-hellenistischen Umwelt lebten und sich mit entsprechenden mythischen Vorstellungen auseinanderzusetzen hatten. Siehe unten 3.2.

עִמָּנוּ אֵל *als das neue Israel:* Immanuel als symbolische Gestalt repräsentiert hierbei das neue Israel und hat als Gestalt für Zion zu gelten. Eine solche Deutung verlangt, dass die entsprechenden Aussagen in die exilisch-nachexilische Zeit zu datieren sind. In diesem Sinne äußerst sich neuerdings Berges: „So ist das Geburtsorakel über den Immanuel die Ankündigung einer Gemeinde, die das durch die Exilsereignisse diskreditierte davidische Königtum ablöst und die sich bewußt als Wurzelsproß Isais, nicht Davids, versteht.“[50] Demnach ist „der Immanuel, die Gemeinde der Frommen, der Erstgeborene des neuen Gottesvolkes“.[51]

Die Vielfalt der in der Fachliteratur vorgetragenen Erklärungen zum Zeichen in Jes 7,14, die hier nur unvollständig und andeutungsweise wiedergeben werden konnten, führen wohl zum Schluss, dass eine präzise Festlegung, wer denn die עלמה und wer deren Sohn עמנו אל ganz konkret sei, nicht möglich ist. Selbst für den Fall, dass eine ursprüngliche historische Begegnung Jesajas mit König Ahas bei der Wasserleitung an der Walkerfeldstraße in Gegenwart mehrerer Mitglieder des königlichen Hofes stattfand, u.a. einer (bereits schwangeren) Frau, auf die Jesaja verweisen konnte, so dass für die am Rendezvous Beteiligten eine präzise Person und nur diese, vielleicht tatsächlich Abi, die Frau des Ahas, als werdende Mutter des Immanuel in Frage kommen konnte, selbst bei dieser Annahme gilt: Der vorliegende Text präsentiert sich dem Leser in einer Weise, dass die nur vermutete, aber nicht verifizierbare Eindeutigkeit der ursprünglichen Aussage in der Bestimmung der beiden Gestalten עמנו אל und עלמה nicht mehr gegeben ist. Die Darstellung jenes Ereignisses, dessen Konturen aufgrund der Darstellung unklar bleiben, zielt nicht auf jene Eindeutigkeit, sondern lässt bewusst vieles in der Schwebe. In diesem Sinne ist Rudolf Kilian voll zuzustimmen: „Als Ergebnis dieses Überblickes stellt sich somit heraus, daß kein einziger Interpretationsversuch wirklich zu überzeugen vermag. Um Mutter und Kind bleibt ein Geheimnis, zumindest für den heutigen Leser, aber ziemlich sicher auch für den damaligen Hörer, vielleicht sogar für den Propheten selbst.“[52]

50 Berges, Jesaja (siehe Anm. 4), 114.

51 Berges, Jesaja (siehe Anm. 4), 115.

52 Kilian, Jesaja (siehe Anm. 30), 62.

Eine Zurückhaltung über die Versuche, die beiden Gestalten הָעַלְמָה und עִמָּנוּ אֵל genau identifizieren zu wollen, scheint angesichts der vielen offenen Fragen und Rätsel des Textes die sachgemäßeste, weil textgemäße Position zu sein, die die Tendenz des Textes respektiert, änigmatisch zu formulieren, Aussagen in der Schwebe zu halten und das unmittelbar Anschauliche in einen jeweils größeren Horizont zu stellen.

3. Zur innerbiblischen Auslegungsgeschichte von Jes 7,14

Die folgenden knappen Hinweise konzentrieren sich auf die inneralttestamentliche Auslegungsgeschichte in der hebräischen Überlieferung wie in der griechischen Septuaginta und gehen am Ende noch kurz auf die neutestamentliche Rezeption ein.[53]

3.1 Zur inneralttestamentlichen Auslegungsgeschichte in der hebräischen Bibel[54]

Der Ausgangspunkt (Jes 7,14.16–17)

Ausgangspunkt der folgenden Überlegungen bildet Jes 7,14.16–17. V. 14bβ thematisiert mit dem Namen „Immanuel" zunächst Heil, Schutz, Erwählung. Die Verortung des Namens innerhalb des Gerichtswortes, das aufgrund des ungläubigen Verhaltens des Ahas als des Vertreters der davidischen Dynastie ergeht, transformiert die ursprüngliche Heilsaussage in ein Wort des Unheils. Diese im Text 7,14.16–17 angelegte Ambivalenz bleibt in der Auslegungsgeschichte des Immanuelwortes weiter wirksam: Trotz der Heilsbedeutung des Namens bricht Unheil herein. Trotz des hereinbrechenden Unheils bleibt dennoch die Möglichkeit von Heil mit präsent – eben aufgrund der im Namen lebendig gehaltenen Heilszusage. Dieser Ambivalenz gilt es in der inneralttestamentlichen Auslegungsgeschichte nachzuspüren.

53 Zur Wirkungsgeschichte der einschlägigen Stelle im Bereich der Patristik, des Mittelalters und der Neuzeit sei nochmals verwiesen auf die demnächst erscheinende Publikation von M. Reiser, Isenbiehl (siehe Anm. 3).

54 Vgl. zum Folgenden besonders Irsigler, Aufstieg (siehe Anm. 11), 131–147.

Entstehende Heilserwartung angesichts feindlicher Bedrohung (Jes 8,8 und 8,10)

Jes 8,8 spielt im Bild der Wasserfluten eines mächtigen Flusses vermutlich auf die assyrische Invasion an. Das Land des „Immanuel“ wird von Invasoren überrannt. Darin verwirklicht sich das in Jes 7,17 angekündigte Gericht. Angesichts dieser Bedrohung wirkt der Name „Immanuel“ als Zeichen der Hoffnung.[55] Die Verfasser von Jes 8,10 universalisieren die zuvor in V. 8 beschriebene Drohung. Im Rahmen dieses umfassenden Horizontes der tobenden Völkerwelt formuliert V. 10: „Macht nur Pläne! Sie werden vereitelt. Was ihr auch sagt, es kommt nicht zustande. Denn »Gott ist mit uns«“[56]. Irsigler kommentiert diese Stelle trefflich mit folgenden Worten: „Auf jeden Fall bezeugt Jes 8,9–10 mit dem Bekenntnismotto „Gott ist mit uns“ nach 586 v. Chr. im Rückblick auf die Verschonung Jerusalems im Jahre 701 v. Chr., daß der Immanuelname von 7,14 als Grund und Symbol der Hoffnung auf ein Scheitern der feindlichen Völker und die Rettung Judas affirmiert worden ist.“[57] Jes 8,9–10 bildet zugleich ein Brücke zu einer Heilserwartung, die zunehmend messianisch ausgestaltet wird.

Messianische Heilserwartungen (Jes 7,15; 9,1-6 und 11,1-5.6-9)

In mehreren messianischen Heilsankündigungen wird die Immanuelweissagung von Jes 7,14 neu aufgegriffen und interpretiert. „Nicht das Scheitern und die Vernichtung der Feinde“ stehen länger im Vordergrund, sondern ganz „die Erwartung eines Königs des Friedens und der Gerechtigkeit“.[58]

55 „Auch auf Juda wird er übergreifen, er wird es überfluten und überschwemmen, bis er den Leuten an den Hals reicht. Die Ausläufer seiner Fluten bedecken weit und breit dein Land, Immanuel.“ Ginge man trotz der oben dargelegten Schwierigkeiten von einer Identifizierung des Immanuel mit König Hiskija aus, dann ließe Jes 8,8 eine solche Bezugnahme unter Umständen noch zu. Die folgenden Textbelege freilich erlauben eine solche zeitgeschichtliche Deutung mit Sicherheit nicht mehr.

56 Vgl. die Nähe von Jes 8,10 zu Psalm 46. Nicht nur die Immanuelaussage von Jes 7,14, sondern auch und noch mehr das Motiv des vom Zionsgott abgewehrten Völkeransturms verbindet Psalm 46 mit den Immanuelverheißungen.

57 Irsigler, Aufstieg (siehe Anm. 11), 138.

58 Irsigler, Aufstieg (siehe Anm. 11), 138.

Als erste messianisch orientierte Bearbeitung ist Jes 7,15 zu nennen. Diese unmittelbare Fortführung der Immanuelweissagung charakterisiert den Immanuelsohn wie folgt: „Butter und Honig wird er essen, damit er die Einsicht gewinnt zum Verwerfen des Bösen und zum Erwählen des Guten". Butter und Honig haben dabei als Zeichen einer anbrechenden Segenszeit zu gelten. Die Segensspeise verleiht dem Immanuel herrscherliche Entscheidungskompetenz (vgl. 1 Kön 3,9; Jes 11,3f.).

Die Ankündigung der Geburt einer aufgrund von Jes 7,15 nunmehr messianisch zu verstehenden Heilsgestalt „Immanuel" in Jes 7,14–17 wird durch den futurisch messianischen Text Jes 9,1–6 fortgeführt. Die Geburtsproklamation von Jes 9,5 ist ohne Jes 7,14 kaum richtig erfassbar. In der konkreten Formulierung „Ein Kind ist *uns* geboren, ein Sohn ist *uns* geschenkt" schwingt im „Wir" der bekennenden Gemeinschaft der Bedeutungsgehalt von „Immanuel" nach. Aufgabe dieses messianischen Herrschers ist – wie VV. 5–6 deutlich machen – die Verwirklichung von Recht und Gerechtigkeit.[59]

Auch der messianisch orientierte Text Jes 11,1–9 ist ganz im Gefolge von Jes 7,14 zu verstehen und zu deuten, wobei Jes 11,1–9 die zuvor in Jes 9,5–6 angekündigte Friedensherrschaft weiter entfaltet. Die angekündigte Geburt des Kindes aus der עלמה von 7,14 und der Jubel über diese Geburt nach 9,5 wird in Jes 11,1 in die Metapher des frischen Triebes aus dem Wurzelstock Isais gekleidet. Der besondere Geistbesitz des kommenden Herrschers zeigt das Mitsein Gottes an. Beide Texte Jes 9,1–6 und 11,1–9 sind somit motiviert und geprägt von einem messianisch verstandenen Immanuel aus 7,14. Dazu kommentiert Irsigler treffend: „Ein sachlicher Progreß von ‚Ankündigung – Geburt – heilvolle Herrschaft des »Messias«' verknüpft die Kapitel Jes 7, 9 und 11 synchron gesehen zu einem ‚messianischen Triptychon'".[60]

59 Damit wird dieser erwartete und kommende Messias zugleich zur Antwort JHWHs auf die Missstände im JHWH-Volk, die besonders der erste Erzählbogen von Jes 1,2–5,7 deutlich benennt (vgl. z.B. Jes 5,1–7). Der hier angekündigte Messias erneuert das JHWH-Volk gemäß der göttlichen Willenskundgabe. Dann wird auch das perverse Jerusalem (vgl. Jes 1,10–17.21–31) wieder zur Stadt der Gerechtigkeit und des Rechtes.

60 Irsigler, Aufstieg (siehe Anm. 11), 144 unter Bezugnahme auf E. Zenger, Jesus von Nazaret in den messianischen Hoffnungen des alttestamentlichen Israel, in: U. Struppe (Hg.), Messiasbild (siehe Anm. 43), 45.

Eine letzte Steigerung bringt schließlich Jes 11,10, wonach die Wurzel Isais zum Zeichen für die Völker wird: „An jenem Tag wird es der Spross aus der Wurzel Isais sein, der dasteht als Zeichen für die Nationen; die Völker suchen ihn auf; sein Wohnsitz ist prächtig." Damit greift 11,10 die Völkerwallfahrt zum Zion aus Jes 2,2–5 auf. Allerdings ist es in Jes 11,10 nicht mehr JHWH, der Gott Jakobs (so in 2,3), der handelt, sondern sein Messias, an den sich die Völker wenden. Damit erreichen die von der Immanuelweissagung aus Jes 7,14 inspirierten messianischen Heilsaussagen zweifellos ihren Höhepunkt.

3.2 Jes 7,14 in der jüdisch-hellenistischen Überlieferung der Septuaginta[61]

Die Septuaginta deutet Jes 7,1–17 vor dem Hintergrund der Makkabäerzeit als klare Heilsankündigung. Die zentrale Aussage „Glaubt ihr nicht, so bleibt ihr nicht", gibt die Septuaginta überraschend wieder mit: καὶ ἐὰν μὴ πιστεύσητε οὐδὲ μὴ συνῆτε „Glaubt ihr nicht, so v e r s t e h t ihr nicht!" Gedacht ist dabei an „ein für das Heil notwendiges apokalyptisches Verstehen",[62] das sich aber nur dem Glaubenden erschließt.

Dass die Septuaginta Jes 7 als eindeutige Heilsansage verstanden haben wollte, zeigt auch die Beurteilung des Ahas in V. 13: Nach der hebräischen Textüberlieferung hat Ahas durch die Ablehnung des Zeichenangebotes versagt. Anders die Septuaginta. Nach ihr hat sich Ahas gemäß Dtn 6,16 korrekt verhalten und den Herrn nicht auf die Probe gestellt.

[61] Zum den folgenden Ausführungen vgl. besonders M. Rösel, Die Jungfrauengeburt des endzeitlichen Immanuel. Jesaja 7 in der Übersetzung der Septuaginta, in: JBTh 6, 1991, 135–151.

[62] Rösel, Jungfrauengeburt (siehe Anm. 61), 141. Ebenda: „Diese Einsicht ist, so Jes 7,9 LXX, vom Glauben abhängig ... Unklar ist nun noch, wie diese Feststellung im Zusammenhang des Kapitels 7 zu verstehen ist. Im hebräischen Text ist der Vers noch als Mahnung, angesichts der Bedrohung beim Glauben zu bleiben, zu verstehen. Der Septuaginta-Übersetzer aber ist am Verstehen interessiert. So erhält V. 7,9b eine Scharnierfunktion für das gesamte Kapitel. In der gegenwärtigen Bedrängungssituation (1–6) wird Gott nicht nur kurzfristig die Gefahr abwenden (7–9a), sondern auch eine vollständige Wendung zum Heil herbeiführen (10ff.). Diese Heilsabsicht gilt es zu verstehen, und das kann nur der, der glaubt und nicht zweifelt."

Der Text von V. 13 LXX lautet: καὶ εἶπεν ἀκούσατε δή οἶκος Δαυιδ μὴ μικρὸν ὑμῖν ἀγῶνα παρέχειν ἀνθρώποις καὶ πῶς κυρίῳ παρέχετε ἀγῶνα. „Und er sprach: »Hört jetzt, Haus David: Ist es etwas Geringes für euch, einen Kampf mit Menschen zu führen? Wie aber ist es möglich, daß ihr mit dem Herrn einen Kampf führt?«" Der Ausdruck ἀγῶνα παρέχειν „einen Kampf führen" hat die „Grundbedeutung des edlen Wettstreitens im Stadion oder beim Wortgefecht", kann dann auch „den sittlichen Kampf des Frommen im Leben der Welt"[63] und den Kampf um die wahre Religion bezeichnen. Für die Beurteilung des Ahas bedeutet dies: Er hat seine bedrängende Lage vom Wort Gottes her gedeutet und richtig gehandelt, da er auf rechtmäßige, ja vorbildhafte Weise mit Gott gerungen hat. Konsequenterweise übergeht Jes 7,13 LXX auch die für den hebräischen Text typische Opposition „dein Gott" – „mein Gott". Das entsprechende Personalpronomen wird schlichtweg unterschlagen. Dies hat zur Folge, dass die Ambivalenz, die für den hebräischen Text kennzeichnend ist, sich in der LXX-Version nicht mehr findet. Es handelt sich um eine eindeutige Heilsansage. Aus dem Vorwurf Jesajas im MT ist in LXX ein klares Lob geworden.

Für das Verständnis des umstrittenen V. 14 kann Rösel wahrscheinlich machen, dass Jes 7,14 LXX „auf der Basis hellenistischer Verstehensmuster im ägyptischen Alexandria die Geburt des Immanuel von Jes 7,14 als jungfräuliche Geburt des verheißenen Heilsbringers begreift."[64] Wie Rösel anhand zahlreicher Belege aufzeigen kann, ist die Vorstellung einer übernatürlichen Zeugung im Zusammenhang mit der Erwartung eines Heilsbringers im ägyptischen Alexandria verbreitet.[65] Geht man davon aus, dass die Jesaja-Septuaginta in Ägypten übersetzt wurde, dann ist die Sprachgestalt übernatürlicher Zeugung durchaus denkbar, um den Sachverhalt eines einzigartigen Heilsbringers zu vermitteln. Diese Tendenz zur Profilierung der in Jes 7,14 angekündigten Heilsgestalt zeigt sich auch in der Wiedergabe von V. 15f. Der hebräische Text sieht in V. 16

63 Rösel, Jungfrauengeburt (siehe Anm. 61), 141.

64 Irsigler, Aufstieg (siehe Anm. 11), 145.

65 Rösel, Jungfrauengeburt (siehe Anm. 61), 148: „Festzuhalten bleibt nach der Beleuchtung dieser ganz unterschiedlichen Stoffe, daß es offenbar eine feste gedankliche Verbindung von παρθένος bzw. übernatürlicher Zeugung und der Erwartung von Heilsgestalten oder –zeiten gab, die gerade im ägyptischen Alexandria eine lange Tradition hatte und gefeiert wurde".

eine Zeitangabe (כִּי בְּטֶרֶם יֵדַע הַנַּעַר „denn noch bevor das Kind versteht ..."), nach der das Gericht über die angreifenden Feinde bereits hereinbrechen wird, noch bevor das Kind zwischen Gut und Böse zu unterscheiden vermag. Die satzsyntaktisch untergeordnete Zeitangabe im hebräischen Text übersetzt die Septuaginta als Hauptsatz und parallelisiert die beiden Verse 15f. Dadurch wird die Aussage insofern grundlegend verändert, als das Kind das Böse bereits verworfen und das Gute erwählt hat, noch bevor es zwischen Gut und Böse zu unterscheiden vermag. „Alles Gewicht dieser Verse liegt also darauf, die besondere, übernatürliche Begabung des Kindes herauszustreichen, die seiner wunderhaften Zeugung entsprechen würde: Dem Kind wird so etwas wie ein Unvermögen zum Bösen anhaften, eine Vorstellung, die nach Jer 31,31–34 und Ez 11,19f zu Israels Erwartungen an die Heilszeit gehört. ... Der Messias wird als übernatürliches, sündloses Wesen gesehen – dem dann verständlicherweise auch eine besondere Herkunft eignen muß."[66] Die Aussage von der Jungfrauengeburt genügt damit nicht sich selbst, sie ist vielmehr ganz der besonderen Profilierung des erwarteten Heilsbringers unter- und zugeordnet: „Die Aussage von der Jungfrauengeburt will also zum Ausdruck bringen, daß der kommende Heilsbringer von Beginn an dem normalen sündigen Lauf von Zeugung und Geburt enthoben ist, demnach einer neuen Zeit angehört und gerade deshalb die Möglichkeit zum Heil verbürgt."[67]

[66] Rösel, Jungfrauengeburt (siehe Anm. 61), 149. Wie Rösel, Jungfrauengeburt, 150 klärend fortführt, geht es hier nicht um eine Assimilierung der Jungfrau an hellenistische Göttinnen. Vielmehr zielt die Aussage auf die besondere Qualität des nach Jes 7,14–16 LXX für die Zukunft erwarteten Heilsbringers: „Denn wenn die hier vorgetragene Interpretation von παρθένος richtig ist, ging es ja nicht um eine Identifizierung der Jungfrau, die den Immanuel gebiert, mit hellenistischen Göttinnenvorstellungen, sondern um ein Anknüpfen der aus der hebräischen Bibel gelesenen Heilsbotschaft an die Verstehensmuster der hellenistischen Umgebung im ägyptischen Alexandria. παρθένος ist demnach nicht als Eigenname oder als feststehendes Epitheton für eine konkrete Göttin verwendet worden, sondern als Zeichen für die besondere Bedeutung des kommenden Heilsbringers."

[67] Rösel, Jungfrauengeburt (siehe Anm. 61), 150. Eine andere als die von Rösel vorgeschlagene und häufiger vertretene Interpretation von Jes 7,14 LXX geht davon aus, dass die Frau zunächst Jungfrau ist, dann auf natürlichem

3.3 Jes 7,14 und das Neue Testament

Das Neue Testament greift auf die alttestamentlichen Weissagungen in der Septuagintatradition zurück. Diese übernimmt die zwischen Heils- und Unheilsaussage oszillierende Ambivalenz des hebräischen Textes nicht, sondern bietet eine entschiedene und eindeutige Heilsansage. Die neutestamentlichen Autoren sind – wie vor ihnen die Septuaginta – weder an einer historisch-kritischen Rekonstruktion der Textgenese von Jes 7,1–17 noch an einer rein zeitgeschichtlichen Deutung der Vorgänge an der Wasserleitung bei der Walkerfeldstraße angesichts des drohenden syrisch-efraimitischen Krieges interessiert. Ihr Hauptinteresse gilt dem ihnen vorliegenden Text in seiner Endgestalt, der als gewachsene, zu einer neuen Ganzheit geronnene Größe den ursprünglichen historischen Ort bereits deutlich hinter sich gelassen hat und als bedeutsame Botschaft in ihre Zeit und Welt hineinspricht und diese zu deuten und verstehen hilft.

Vor diesem Hintergrund sind die neutestamentlichen Stellen Mt 1,21–23 und Lk 1,31 zu verstehen.[68] Sie deuten den alttestamentlichen Text ganz im Sinne der von der Septuaginta tradierten Weise als eindeutige messianische Heilsansage, wobei das Immanuel-Kind als Heilsbringer bereits besonders profiliert ist. Die doppelte Anspielung des Matthäus auf Jes 7,14 erklärt sich wohl dadurch, dass ihm der Septuagintatext als konkrete Vorlage diente. So greift Mt 1,21 τέξεται δὲ υἱόν, καὶ καλέσεις τὸ ὄνομα αὐτοῦ wörtlich auf Jes 7,14 LXX zurück: καὶ τέξεται υἱόν καὶ καλέσεις τὸ ὄνομα αὐτοῦ.[69] Auffällig ist, dass der Name Εμμανουηλ aus der Vorlage Jes 7,14 LXX in Mt 1,21 nicht übernommen ist, sondern der dem Kind dann tatsächlich gegebene Name „Jesus“: καὶ καλέσεις τὸ ὄνομα αὐτοῦ Ἰησοῦν. In Übereinstimmung mit der Vorlage Jes 7,14 LXX hat Josef in seiner Eigenschaft als Sohn Davids dem angekündigten messianischen Heilsbringer den Namen geben. Gemäß dem Auftrag des göttlichen Boten handelt er auch in dessen Sinne und nennt den aus

Wege ihr Kind empfangen und gebären wird: dieser Immanuel sei daher ihr Erstgeborener. Vgl. dazu etwa Rehm, Messias (siehe Anm. 47), 54f.

68 Die paulinische Aussage Röm 15,12, die auf Jes 11,1.10 LXX zurückgreift, bleibt hier außer Acht.

69 Die kleine Abweichung, dass die Syndese καὶ in Mt 1,21 durch die Partikel δὲ ersetzt wird, erklärt sich aus der kontextuellen Einbindung.

der Jungfrau geborenen Sohn „Jesus" (V. 25): καὶ ἐκάλεσεν τὸ ὄνομα αὐτοῦ Ἰησοῦν. In Mt 1,23 ändert der Evangelist seine Vorlage dahingehend, dass ein Kollektiv die Namensgebung vollzieht: ἰδοὺ ἡ παρθένος ἐν γαστρὶ ἕξει καὶ τέξεται υἱόν, καὶ καλέσουσιν τὸ ὄνομα αὐτοῦ Ἐμμανουήλ, ὅ ἐστιν μεθερμηνευόμενον μεθ' ἡμῶν ὁ θεός. Diese bezeichnende Abwandlung καὶ καλέσουσιν [τὸ ὄνομα αὐτοῦ Ἐμμανουήλ] „und sie werden [seinen Namen Emmanuel] nennen", legte nahe, dass die Gemeinde des Matthäus sich mit dem Ehrennamen „Immanuel" aus Jes 7,14 zu Jesus als dem nunmehr gekommenen Heilsbringer bekannte.[70]

In Lk 1,31 geschieht die Bezugnahme auf Jes 7,14 in der Anrede des göttlichen Boten an Maria. Dabei wird Maria damit beauftragt, dem verheißenen Kind den Namen zu geben, ganz in Übereinstimmung mit Jes 7,14 MT: ... καὶ καλέσεις τὸ ὄνομα αὐτοῦ Ἰησοῦν „... und du sollst seinen Namen Jesus nennen". Auch die Tatsache, dass der Name „Immanuel" im Gegensatz zu Mt 1,23 nicht gedeutet wird, verbindet Lk 1,31 mit Jes 7,14 LXX. Wenngleich die Bezüge zwischen diesen beiden Texten nicht so deutlich gegeben sind wie zwischen Mt 1,21–23 und Jes 7,14 LXX, so sind so doch zweifellos vorhanden.[71]

70 Dass die Änderung von καλέσεις (Jes 7,14 LXX) in καλέσουσιν (Mt 1,23) auf das Konto des Matthäus geht, ist damit nicht ausgemacht. Es ist durchaus möglich, dass der Evangelist auf eine abweichende hebräische Textvorlage Bezug nimmt. So etwa M.J.J. Menken, The Textual Form of the Quotation from Isaiah 7,14 in Matthew 1,23, in: NT 43 (2001) 144–160, 160 (= Ders., Matthew's Bible. The Old Testament Text of the Evangelist [BEThL CLXXIII], Leuven 2004, 117–131, 131). Unabhängig davon ist in jedem Falle die besondere Bedeutung der Immanuelverheißung für Aufbau, Struktur und Botschaft des Matthäusevangeliums zu berücksichtigen. So nimmt etwa der Schluss des Matthäusevangeliums die Immanuelweissagung bewusst auf. Das letzte Wort des Auferstandenen vor seiner Heimkehr zum Vater verheißt: „Und siehe, ich bin mit euch – καὶ ἰδοὺ ἐγὼ μεθ' ὑμῶν εἰμι – alle Tage bis zur Vollendung der Welt" (Mt 28,20). Ausführlicher dazu: G. Rossé, Der Immanuel, Gott-mit-uns, in: Das Prisma 17 (2005/1), 44–55.

71 Vgl. dazu W. Radl, Das Evangelium nach Lukas. Kommentar Erster Teil: 1,1–9,50, Freiburg, Basel, Wien 2003, 62: „Ein Unterschied zu Jes 7,14 LXX und zum biblisch Gewohnten überhaupt (vgl. Lk 1,13.62; Mt 1,21) besteht darin, daß das Kind seinen Namen von der Mutter erhalten wird (wie Jes 7,14 MT). Das ist zwar nicht ganz unmöglich, zumal auf dem Hintergrund

Das Neue Testament greift somit zur Deutung der Geburt Jesu von Nazareth mit Jes 7,14 LXX auf einen Text zurück, der sich in seiner vorliegenden Sprachgestalt deutlich von einem ursprünglichen historischen Ereignis an der Jerusalemer Walkerfeldstraße gelöst hatte. Dies gilt bereits für den hebräischen Text in seiner Endgestalt: Die Ambivalenz der Aussagen zwischen Gericht und Heil, das Nebeneinander unterschiedlicher Adressaten, der menschliche Vorstellungen übersteigende Horizont des gottgewährten Zeichens einerseits und das tatsächliche Zeichen der jungen Frau mit dem Kind andererseits, die nicht präzise zu bestimmende junge Frau, die ihr Gesicht nicht mehr zu erkennen gibt, und ihr Kind mit dem singulären Namen, das sich ebenfalls einer festlegenden Deutung entzieht, schließlich die kontextuelle Einbindung der Aussage in den Erzählzusammenhang von Jes 1–12, die aus der Botschaft von Jes 7,14–16 eine messianisch ausgerichtete Heilsankündigung werden lässt: alle diese im Endtext geronnen vielfältigen Aspekte einer Wachstumsgeschichte machen ihn zum Träger einer komplexen, vielschichtigen Botschaft und profilieren sowohl den verheißenen Heilsbringer wie dessen Gebärerin zu primär literarischen Gestalten eines zu erwartenden göttlichen Heilshandelns. Dieser Vorgang einer zunehmenden Enthistorisierung wird noch verstärkt durch die Übersetzer der Septuaginta. Diese akzentuieren die wunderbaren Züge der künftigen Rettergestalt vor allem dadurch, dass sie die Geburt aus der Jungfrau betonen und dem sündlosen, aus dem übernatürlichen Bereich kommenden Heilsbringer die Fähigkeit absprechen, Böses zu wirken.

Mit ihrem Rückgriff auf Jes 7,14–16 LXX und der Interpretation dieses Textes im Horizont des Christusereignisses als ihrem primären Erfahrungs- und Erkenntnisgrund bieten die neutestamentlichen Autoren ihre eigene und neue Auslegung der ihnen vertrauten Immanuelverheißung. Sie bewohnen den alten Text, explizieren in ihm enthaltene Aspekte und verleihen ihm damit eine neue Aktualität, welche die alte Verheißung in ein neues, zuvor nicht gekanntes Licht rückt.

der für Lk 1 wichtigen Samuelgeschichte (1 Sam 1,20; vgl. auch Gen 29f); aber vielleicht möchte Lukas damit der ‚vaterlose(n) Lebensentstehung Jesu' Rechnung tragen".

Der christologische Gehalt der jungfräulichen Mutterschaft

Die Kontroversen in den ersten christlichen Jahrhunderten und in der Neuzeit

von Anton Ziegenaus

Im Glaubensleben der Kirche steht das Heilshandeln Gottes in der Sendung seines Sohnes und des Heiligen Geistes im Mittelpunkt. In diesem zentralen Geschehen hat jedoch Maria einen festen und zentralen Platz. Dies bestätigt das Zweite Vatikanum mit der Feststellung: „Maria vereinigt, da sie zuinnerst in die Heilsgeschichte eingegangen ist, gewissermaßen die größten Glaubensgeheimnisse in sich und strahlt sie wider" (LG 65).

Maria steht keineswegs in der Mitte des Glaubens wie die Trinität oder Jesus Christus, aber sie spiegelt dieses Zentrum wider, etwa die gottmenschliche Konstitution Jesu Christi. Weil er eine menschliche Mutter hat, ist er Mensch; weil diese Jungfrau ist, ist der Durchblick frei auf den, den Jesus exklusiv Vater nennt. Schon der große Athanasius († 373) konnte deshalb sagen: „Die Geburt aus der Jungfrau ist der sichtbarste Beweis für die Gottheit des Sohnes"[1].

Viele Feste, Lieder, Hymnen und Gebete, künstlerische Werke in Bild, Ton oder Wort bringen die hohe Stellung der Gottesmutter im Glaubensleben zum Ausdruck. Man konnte deshalb in Bezug auf die ca. 100

[1] De incarn. 18.

Jahre zwischen der Verkündigung der Immaculata Conceptio und dem Tod des Papstes Pius XII. sogar von einem „Marianischen Zeitalter“[2] sprechen. Diese hohe Verehrung der Mutter Christi scheint jedoch seit dem Zweiten Vatikanum, trotz der marianischen Impulse von Johannes Paul II. zurückgegangen zu sein.

Was sind die Gründe für diesen Rückgang? Hier soll nicht der Anfängerfehler einer monokausalen Begründung gemacht werden: Tatsächlich lässt sich ein Bündel von Ursachen finden. Wenn die These stimmt, dass Christus- und Marienfrömmigkeit zusammenhängen, könnte der Rückgang der Marienverehrung auch mit der allgemeinen Säkularisierung zu tun haben.

Auf alle Fälle ist auch die heute immer wieder anzutreffende Ansicht falsch, man müsse die Marienfrömmigkeit mehr zugunsten einer intensiveren Christusfrömmigkeit zurücknehmen. M. Luther meinte ängstlicherweise, man müsse Maria „Abbruch“ tun, damit Christi Werk in strahlenderem Glanz erscheint. Er musste aber in bekümmerter Klage erkennen, dass die Einschränkung der Marienfrömmigkeit zu keiner vertieften Christusfrömmigkeit geführt hat. Einst habe man viele Ave-Marias und Rosenkränze zu Maria gebetet, jetzt bete man das ganze Jahr nicht. „Ist es nicht schändlich olim matrem extulisse et filium nunc omnino obliterari? Diese Nachlässigkeit werde Gott strafen[3].

Christus- und Marienfrömmigkeit in Konkurrenz zu stellen, erbringt nichts. Jede gesunde Marienverehrung hat ihre Mitte in Jesus Christus, in der Menschwerdung des ewigen Sohnes. So weist mariologisches und marianisches Desinteresse immer auch christologische Defizite auf. Bonaventura sagt schon im 13. Jahrhundert: „Wenn du die Mutter hinwegnimmst, nimmst du auch das menschgewordene Wort hinweg“[4]. In ähnlichem Sinn stellt J. H. Newman fest: „Ein Überblick – wenigstens in Europa – wird uns zeigen, dass es nicht die religiösen Gemeinschaften mit einer betonten Marienverehrung sind, die aufgehört haben, ihren Sohn anzubeten, sondern gerade die Gemeinschaften, die auf ihre Ver-

2 Vgl. A. Ziegenaus (Hg.), Das Marianische Zeitalter (Mariologische Studien Bd. 14), Regensburg 2002.

3 WA 36, 152.

4 Sermo de nativitate.

ehrung verzichtet haben“[5]. Marianisch laue Zeiten, wie die Aufklärung, sind auch in der Verehrung Christi kühl.

Der Rückgang in der Marienfrömmigkeit lässt somit auch eine christologische Schwäche oder Verirrung vermuten. Wenn die ewige Gottessohnschaft und damit auch die Inkarnation in Frage gestellt oder uminterpretiert werden, verliert die Gottesmutterschaft ihre Grundlage. Tatsächlich wird die ewige Gottessohnschaft nicht selten geleugnet: die einen vertreten eine streng erhöhungstheologische Position, als wäre Jesus bei der Taufe, der Auferstehung oder Himmelfahrt zum Sohne Gottes eingesetzt worden, die anderen verstehen Jesus als religiöses Genie, wie Mozart ein musikalisches war. Es gibt Bücher über die Mutter Jesu, in denen sie nie Mutter Gottes genannt wird[6].

Noch mehr wird die vaterlose Empfängnis Jesu, also Mariens jungfräuliche Mutterschaft geleugnet bzw. problematisiert. Sie setzt, wie schon die Bemerkung des hl. Athanasius zeigte, die ewige Gottessohnschaft voraus. Vor allem aber stellt die vaterlose Empfängnis das Paradebeispiel für die Möglichkeit von Wundern dar. Wenn sie verneint wird, wird Jungfräulichkeit zur vorbehaltlosen Treue oder Hingabe umgedeutet. Über die Umdeutungen des natus e Maria Virgine in der Neuzeit wird noch Dr. habil. M. Lochbrunner referieren. Wer die verschiedenen Auslegungen bedenkt, kann verstehen, dass heute Prediger einen großen Bogen um die gesamte Thematik machen. Die Jungfrauengeburt ist aber eine zentrale Glaubenswahrheit, sowohl in christologischer als auch in mariologischer Hinsicht.

1. Die Jungfrauengeburt im Rahmen der christologischen Entwicklung

Die Jungfrauengeburt scheint im ersten christlichen Jahrhundert keine große Rolle gespielt zu haben. Die frühesten Autoren des Neuen Testaments scheinen davon nichts zu wissen. Paulus und die gesamte Briefli-

5 Vgl. A. Ziegenaus, Maria in der Heilsgeschichte, Mariologie (L. Scheffczyk – A. Ziegenaus, Kath. Dogmatik V), Aachen 1998, 10.

6 Z.B.: B. Welte, Maria die Mutter Jesu, Freiburg 1976. Zum Ganzen vgl. A. Ziegenaus, Erwägungen zum Rückgang marianischer Frömmigkeit: ders. (Hg.), Das marianische Zeitalter (MSt XIV), Regensburg 2002, 209ff.

teratur des NT berichten wenigstens nichts davon. Eben so wenig, so sagt man, das Markusevangelium und die Offenbarung des Johannes. Genau genommen sprechen davon expressis verbis nur das Matthäus- und das Lukasevangelium. Wie kommt man dazu, so argumentieren die Bestreiter der Jungfrauengeburt, diese Angaben der beiden Evangelisten so zu gewichten, dass diese Aussage sogar ins offizielle Glaubensbekenntnis der Kirche gelangt. Wurden hier nicht, aus der Sicht des gesamten NT, die Gewichte verschoben?

Allerdings kann auf diese zunächst einleuchtende Argumentation erwidert werden, dass dem Schweigen des Paulus und der übrigen Briefe in Bezug auf die vaterlose Empfängnis Jesu schon deshalb kein großes Gewicht beigelegt werden darf, weil die Briefe überhaupt wenig über den irdischen Jesus berichten: nichts über die Taufe, die Versuchung, die Verklärung Jesu, wenig über seine Predigttätigkeit. Da wäre es überraschend, wenn er von der Jungfrauengeburt sprechen würde. Ferner muss dem Einwand, nur Mt und Lk hätten von der geistgewirkten Empfängnis Jesu berichtet, entgegengehalten werden, dass möglicherweise auch Mk 6,3 und Joh 1,13 davon sprechen. Auf alle Fälle ist bedenkenswert, warum Markus, der keine Kindheitsgeschichte bietet, gegen alle jüdische Tradition Jesus „Sohn Marias" nennt; ein „Sohn Josefs", wie er bei Mt (13,55) und Lk (4,22) bezeichnet wird, weil für sie aufgrund der Kindheitsevangelien nicht die Gefahr eines Missverständnisses zu befürchten war, wollte der früheste Evangelist Markus vermeiden. Mag die richtige Lesart von Joh 1,13 kontrovers sein[7], so schwächt sie doch die These, nur zwei Evangelisten wüssten von der Jungfrauengeburt.

Joh 1,46 und 6,42 sind mariologisch für unser Thema insofern wichtig, als Jesus nur vom Volk bzw. von denen, die das Personengeheimnis Jesu nicht kennen, „Sohn Josefs" genannt wird und beide Stellen im Sinne einer fortschreitenden Offenbarung zum „Sohn Gottes" bzw. zum „Vater" hinführen.

Bei diesem nicht einheitlichen Befund geht es nun darum, den interpretatorischen Schlüssel zu finden, der in der unmittelbaren Folge zur Betonung der Jungfrauengeburt geführt hat. Der Schlüssel ist ein christologischer: Bei *Ignatius von Antiochien* – seit ca. 70 Bischof in Antiochien und

[7] Vgl. A. Ziegenaus, Maria in der Heilsgeschichte, 121ff.

spätestens 116 in Rom als Martyrer gestorben – lassen sich zwei große Gefahren des Glaubens feststellen: der Judaismus, der eine Christologie von unten vertritt und die wahre Gottheit leugnet, und die Gnosis, die in einer einseitigen Christologie von oben Christi Menschheit in Frage stellt; er habe nur zum Schein gelitten. Ignatius versuchte nun die aszendente und die deszendente Christologie zu vereinbaren. Er lehrt klar die Präexistenz: Jesus Christus, „der vor aller Zeit beim Vater war und am Ende erschienen ist"[8] – Gott hat „sich geoffenbart durch seinen Sohn Jesus Christus, der sein aus dem Schweigen hervorgegangenes Wort ist und in allem dem wohl gefiel, der ihn sandte"[9]. Noch eindringlicher betont Ignatius das wahre Menschsein Christi: Die Gemeinde von Smyrna wird gepriesen wegen ihrer Überzeugung „von unsrem Herrn, der wirklich aus dem Geschlecht Davids stammt nach dem Fleische, Sohn Gottes nach Gottes Willen und Macht, wirklich geboren aus einer Jungfrau, getauft von Johannes, auf dass alle Gerechtigkeit von ihm erfüllt würde, wirklich unter Pontius Pilatus und dem Vierfürsten Herodes angenagelt für uns im Fleische … Dies litt er unseretwegen, damit wir gerettet würden; und wirklich litt er, wie er sich auch wirklich auferweckte, und nicht wie einige Ungläubige sagen, er habe zum Schein gelitten, während sie selbst nur zum Schein existieren"[10]. Gegen den Doketismus hebt Ignatius immer wieder die Realität der Menschwerdung, des Leidens und des Lebens wie eines Menschen hervor: „Seid also taub, wenn jemand zu euch redet ohne Jesus Christus, der aus dem Geschlecht Davids, aus Maria stammt, der wirklich geboren wurde, aß und trank, wirklich verfolgt wurde unter Pontius Pilatus, wirklich gekreuzigt wurde und starb vor den Augen derer, die im Himmel, auf Erden und unter der Erde sind, der auch wirklich von den Toten auferweckt wurde"[11]. Das wiederholte „wirklich (ἀληθῶς)" will also das unverkürzte Menschsein Jesu unterstreichen. Die Formulierung „wirklich geboren aus einer Jungfrau" muss eigentlich überraschen, denn zum Menschsein, das durch das „wirklich" betont werden soll, gehört doch die Herkunft von Vater und Mutter. Das „wirklich" bezieht sich allerdings bei näherer Analyse der Texte auf das „geboren": Jesus war ein voller Mensch, weil er geboren

8 Ad Magn 6,1.

9 Ebd. 8,2.

10 Sm 1,2.

11 Tral 9,1f.

wurde, eine menschliche Mutter hatte, gegessen, getrunken und gelitten hat. Das „Jungfrau“ verweist also nicht auf das Menschsein, sondern auf das Gottsein Jesu Christi, „der dem Fleisch nach aus dem Geschlecht Davids stammt, dem Menschensohn und Gottessohn“[12]. Jesus ist also einer (nicht gespalten wie es die Gnosis annahm, die die Wirklichkeit in einen guten und einen schlechten Teil schied), als Menschensohn Sohn Marias und als Gottessohn Sohn des göttlichen Vaters. In Bezug auf die Einheit und die gott-menschliche Konstitution nimmt Ignatius in der Sache (d.h. ohne die begriffliche Klärung) schon Chalkedon vorweg:

„Einer ist Arzt

aus Fleisch	zugleich und	aus Geist,
gezeugt	und	ungezeugt,
im Fleische	erschienener	Gott
im Tode		wahrhaftiges Leben,
aus Maria	sowohl wie	aus Gott
Leidensfähig	zuerst, dann	leidensunfähig,

Jesus Christus unser Herr“[13].

Die göttliche und menschliche Wirklichkeit Jesu Christi werden in der fünften Antithese durch die Herkunft aus Gott und Maria aufgezeigt. Ein Vergleich der Antithesen 3 und 5 zeigen die Zusammengehörigkeit von Präexistenz und Erhöhungschristologie. „Maria“ steht für die volle Menschheit Jesu. Hierin deckt sich Ignatius mit Gal 4,4; die erste Antithese erinnert an Röm 1,3f. Hier und an den anderen zitierten Stellen, wo die volle menschliche Wirklichkeit ausgedrückt werden soll, fehlt die Erwähnung der Jungfrauschaft, die sonst als „laut rufendes Geheimnis“ hervorgehoben wird. Bei Ignatius bezieht sich bei der Formulierung: „wirklich geboren aus einer Jungfrau“ „geboren“ auf die Menschheit und „aus der Jungfrau“ auf die Gottheit.

Hier kündet sich schon *Irenäus* (†202) an. Er hat in seinen Büchern Adversus haereses die orthodoxe Christologie gegen die verschiedensten

[12] Eph. 20,2.

[13] Eph. 7,2.

Irrlehren abgesichert und dabei auch die Mariologie ausgebaut. Irenäus entwickelte seine Theologie einmal gegen die judenchristlichen Ebioniten, die nur das Alte Testament und das Matthäusevangelium, jedoch ohne c. 1, anerkannten und einen Adoptianimus vertraten. Markion dagegen erkannte nur 10 Paulusbriefe und das Lukasevangelium an, aber ohne c. 1 und 2, also nicht das AT und die übrigen Evangelien. Christus sei erst unter Tiberius in der Gestalt eines Erwachsenen auf die Erde gekommen. Auch bei den anderen Häretikern hatte die Christologie eine mariologische Entsprechung. Entweder hatte Jesus keine menschlichen Eltern (wie bei Markion) oder war der natürliche Sohn Josefs und Marias, auf den – etwa bei der Taufe – der Christus herabkam – so etwa bei den gnostischen Systemen, denen zufolge der schlechte Leib nur von Josef und Maria stammen und nicht in eine innere Einheit mit dem himmlischen Lichtwesen gebracht werden konnte (Korinth, Karpokratianer), und bei den Ebioniten, bei denen die Geburt Jesu noch keine Heilsbedeutung hatte – oder Jesus war nicht der menschliche Sohn Mariens (die gnostischen Valentinianer z.B. sahen Maria als Kanal, durch den das himmlische Wesen hindurchging; sie war Jungfrau, aber nicht Mutter) oder der natürliche Sohn der Jungfrau Maria (so der – ehefeindliche – Adoptianismus Theodots d. Älteren) oder eher eine doketische Erscheinung des Geistes.

Nach der Aufzählung der verschiedenen Auffassungen der Häretiker resümiert Irenäus: „Keiner der Häretiker lehrt aber, dass das Wort Fleisch geworden ist“[14]. So wird die Inkarnation in der Auseinandersetzung mit den Häresien zum Losungswort des rechten Glaubens. Das wahre und volle Menschsein Jesu wird mit Gal 4,4, d.h. mit der Geburt aus der Frau belegt. Nicht irgendwann, etwa bei der Taufe im Jordan, wurde Jesus zum Christus und zum Sohn Gottes erhoben, sondern er war es mit dem Beginn seines menschlichen Lebens, weil er immer schon Gottes Sohn war. Durch die Präexistenz ist der Adoptianismus überwunden. Der Treffpunkt der deszendenten und aszendenten Linie, also der Gnosis und des Adoptianismus, ist die Menschwerdung des ewigen Sohnes. Dadurch rückt die jungfräuliche Mutterschaft ins Blickfeld, die von den genannten häretischen Strömungen nicht oder nicht recht gewertet wurde.

[14] Adv. Haer. III 11,3.

2. Mariologische Ausfaltungen

Bei Ignatius und Irenäus rücken aufgrund der Kontroversen mit den Häretikern die Menschwerdung und damit auch die Gestalt seiner Mutter ins Zentrum der Betrachtung. Warum hält aber Irenäus das volle Menschsein Jesu Christi für so wichtig? Die daraufhin entwickelte Rekapitulationslehre ist von dem Gedanken getragen, dass das Heil auf demselben Weg wieder gewonnen werden müsse, auf dem es verloren wurde, also durch den Menschen Jesus (der natürlich nicht nur Mensch ist). Die paulinische Adam-Christus-Parallele wird nun von Irenäus, wie früher schon von Justin, zur Eva-Maria-Parallele ausgeweitet: „Wie durch den Ungehorsam einer Jungfrau der Mensch zu Fall gebracht wurde …, empfing der Mensch durch eine Jungfrau, welche auf Gottes Wort hörte … das Leben. Denn es war notwendig und billig, dass bei der Wiederherstellung Adams in Christus das Sterbliche vom Unsterblichen verschlungen werde … und die Eva von Maria, auf dass die Jungfrau Fürsprecherin der Jungfrau werde und den jungfräulichen Ungehorsam entkräfte und aufhebe durch den jungfräulichen Gehorsam“[15]. So wird, wie Irenäus an anderen Stellen ausführt, das Menschengeschlecht „durch eine Jungfrau gerettet“, der „Ungehorsam durch den Gehorsam der Jungfrau aufgewogen“ und Maria „Ursache des Heils“[16]. Weil die Menschwerdung schon ein Heilsgeschehen ist (und nicht nur eine Voraussetzung dafür), kann der neuen Eva eine Mitwirkung am Heil der Menschheit zuerkannt werden.

Die Eva-Maria-Parallele ist einmal angeregt durch die paulinische Adam-Christus-Typologie, dann durch die Gegenüberstellung von Sündenfallbericht (Gen 3) und der lukanischen Verkündigung (Lk 1,26–38; Teufel – Engel; Ungehorsam – Gehorsam; Tod – Leben) und schließlich durch eine christologische Fragestellung: War Jesus nicht doch insofern nicht voller Mensch, als er keinen menschlichen Vater hatte? Die Antwort lautete: Auch Adam und Eva waren Menschen wie ihre Nachkommen, auch wenn sie nicht auf dieselbe Weise wie diese ins Leben eingetreten sind: Für den Anfang einer Reihe gelten andere Bedingungen als für die Folgeglieder. Die Jungfrau-Mutter markiert somit einen Neuanfang in

15 Dem. Evangel. 33.

16 Vgl. Adv. Haer. V 19,1; III 22,4.

der Menschheitsgeschichte und die Neuheit des Lebens. Tertullian prägte dafür die Formel vom nove nasci[17]: Die alte Weise der Lebensweitergabe wurde durch den Jungfraugeborenen unterbrochen.

Wer gegen Gnosis und Doketismus die wahre Menschheit Jesu verteidigt, muss sich der Frage stellen, ob sich hinter der Jungfrauengeburt nicht eine leib- und ehefeindliche Einstellung verberge. Eine klare Inkarnationstheologie besagt dagegen die höchste Aufwertung des Leibes; sie kann nicht leib- und ehefeindlich sein, wie es bei Gnostikern der Fall war. Abgesehen davon, dass gerade diese nicht selten eine Josefsvaterschaft vertreten haben (weil die schlechte irdische Existenz nicht von Gott, sondern von Menschen hervorgebracht sein müsse) und auch Gegner der Jungfrauengeburt leibfeindlich sein können, zeigen die Inkarnation in der Transparenzfähigkeit des Leibes Jesu – „Wer mich sah, hat den Vater gesehen" (Joh 14,9) – und die jungfräuliche (d.h. auf den Vater hinweisende) Mutterschaft Mariens die höchste Aufwertung des Leibes. Schließlich belegt auch die Mitwirkung der neuen Eva am Heil im Zusammenhang mit der Rekapitulationslehre eine positive Sicht der menschlichen Möglichkeiten (natürlich mit der Gnade!).

Versuchen wir das Ergebnis dieser Überlegungen zusammenzufassen: Nur in zwei Schriften des NT wird Mariens jungfräuliche Mutterschaft klar ausgesagt. Josef wird nie klar und unmissverständlich „Vater" Jesu genannt: Entsprechende Aussagen werden auf den himmlischen Vater hin korrigiert oder nicht gemacht, obwohl sie nahe liegen. Wie kommt es bei dieser Textgrundlage zur starken Betonung und zum klaren kirchlichen Bekenntnis der Jungfrauengeburt, die bei Ignatius bereits „ein Stück anerkannter kirchlicher Tradition" (H. v. Campenhausen) ist und bei Irenäus schon ins Glaubenssymbol aufgenommen ist und nach seinem Zeugnis auf der ganzen Welt von der Kirche bekannt wird[18]?

Den entscheidenden Anstoß zur Herausbildung der jungfräulichen Mutterschaft, der neuen Eva und ihres mittlerischen Wirkens an der Seite des zweiten Adams kam aus der Notwendigkeit, gegen die verschiedenen Häresien eine unverkürzte Christologie zu entwickeln, die der göttlichen und menschlichen Komponente und den soteriologischen Postulaten ge-

[17] De carne Christi 17.

[18] Vgl. Adv. Haer. I 10,1; III 4,2.

recht wird. Die theologische Diskussion ließ die Bedeutung der Inkarnation und somit auch der jungfräulichen Mutterschaft erkennen. Die Christologie ist der interpretatorische Schlüssel zur Auslegung des ntl. Befunds.

Zur selben Zeit, in der Irenäus die Grundlinien der Christologie und der Mariologie zog, kam es auch zur Bildung des kirchlichen Schriftkanons[19]. Die wesentlichen Entscheidungen standen fest, nämlich die Kanonizität des AT (gegen Markion), die unverkürzte Vierzahl der Evangelien (einschließlich der verschiedenerseits gestrichenen Kindheitsevangelien!) und die wichtigsten Briefe. Erst die Diskussion um die kanonische Geltung des Alten Testaments öffnete den Blick für heilsgeschichtliche Zusammenhänge, etwa bei der Eva-Maria-Parallele.

Die Mariologie greift bei der Lehre von der Geburt aus der Jungfrau nicht nur auf die zwei Schriftstellen im NT zurück (Irenäus las auch Joh 1,13 im Singular), sondern berücksichtigte neben diesen die gesamte Bibel. Nicht von der Exegese dieser zwei oder drei Stellen wird die Jungfrauengeburt begriffen, sondern dem Geboren-, Getauft-, Gekreuzigt- und Auferwecktwerden, dem menschengemäßen Essen und Trinken steht das Herr-, Sohn-Gottes-, Wortsein gegenüber. Präexistenz und Inkarnation sind paulinische (Philiperhymnus; Röm 8,32; Gal 4,4: Sendung des Präexistenten) und noch mehr johanneische Zeugnisse. Beide Komponenten können aber nicht dualistisch konträr zueinander stehen oder nebeneinander laufen, sondern bilden eine Einheit nach dem ignatianischen „Einer ist Arzt". Zudem wurden Jes 7,14 und die Alte Eva in der Rekapitulationslehre auf eine heilsgeschichtliche Linie gebracht.

Um die Tatsache der Dogmenentwicklung aufzuweisen, sei auf andere Weise gesagt, dass eine noch so tief schürfende Exegese der beiden Kindheitsevangelien nicht zu dem mariologischen Stand des Irenäus führen könnte: Die Präexistenz Christi, die sich auf marianischer Ebene in der jungfräulichen Mutterschaft widerspiegelt, ist bei den Synoptikern zu wenig ausgeprägt, auch wenn Mariens Sohn „Sohn Gottes" (vgl. Lk 1,35) und „Maria Mutter meines Herrn" (Lk 1,43) genannt werden. Erst nach der Schärfung des christologischen Bewusstseins und der mit Irenäus einigermaßen abgeschlossenen Klärung des Umfangs der kano-

19 Vgl. A. Ziegenaus, Kanon. Von der Väterzeit bis zur Gegenwart: HDG I 3a 2, 14–23 u. 72.

nischen Schriften in der Auseinandersetzung mit den verschiedensten Häresien konnte die Bedeutung der Mariengestalt geklärt werden, und zwar auf der Grundlage der ganzen Bibel.

3. Die Folgen des christologischen Bruchs für die Mariologie in der Neuzeit

Auch in der neuzeitlichen Diskussion spielt nicht die Exegese die entscheidende Rolle, sondern prinzipielle Vorentscheidungen, die nicht nur die Mariologie, sondern auch die Christologie betreffen. Zwar verteidigen auch heute Exegeten die Jungfrauengeburt, aber die Mehrheit verhält sich ihr gegenüber zurückhaltend oder ablehnend.

Die Reformatoren hielten zwar an ihr fest, aber ihre bekannten Reserven gegen die Marienverehrung schwächte auch das Interesse an diesem Mariendogma. Seine eigentliche Bezweiflung oder Leugnung geht auf den Deismus zurück. Als repräsentativer Vertreter kann der Hamburger Orientalist Hermann Samuel Reimarus († 1768) gelten: Er bezog den Standpunkt der deistischen Vernunftreligion, der zufolge die empirische Welt durch die Naturgesetze, die der Schöpfer ihr am Anfang eingepflanzt habe, streng determiniert ist. Weil somit jedes Einwirken Gottes in das Weltgeschehen ausgeschlossen ist, gibt es keine Wunder und keine Offenbarung[20]. Bis herauf zu Bultmann und lebenden Theologen wurde seitdem ein Eingreifen Gottes in das Weltgeschehen abgelehnt und versucht, für die verschiedenen Wunderberichte des NT eine einleuchtende Erklärung zu finden.

Das Argument, nur zwei ntl. Schriftstellen berichten eindeutig die Jungfrauengeburt, wird von diesem deistischen Vorentscheid her hinfällig, denn auch bei gut bezeugten Berichten wird ein Wunder nicht anerkannt, wie bei den Berichten von der Brotvermehrung oder der leiblichen Auferstehung (leeres Grab!). Unter deistischen Voraussetzungen sind auch Menschwerdung und Offenbarung nicht im realistischen Sinn zu verstehen. Die Diskussion muss daher vor allem über die deistischen Voraussetzungen geführt werden und nicht um die zwei Schriftstellen.

20 Vgl. A. Ziegenaus, Jesus Christus. Die Fülle des Heils (L. Scheffczyk, A. Ziegenaus, Kath. Dogmatik III) Aachen 2000, 13ff.

Wie kamen aber die beiden Evangelisten zu dieser Vorstellung einer vaterlosen Empfängnis? Lukas (1,37) erklärt es als ein bei Gott nicht unmögliches Wunder. Doch ein göttliches Eingreifen gibt es dem Deismus zufolge nicht. Als Quelle wird der Mythos herangezogen, der von der Zeugung mancher Heroen durch eine Gottheit und eine menschliche Mutter erzählt. Doch hat zur Zeit der Entstehung der Evangelien solche Mythen überhaupt jemand noch ernst genommen? Die Götterliebschaften waren unmoralisch und nur noch Gegenstand des Gelächters, d.h. der Komödien. Schon im zweiten vorchristlichen Jahrhundert schreibt Plautus die Komödie von der Leidenschaft Jupiters für Alkmene. Da diese ihrem Mann Amphitrion treu bleibt, verwandelt sich Jupiter in Amphitrion und nähert sich auf diese Weise der Geliebten. So entwickelt sich ein leichtfertiges Komödienspiel aus der Verdoppelung des Amphitrion. – In den Metamorphosen Ovids erscheint Jupiter als wahrer Don Juan. Er verlockt das Mädchen Jo, am heißen Mittag in einen kühlen Wald zu kommen; er werde ihr Schutz vor wilden Tieren geben. Als dann das Mädchen seine Absichten merkt und flieht, verwirrt er sie durch einen plötzlichen Nebel und vergewaltigt sie. Solche schlüpfrigen Geschichten sollten die Vorlage für die biblischen Erzählungen für das Entstehen Jesu im Schoß der Jungfrau Maria durch das Wirken des Heiligen Geistes gewesen sein?! Die Christen im Altertum haben solche Assoziationen immer entschieden verworfen[21]. So begann nun bei Exegeten der Neuzeit die Suche nach einem „sauberen" Bericht über eine Vereinigung der Gottheit mit einer Frau als einer Vorlage für die Evangelien. Man hat ihn nicht gefunden. So urteilt der evangelische Exeget M. Dibellius, dass der biblische Bericht „jede mythisch geartete Darstellung" vermeidet[22]. H. v. Campenhausen[23] stellt im Hinblick auf die Geburtsgeschichte aus der Perspektive der ägyptologischen Forschung fest, dass die Ägyptologie für eine Jungfrauengeburt nichts beitrage. Also auch diese Suche endet ergebnislos. Er neigt seinerseits dazu, in der Jungfrauengeburt einen Überbietungstopos im Vergleich zum Wirken Gottes bei unfruchtbaren Frauen des Alten Testaments, auch bei Elisabeth, zu sehen. Ist jedoch die – möglicherweise auch psychologisch be-

21 Vgl. A. Ziegenaus, Maria in der Heilsgeschichte, 147ff.

22 Vgl. ebd. 238f.

23 Die Jungfrauengeburt in der Theologie der Alten Kirche, Heidelberg 1962, 20f.

wirkte – Heilung von der Unfruchtbarkeit nicht etwas völlig anderes als der Ausschluss des Mannes und seine Ersetzung durch eine Gottheit beim Beginn des irdischen Lebens Jesu? Jenes war auch den Juden „zumutbar“, dieses nicht. Schon A. v. Harnack[24] vermittelt den Eindruck von einer heillosen Subjektivität und vom Hypothetischen der Herkunftstheorien. J. de Freitas Ferreira[25] zeigte die Unsumme von verschiedenen exegetischen Interpretationen des lukanischen Kindheitsevangeliums: Man ist sich einig in der Ablehnung der vaterlosen Empfängnis Jesu, dann aber beginnen die großen Differenzen, die sich gegenseitig aufheben.

Fr. Mußner[26] untersuchte das „Semantische Universum“ der Verkündigungsperikope (Lk 1,26–38) und stellt dafür einen exklusiven „Israelhorizont“ fest: Alle Namen (Gabriel, Josef, David, Maria, Jesus, Elisabeth), topographische Angaben (Nazareth, Bethlehem, Judäa, Galiläa), formelhafte Bezeichnungen (Haus Davids, Jakobs, Vater David), theologische Begriffe (Gnade, überschatten) gehören zum Sprachraum Israels; ferner finden sich viele alttestamentliche Zitate und Anspielungen. Ein religionsgeschichtlicher Vergleich bekommt dann einen gewissen Evidenzgrad, wenn semantische Felder, literarische Form und gedanklicher Gehalt des Kontextes übereinstimmen. Mußner komm zu dem Schluss: „Im Fall der Verkündigungsperikope stimmen weder die literarische Form noch und vor allem nicht die semantischen Felder und der gedankliche Gehalt des Kontextes mit jenen der oben vorgeführten, angeblichen ‚Analogien‘ überein.“

G. L. Müller stellt „im Rahmen des theologischen Wirklichkeitsverständnisses jede echte Parallele in den anderen Religionen“ in Abrede. H. U. von Balthasar fragt im Hinblick auf die mythologischen Ableitungen[27]: „Stehen wir eigentlich im ägyptischen oder hellenistischen Milieu und nicht vielmehr im streng jüdischen Raum? Will man uns zurückversetzen in Zeiten, da die griechischen Mysterienreligionen das Modell für die Strukturen der Urkirche abgeben sollten – Zeiten, die wahrlich vorbei sind? Werden katholische Theologen so blind, dass sie nicht mehr

24 Lehrbuch der Dogmengeschichte I, Tübingen ^{4}1909, 139f.

25 Conceiçao virginal de Jesus, Rom 1980.

26 Maria. Die Mutter Jesu im Neuen Testament, St. Ottilien 1993.

27 Cordula oder der Ernstfall, Einsiedeln 1967, 76f.

sehen, wie Jungfrauschaft Marias in den Mittelpunkt der Dogmatik hineinverknotet ist? Oder will man anfangen, ‚theologische' und ‚historische' Wahrheit in einer Religion zu unterscheiden, bei der es gerade um die Leibwerdung geht, also um die historische Wahrheit des zentralen Glaubensinhaltes?"

Die Alte Kirche hat auf der Basis des NT aus den christologischen Postulaten die Mariologie und vor allem die Jungfrauengeburt ausgebaut. Ohne die korrekte Christologie hinge die Mariologie in der Luft wie umgekehrt eine verfehlte Mariologie eine defizitäre Christologie ergibt.

Jungfräuliche Gottesmutterschaft besagt, dass der aus dem Vater geborene ewige Sohn ohne Maria nicht das wäre, was er geworden ist, nämlich Mensch, und dass auch Maria wesentlich, d.h. auch in ihrem Leib dadurch bestimmt ist, was aus ihr geworden ist; die Menschwerdung des ewigen Sohnes ist ein singuläres Ereignis und kann deshalb nicht mit dem Entstehen der übrigen Menschen verglichen werden, und hat mit dem Leib zu tun, beim Sohn und bei der Mutter.

J. W. v. Goethe gab den Rat: „Mit einem, der deine Prinzipien leugnet, streite nicht"[28]. Man kann eben nur auf der Basis gemeinsamer Grundüberzeugungen diskutieren. Wer die gott-menschliche Konstitution Christi oder die Möglichkeit von Wundern leugnet, kann und wird nicht die Möglichkeit und den Sinn der Geburt Christi aus einer Jungfrau anerkennen.

28 Ank. F. Bachmann vom 2.2.1822.

Die Geburt aus der Jungfrau im Glaubensbekenntnis der Kirche

von Manfred Lochbrunner

Rufinus von Aquileia († 411/412) berichtet die Legende, dass das Apostolische Glaubensbekenntnis[1] auf die Apostel selbst zurückgehe. In der ersten Predigt der Reihe „De symbolo", die man fälschlicherweise Augustinus zugeschrieben hat, führt er aus: „Am zehnten Tage nach der Himmelfahrt, als sich die Jünger aus Furcht vor den Juden versammelt hatten, sandte der Herr ihnen den verheißenen Paraklet. Bei seiner Herabkunft wurden sie entflammt wie glühendes Eisen und, da sie mit der Kenntnis aller Sprachen erfüllt waren, verfassten sie das Glaubensbekenntnis. Petrus sagte: ‚Ich glaube an Gott, den allmächtigen Vater ... Schöpfer des Himmels und der Erde' ... Andreas sagte ‚und an Jesus Christus, Seinen Sohn ... unseren einzigen Herrn' ... Jakobus sagte ‚Der empfangen wurde vom Heiligen Geist ... geboren von der Jungfrau Maria' ... Johannes sagte ‚der unter Pontius Pilatus litt ... gekreuzigt wurde, starb und begraben wurde' ... Thomas sagte ‚der zur Hölle niederfuhr ... am dritten Tage wieder auferstand von den Toten' ... Jakobus sagte ‚auffuhr gen Himmel ... sitzt zur Rechten Gottes, des allmächtigen Vaters' ... Philippus sagte ‚von dannen er kommen wird, zu richten die Lebendigen und die Toten' ... Bartholomäus sagte ‚Ich glaube an den Heiligen Geist' ... Matthäus sagte ‚die heilige katholische Kirche ... die

1 LThK³ (1993) 878–880 (D. Sattler). – Allgemein zu Glaubensbekenntnis: TRE 13 (1984) 399–412 (V. Alte Kirche/A. M. Ritter); ML II (1989) 647–650 (A. Bodem); Symbol/Symbolerklärung, in: S. Döpp/W. Geerlings (Hrsg.), Lexikon der antiken christlichen Literatur, Freiburg 1998, 575–577 (P. Bruns).

Gemeinschaft der Heiligen' ... Simon sagte ‚die Vergebung der Sünden' ... Thaddäus sagte ‚Die Auferstehung des Fleisches' ... Matthias sagte ‚ein ewiges Leben'"[2]. Die Legende knüpft an das Pfingstereignis an, das mit Joh 20,19, dem „johanneischen Pfingsten", zusammengeschaut wird. Dem Apostel Jakobus, dem Bruder des Johannes und Sohn des Zebedäus, wird der 3. Artikel „natus est de Spiritu Sancto ex Maria virgine" zugewiesen. Die Ikonographie der christlichen Kunst hat die Legende aufgegriffen und bildlich umgesetzt, indem sie jedem Apostel das entsprechende Schriftband des Apostolikums in die Hand gibt.

In fünf Schritten soll das Thema angegangen werden. Zunächst wird ein Dossier aus den Glaubensbekenntnissen der Alten Kirche erstellt (1). Dann stehen drei repräsentative Theologen der frühen mariologischen Überlieferung im Blickpunkt (2). Der dritte und vierte Schritt stellt dem sich durch die Jahrhunderte ergießenden Strom der bejahenden Annahme (3) des im Bekenntnis formulierten Glaubens die punktuelle, episodenhafte Bestreitung und Leugnung (4) gegenüber. Ein kurzer Hinweis auf die doxologische Dimension des Credos beschließt den notwendigerweise fragmentarischen Blick auf die Geschichte der Glaubensbekenntnisse (5).

1. Die Geburt aus der Jungfrau in den Glaubensbekenntnissen der Alten Kirche

Im „Denzinger", dem Handbuch der Glaubensbekenntnisse und kirchlichen Lehrentscheidungen, werden im ersten Teil die Glaubensbekenntnisse gesammelt (DH 1–76). Sie werden unterschieden in „einfache Bekenntnisse", die aus einer kurzen Folge von gleichgeordneten Sätzen bestehen, und in „gegliederte Bekenntnisse", die ein dreiteiliges trinitarisches Schema oder ein zweiteiliges trinitarisch-christologisches Schema aufweisen. In allen lateinischen und in den meisten griechischen Symbola hat der Artikel von der Geburt aus der Jungfrau seinen unverrückbaren Platz.

2 Zitiert nach J. N. D. Kelly, Altchristliche Glaubensbekenntnisse. Geschichte und Theologie, Göttingen 1972, 11.

a) Taufsymbola

Bei den Symbola, die zur Bildung des Apostolikums beigetragen haben, handelt es sich um Bekenntnisse, die bei der Taufspendung verwendet worden sind und somit in der Liturgie ihren „Sitz im Leben" haben. So wird uns in der „Traditio Apostolica" des Hippolyt († 235) das Taufsymbol der Kirche von Rom überliefert. Es zeichnet sich dadurch aus, dass beim Artikel über die Inkarnation im Hinblick auf den Heiligen Geist die Präposition „de", im Hinblick auf Maria die Präposition „ex" gebraucht wird. Jesus Christus ist „geboren vom Heiligen Geist aus der Jungfrau Maria" (DH 10). Dieselbe Formel begegnet auch in anderen, späteren westlichen Symbola, z.B. in Mailand (DH 13), Ravenna (DH 15), Aquileia (DH 16), Dacien (DH 19) sowie in afrikanischen Bekenntnissen, wie sie in Hippo (DH 21) oder in Karthago (DH 22) in Gebrauch waren. Eine differenziertere Ausdrucksweise bildet sich in der gallischen Kirche aus, die zwischen „empfangen vom Heiligen Geist, geboren aus der Jungfrau" unterscheidet. Sie findet man bei Faustus von Reji († um 495) (DH 25–26) und bei Caesarius von Arles († 542) (DH 27). Von Gallien aus ging die Formel dann in den „Textus receptus" des Apostolikums ein, dessen Vorrangstellung aber erst spät im 12. Jahrhundert anhebt.

Die Ostkirche kannte keine solche Vielfalt der Bekenntnisse wie der Westen. Auch die Ausdrucksweise war weniger differenziert. Sofern man sich nicht überhaupt mit dem bloßen Bekenntnis der Geburt Jesu aus der Jungfrau Maria ohne Erwähnung des Heiligen Geistes begnügte, bekannte man die Fleischwerdung des Gottessohnes aus dem Heiligen Geist und der Jungfrau Maria. So überliefert Epiphanius († 403) in seinem „Ancoratus" eine kürzere und eine längere Fassung. In der kürzeren Fassung heißt es: „Wir glauben an [den] einen Herrn Jesus Christus … der wegen uns Menschen und um unseres Heiles willen aus den Himmeln herabgestiegen und Fleisch geworden ist aus Heiligem Geist und Maria, der Jungfrau, Mensch geworden ist" (DH 42). In der längeren Fassung begegnen die differenzierten Präpositionen: „… vollkommen geboren wurde aus der heiligen, allzeit jungfräulichen Maria durch Heiligen Geist" (DH 44).

b) Konzilsbekenntnisse

Von den Symbola, die in der Taufvorbereitung und Taufspendung ihren „Sitz im Leben“ haben, unterscheidet man die Konzils- und Synodalbekenntnisse, die eine neue Zielsetzung aufweisen. Sie stehen im Dienst der Orthodoxie und der Bekämpfung von Häresien. Deshalb eignet ihnen eine reichere Begrifflichkeit. Den Anfang macht das 1. Ökumenische Konzil von Nizäa mit seinem Glaubensbekenntnis vom 19. Juni 325 (DH 125–126). Da der arianische Streit der unmittelbare Anlass des Konzils war und das Bekenntnis der „318 Väter“ die wahre Gottessohnschaft Jesu Christi, seine Homoousia mit dem Vater, klären musste, darf es nicht überraschen, wenn die Geburt aus der Jungfrau Maria nicht eigens erwähnt wird. Was Nizäa noch überging, ist in das Bekenntnis, das dem 2. Ökumenischen Konzil, dem ersten Konstantinopolitanum von 381, zugeschrieben wird, eingefügt worden: „… und Fleisch geworden ist aus Heiligem Geist und Maria, der Jungfrau; und er ist Mensch geworden“ (DH 150). Die Recensio latina lautet: „et incarnatus est de Spiritu Sancto ex Maria virgine, et homo factus est“ (DH 150). Die lateinische Version verwendet die schon seit Hippolyt bezeugten differenzierenden Präpositionen „de“ und „ex“ und lässt das koordinierende „καί“ weg. Auf die Frage, mit welcher Berechtigung das Bekenntnis der „150 Väter“ als Symbol des Konzils von 381 bezeichnet werden kann, soll hier nicht näher eingegangen werden[3]. Nach Chalkedon (451) ist das Bekenntnis im Osten breit rezipiert worden. Kaiser Justinus II. (565–578) hat es im Jahr 568 verpflichtend für die Eucharistiefeier vorgeschrieben. Im Westen bezeugt die 3. Synode von Toledo im Jahr 589, dass es bei den Westgoten in Spanien in die Messliturgie aufgenommen worden ist. Vom 17. Jahrhundert an wird es unter dem Namen „Nicaeno-Konstantinopolitanisches Glaubensbekenntnis“ überliefert und stellt ein wichtiges Band der Einheit zwischen der westlichen und östlichen Christenheit dar.

[3] Vgl. J. N. Kelly (siehe Anm. 2), 324 ff.; LThK[3] VII (1998) 798–800 (D. Sattler).

c) Synodalbekenntnisse

Von den Glaubensbekenntnissen der zahlreichen Partikularsynoden in der Alten Kirche sollen nur die Bekenntnisse der Synoden von Toledo kurz betrachtet werden. Das gegen die Irrtümer der Priscillianer gerichtete Symbol der 1. Synode von Toledo im Jahr 400 begnügt sich mit der Aussage, dass der Sohn Gottes „den Schoß der Jungfrau geheiligt und aus ihr einen, von keinem männlichen Samen gezeugten wahren Menschen angenommen hat" (DH 189). In ihrer Aussage über die Inkarnation formuliert die 4. Synode von 633: „incarnatus est enim ex Spiritu Sancto et sancta gloriosa Dei genetrice virgine Maria et natus ex ipsa solus" (DH 485). Die 6. Synode von 638 präzisiert in einer trinitarischen Perspektive und unter Anspielung auf die Zwei-Naturen-Lehre von Chalkedon: „Von diesen drei Personen der Gottheit also, so bekennen wir, ist allein der Sohn zur Erlösung des Menschengeschlechts … aus dem Geheimnis und der Verborgenheit des Vaters hervorgetreten und hat den Menschen ohne Sünde von der heiligen, allzeit jungfräulichen Maria angenommen, so dass derselbe Sohn Gottes, des Vaters, auch Menschensohn ist, vollkommener Gott und vollkommener Mensch, so dass der eine Christus Mensch und Gott in zwei Naturen ist, *einer* in der Person" (DH 491). Am ausführlichsten lehrt das 11. Toletanum im Jahr 675: „Wir glauben, dass von diesen drei Personen allein die Person des Sohnes für die Befreiung des Menschengeschlechts einen wahren Menschen ohne Sünde von der heiligen und unbefleckten Jungfrau Maria angenommen hat, von der er in einer neuen Ordnung und in einer neuen Geburt geboren wurde; in einer neuen Ordnung, weil der in seiner Gottheit Unsichtbare sich im Fleisch sichtbar zeigt; in einer neuen Geburt aber wurde er geboren, weil die unberührte Jungfräulichkeit keinen Verkehr mit einem Manne kannte und die durch den Heiligen Geist befruchtete Materie des Fleisches zur Verfügung stellte. Diese Jungfrauengeburt kann weder von der Vernunft erfasst noch an einem Beispiel gezeigt werden; denn wenn sie von der Vernunft erfasst werden könnte, wäre sie nicht wunderbar; wenn sie an einem Beispiel gezeigt werden könnte, wäre sie nicht einzigartig. Gleichwohl darf man nicht deshalb, weil Maria, vom Heiligen Geist überschattet, empfing, glauben, eben der Heilige Geist sei der Vater des Sohnes, damit es nicht den Anschein hat, wir nähmen zwei Väter des Sohnes an, was zu behaupten allerdings frevlerisch wäre" (DH 533). Die Jungfrauengeburt wird in ihrem Aspekt der virginitas ante partum deutlich erfasst. Maria ist die „sancta et immaculata virgo“. Eine Vorstellung der „conceptio de Spiritu Sancto“ im Sinne einer Vaterschaft des Heiligen Geistes wird ausdrücklich verworfen, auch wenn die vorher erfolgte Formulierung von der „durch den Heiligen Geist befruchteten Materie des Fleisches“ in dieser Hinsicht nicht ganz glücklich ist. Das Symbol der 16. Synode von 693 stellt die immerwährende Jungfräulichkeit in ihren drei Dimensionen eigens heraus: „Quae scilicet virgo sicut ante conceptionem obtinuit virginitatis pudorem, ita post partum nullam sensit integritatis corruptionem; nam virgo concepit, virgo peperit, et post partum incorruptelae pudorem sine interceptione obtinuit“ (DH 571)[4]. Daher spricht das Symbol im folgenden Abschnitt „von der heiligen und unversehrten immerwährenden Jungfrau Maria“ (DH 572).

Dieses aus den Taufsymbola, den Konzils- und Synodalbekenntnissen der Alten Kirche zusammengestellte Dossier zeigt, dass im Rahmen des christologischen Hauptstückes des Credos auch die Geburt aus der Jungfrau Maria bekannt wurde. Nachdem auf dem Ephesinum im Jahr 431 der mariologische Titel θεοτόκο□ς verteidigt worden ist[5], wird er auch in die Glaubensbekenntnisse übernommen. Nach dem Einzug des Nicaeno-Konstantinopolitanums in die Messfeier sowie nach der Festigung des „Textus receptus“ des Apostolikums gab es keinen Christen mehr, der mit der wahren Gottheit des Erlösers nicht auch die jungfräuliche Gottesmutterschaft Marias bekannt hätte. Grundsätzlich wird dabei immer die virginitas ante partum angezielt. Ob auch die virginitas in partu und die virginitas post partum nur impliziert oder schon ausdrücklich formuliert wird, muss bei jedem einzelnen Symbolum nachgeprüft werden.

4 „Wie die Jungfrau nämlich vor der Empfängnis die Scham der Jungfräulichkeit bewahrte, so wurde nach der Geburt ihre Unversehrtheit nicht verletzt; denn sie empfing als Jungfrau, gebar als Jungfrau und bewahrte nach der Geburt ohne Unterbrechung die Scham der Unverderbtheit, ohne dass sie ihr weggenommen wurde“ (DH 571).

5 Vgl. den 1. Anathematismus Cyrills von Alexandrien († 444): „Wer nicht bekennt, dass der Emmanuel wahrhaftig Gott und deshalb die heilige Jungfrau Gottesgebärerin ist (denn sie hat das Wort, das aus Gott ist und Fleisch wurde, dem Fleisch nach geboren), der sei mit dem Anathema belegt“ (DH 252).

Auf der Basis der Erkenntnis, dass das Mariendogma im christologischen Hauptstück des Credos fest implantiert ist, sollen in einem zweiten Schritt gleichsam im Rückgriff wenigstens drei Theologen kurz vorgestellt werden, die am Beginn der Väterzeit die Jungfräulichkeit Marias lehren und so in gewisser Hinsicht zu Wegbereitern der Symbolbildung geworden sind.

2. Die ersten mariologischen Zeugnisse der Tradition

Die drei repräsentativen Theologen sind Ignatius von Antiochien († um 110), Justin der Märtyrer († um 165) und Irenäus von Lyon († um 202)[6].

a) Ignatius von Antiochien

Am Ausgang der apostolischen Zeit zeigen die Briefe des Märtyrerbischofs nicht nur „den nahtlosen Übergang von den neutestamentlichen Texten zum altkirchlichen Dogma“[7], sondern auch die feste Verankerung der virginitas ante partum im Glaubensgut der Kirche. Neben dem christologischen Hymnus mit seiner Gegenüberstellung von Göttlichem und Menschlichem in zwei Aussagereihen im Brief an die Epheser 7,2 sagt Ignatius im selben Brief: „Unser Gott, Jesus, der Christus, wurde von Maria im Schoße getragen, nach Gottes Heilsplan aus Davids Samen und doch aus Heiligem Geiste; er wurde geboren und getauft, um durch sein Leiden das Wasser zu reinigen. Und es blieb dem Fürsten dieser Welt die Jungfrauschaft Marias und ihre Niederkunft verborgen, ebenso auch der Tod des Herrn – drei laut rufende Geheimnisse, die in Gottes Stille vollbracht wurden“ (Ep. ad Eph. 18,2–19,1: J. A. Fischer, 156f.). Und im Brief an die Gemeinde von Smyrna spricht er: „…von unserem Herrn, der wirklich aus dem Geschlecht Davids stammt nach dem Fleische, Sohn Gottes nach Gottes Willen und Macht, wirklich geboren aus einer Jungfrau, getauft von Johannes, auf dass alle Gerechtigkeit von ihm erfüllt würde, wirklich unter Pontius Pilatus und dem Vierfürsten ange-

6 G. Söll, HDG III/4, Freiburg 1978; Art. Jungfräulichkeit, in: ML III (1991) 469–481, bes. 469–470 (A. Ziegenaus).

7 G. Söll, a. a. O., 32.

nagelt für uns im Fleische“ (Ep. ad Smy. 1,1–2: J. A. Fischer, 204f.). Die antidoketische Tendenz wird im Adverb ἀληθῶς greifbar. Menschwerdung und jungfräuliche Geburt werden zusammen mit dem Tod Jesu genannt und in das Heilsgeschehen einbezogen. Die Jungfrauengeburt korrespondiert mit der Präexistenz des Logos. Als Grundtypen häretischer Verfehlung werden Gnosis und Judaismus erkannt.

b) Justin der Märtyrer

Der Philosoph und Märtyrer aus Nablus kommt vor allem in seinem „Dialog mit dem Juden Tryphon“ auf mariologisches Lehrgut zu sprechen. Tryphon deutet Jes 7,14 auf den König Hiskia und übersetzt das hebräische ha ᶜalmāh mit νεᾶνις (junge Frau). Er erklärt die christliche Auffassung der Jungfrauengeburt für lächerlich und will sie von heidnischen Mythen herleiten. Er zieht den Mythos von der Geburt des Perseus heran, dessen Mutter Danaë durch den in einen Goldregen verwandelten Zeus begattet worden sei[8]. Die Christen sollten sich schämen, solche Märchen zu erzählen. Justin betont dagegen die Verlässlichkeit des Septuaginta-Textes mit παρθένος und der messianischen Auslegung. Den Perseus-Mythos hält er für lächerlich und verführerisch. „Wenn ich von Perseus höre, er sei von einer Jungfrau geboren worden, dann weiß ich, dass auch diese Erzählung eine Nachäffung durch die trügerische Schlange ist“ (Dial. 70,5: PG 6,641 B). An über zwanzig Stellen spricht er von der „virginitas ante partum“, darunter sechzehnmal mit Verwendung der Präposition διά. Die Problematik des διά, das im gnostisch-doketischen Sinn eines Durchgangs des göttlichen Kindes durch Maria wie durch einen Schlauch missdeutet werden kann, scheint ihm noch nicht bewusst gewesen zu sein.

An einer anderen Stelle begegnet die Eva-Maria-Parallele, durch die die soteriologische Valenz der Inkarnation betont wird. Die Erlösung beginnt mit der Menschwerdung, in die Maria auf einzigartige Weise hineingebunden ist. „Wir wissen, dass er [Christus] durch die Jungfrau

8 Der Perseus-Mythos wird von Ovid in seinen „Metamorphosen“ (IV 611 – V 249) erzählt. Die Szene Danaës mit dem Goldregen ist in der Malerei öfters dargestellt worden, z.B. von Antonio Allegri, genannt Correggio (um 1489–1534). Sein Gemälde „Danaë“ befindet sich in der Galleria Borghese Rom.

Mensch geworden ist, damit auf dem gleichen Wege, auf dem die von der Schlange verursachte Sünde ihren Anfang nahm, die Sünde auch aufgehoben werde. Denn Eva, die eine unverdorbene Jungfrau war, gebar, nachdem sie das Wort der Schlange empfangen hatte, Sünde und Tod. Die Jungfrau Maria dagegen war voll Glaube und Freude, als der Engel Gabriel ihr die frohe Botschaft brachte, der Geist des Herrn werde über sie kommen und die Kraft des Höchsten werde sie überschatten, weshalb auch das Heilige, das aus ihr geboren werde, Sohn Gottes sei" (Dial. 100,5: PG 6,709 C – 712 A).

c) Irenäus von Lyon

Der „Vater der katholischen Dogmatik" nimmt eine Schlüsselrolle in der Entfaltung der Marienlehre ein. Die Virulenz des Judaismus in allen Reichsteilen ließ ihn zum Verteidiger der wahren Gottheit Jesu Christi und der Jungfrauengeburt werden. Den vielfältigen Spielarten des Gnostizismus galt sein entschiedener Geisteskampf, wobei der Realismus der Inkarnation zum Hauptargument avancierte. „Nach jenen aber ist nicht das Wort Fleisch geworden, nicht Christus, noch der aus allem entstandene Heiland. Weder das Wort noch Christus ist nach ihnen in diese Welt gekommen; der Heiland hat weder Fleisch angenommen noch gelitten, sondern ist nur wie eine Taube auf den voraus erwählten Jesus hinabgestiegen und dann, nachdem er den unbekannten Vater verkündet hatte, wieder in das Pleroma hinaufgestiegen. Einige aber lassen wieder den vorerwählten Jesus, der durch Maria hindurchgegangen sein soll wie Wasser durch eine Röhre, Fleisch annehmen und leiden; andere den Sohn des Demiurgen, auf den der vorerwählte Jesus herabstieg; andere wieder lassen einen Jesus von Joseph und Maria abstammen und auf diesen einen Christus hinabsteigen, der aus den oberen Regionen kam, unkörperlich und leidensunfähig war. Keiner der Häretiker lehrt aber, dass das Wort Fleisch geworden ist" (Adv. haer. III 11,3: PG 7,881 C). Bei solcher Konfusion war es notwendig, die wahre Glaubenslehre im Rückgriff auf die Heilige Schrift, zu deren neutestamentlicher Kanonbildung Irenäus im Westen Entscheidendes beigetragen hat[9], und auf die Tradition herauszustellen. Vom Einfluss der Apokryphen hielt er sich fern.

[9] A. Ziegenaus, HDG I/3 a (2. Teil), Freiburg 1990, 15–23.

Als Vertreter einer Deszendenzchristologie mit ihren theologischen Voraussetzungen der Präexistenz und der Gottheit des Logos bekennt er sich voll zur Jungfrauengeburt. In dem Bemühen, die beiden Testamente zu verbinden, weil Schöpfungs- und Erlösungsordnung in dem einen göttlichen Heilsplan eine Einheit bilden, entwickelt er seine Zentralidee von der ἀνακεφαλαίωσις und entfaltet das von Justin intonierte Thema der Eva-Maria-Parallele weiter.

Irenäus ist ein früher Zeuge für die Aufnahme der in der Jungfrauengeburt verdichteten Marienlehre ins Symbolum. Am Beginn von „Adversus haereses" begegnet der bemerkenswerte Passus: „Die Kirche erstreckt sich über das ganze Weltall bis an die äußersten Grenzen der Erde. Sie hat von den Aposteln und ihren Schülern den Glauben empfangen an den einen Gott, den allmächtigen Vater, den Schöpfer des Himmels und der Erde und der Meere und von allem, was in ihnen ist, den Glauben an den einen Christus Jesus, den Sohn Gottes, der Fleisch angenommen hat um unseres Heiles willen, und an den Heiligen Geist, der durch die Propheten die Heilsveranstaltungen verkündet hat und sein Kommen und die Geburt aus der Jungfrau und sein Leiden und seine Auferstehung von den Toten und die leibliche Auffahrt unseres geliebten Herrn Jesus Christus in den Himmel und seine Wiederkunft vom Himmel her in der Herrlichkeit des Vaters, um alle Dinge wieder zusammenzufassen, und alles Fleisch der ganzen Menschheit aufzuerwecken … und ein gerechtes Gericht zu halten über alle" (Adv. haer. I 10,1: PG 7,549). Jungfrauengeburt, Leiden, Auferstehung, Himmelfahrt und Wiederkunft bestimmen die Regula fidei, wobei hier als Besonderheit hervorsticht, dass die christologischen Artikel an das dritte pneumatologische Hauptstück angeschlossen werden.

3. Die Bejahung der Jungfrauschaft Marias im Gang der Geschichte

Nach dem Rückgriff auf drei repräsentative Theologen am Beginn der Väterzeit mit je einem Vertreter der Apostolischen Väter, der Apologeten und des Vaters der katholischen Dogmatik nehmen wir den Faden des ersten Teils mit dem Dossier der Symbola und Bekenntnisse wieder auf, um im Blick auf die Väterzeit resümierend festzuhalten, dass von Anfang an die virginitas ante partum gelehrt wurde, dass allmählich das

Problembewusstsein wuchs und zu einer vertieften Reflexion über die virginitas in partu und post partum führte. Im 4. Jahrhundert, das von Johannes Quasten (1900–1987) als „golden age" der Väterzeit bezeichnet wird[10], taucht in Alexandrien[11] und bei Epiphanius von Salamis (DH 44) der Ehrentitel der ἀειπαρθένος auf. Zugleich erscheinen dreigliedrige Formeln, die inhaltlich dasselbe sagen und konkretisieren. So predigt Zeno von Verona († um 380): „Maria virgo incorrupta concepit, post conceptum virgo peperit, post partum virgo permansit" (Sermo 2,8,2: PL 11,414). Und ähnlich der Bischof von Ravenna Petrus Chrysologus († 451): „Virgo concipit, virgo parit, permanet virgo post partum" (Sermo 62: PL 52,373 C).

Die römische Lateransynode entschied 649 unter Papst Martin I. (649–653): „Wer nicht … die heilige, allzeit jungfräuliche und unbefleckte Maria als Gottesgebärerin bekennt, da sie ja im eigentlichen Sinne und wahrhaftig Gott, das Wort, selbst, der vor allen Zeiten aus Gott, dem Vater, geboren wurde, in den letzten Zeiten ohne Samen aus Heiligem Geist empfangen und unversehrt geboren hat, wobei ihre Jungfrauschaft auch nach seiner Geburt unzerstört blieb, der sei verurteilt" (DH 503).

Die immerwährende Jungfrauschaft Marias gehörte fortan zur festen, nie besonders angefochtenen Glaubensüberzeugung der Kirche. Vor allem im Mittelalter gilt sie als ein freudig angenommenes Glaubensgut. Sowohl im Kapitel „Firmiter credimus" (DH 801) des 4. Laterankonzils 1215 wie im Glaubensbekenntnis, das das 2. Konzil von Lyon 1274 dem byzantinischen Kaiser Michael VIII. Palaiologus (1259–1282) vorlegte (DH 852), wird sie gelehrt. Selbst die Reformatoren halten an der traditionellen Lehre in ihren Bekenntnisschriften fest und respektieren den „consensus quinquesaecularis"[12]. So richtet sich die Bulle von Papst Paul IV. (1555–1559) aus dem Jahr 1555 bezeichnenderweise nicht gegen die Reformatoren, sondern gegen die in Italien entstandene Sekte der Unita-

[10] Vgl. den Titel des 3. Bandes seiner Patrologie: J. Quasten, Patrology III. The Golden Age of Greek Literature. From the Council of Nicaea to the Council of Chalcedon, Utrecht 1960.

[11] So bei Athanasius († 373), Fragmenta in Lucam: PG 27, 1393. – Didymus († 398), De Trinitate 1,27: PG 39,404; 3,4: PG 39,832. (Die Autorschaft wird inzwischen angezweifelt.)

[12] LThK³ XI (2001) 50 (G. Greshake).

rier, deren häretische Ideen bei den Sozianern[13] fortlebten. Die Bulle verurteilt diejenigen, die behaupten, „dass die seligste Jungfrau Maria nicht wahre Gottesmutter sei und nicht immer in der Unversehrtheit der Jungfräulichkeit verblieben sei, nämlich vor der Geburt, in der Geburt und fortwährend nach der Geburt“ (DH 1880).

Dem durch die Jahrhunderte getragenen, vom Bekenntnis gestützten und dankbar angenommenen Glauben an die Jungfräulichkeit der Gottesmutter Maria stehen die Stimmen der hartnäckigen Bestreiter gegenüber, die wie Missklänge im Chor der Gläubigen erscheinen. Verglichen mit dem Glaubensstrom der Kirche handelt es sich um periphere Episoden, die zwar punktuell zur Schwächung und Verwirrung beigetragen haben, aber vom Lehramt, von den Protagonisten der Orthodoxie und vom „sensus fidelium“ überwunden worden sind.

4. Die Leugnung der Jungfrauschaft Marias

a) In der Alten Kirche

Während in der Alten Kirche die Ebioniten und Gnostiker lehrten, dass Joseph der Vater Jesu sei und Origenes († 253) sich mit den phantastischen Angriffen des Heiden Celsus[14] auseinandersetzte, treten in der zweiten Hälfte des 4. Jahrhunderts an verschiedenen Orten Leugner der Jungfräulichkeit Marias auf. In Arabien bildet sich eine Sekte von Gegnern – ἀντίδικοι – Marias, die bei Epiphanius den Sammelnamen „Antidikomarianiten“[15] erhalten. Sie bestreiten die virginitas post partum und behaupten, dass Maria nach der Geburt Jesu mit Joseph ehelichen Umgang gehabt habe. In Rom beruft sich der Laie Helvidius auf die neutestamentlichen Aussagen von den „Geschwistern Jesu“ und wird von Hieronymus († 419) in „Adversum Helvidium de perpetua virginitate beatae Mariae“ (383) mit beißender Polemik widerlegt. Der Bischof von Naissus (Niš im heutigen Serbien) Bonosus († Ende 4. Jh.) wird wegen derselben Irrlehre seines Amtes enthoben[16]. Im Jahr 393 verurteilen zwei

13 LThK³ IX (2000) 796–798 (E. Schadel).

14 ML I (1988) 669 (K. Algermissen).

15 ML I (1998) 172–173 (K. Algermissen); LThK³ I (1993) 747 (G. Greshake).

16 LThK³ II (1994) 588–589 (M. Fiedrowicz).

Synoden – die eine in Rom, die andere in Mailand – den Asketen Jovinian († vor 406) unter anderem auch wegen seiner Leugnung der virginitas in partu[17].

b) Seit der Aufklärung

Erst in der Neuzeit begegnen wieder massive Opponenten. Sie kommen zunächst aus dem protestantischen Raum. Auch wenn die Väter der Reformation am traditionellen Marienglauben festhielten, lag in den reformatorischen Prinzipien doch eine Dynamik, die langfristig zu einer Abwertung der Jungfrauschaft Marias führen musste. Im Rationalismus der Aufklärung trat diese zersetzende Kraft voll ans Licht. David Friedrich Strauß (1808–1874) will in seinem Werk „Das Leben Jesu, kritisch bearbeitet" den mythischen Charakter der Jesusüberlieferung nachweisen. Als neutestamentliche Mythen stuft er die Jungfrauengeburt, die Wunder und die Auferstehung Christi herab und bezeichnet sie als „geschichtartige Einkleidungen urchristlicher Ideen, gebildet in der absichtslos dichtenden Sage"[18].

α) Die preußische Generalsynode von 1846

Unter dem Einfluss solcher Theologie begannen vereinzelt evangelische Pfarrer gegen den sog. Symbolzwang, also gegen den verpflichtenden Gebrauch des Apostolikums in der Liturgie zu protestieren. Bei der ersten Generalsynode der evangelischen Kirche Preußens im Jahr 1846 wurde ein unter maßgeblicher Mitarbeit von Carl Immanuel Nitzsch (1787–1868) verfasstes Bekenntnis gebilligt, das sich an biblische Wendungen anlehnte, aber keine Aussagen über die Empfängnis vom Heiligen Geist und Jungfrauengeburt, Höllenfahrt, Wiederkunft und Auferstehung des Fleisches enthielt (das sog. Nitzschenum). Die als Vermittlungsversuch gedachte Neuformulierung provozierte im Gegenteil neue Auseinandersetzungen.

17 ML III (1991) 445 (L. Scheffczyk).

18 D. F. Strauß, Das Leben Jesu, kritisch betrachtet, Bd. 1, Tübingen 1835, 75.

β) Der Apostolikumstreit und die Intervention von Adolf von Harnack

Im Jahr 1892 gelangte der Streit zu seinem Höhepunkt, als Adolf von Harnack (1851–1930) in ihn hineingezogen wurde[19]. Seit 1888 wirkte er bis zu seiner Emeritierung im Jahr 1921 als Professor auf dem kirchenhistorischen Lehrstuhl in Berlin. Nachdem ein württembergischer Pfarrer wegen seiner Weigerung, das Apostolikum bei der Taufe zu verwenden, abgesetzt worden war, wandte sich eine Gruppe von Studenten an den Professor und bat ihn um seine Stellungnahme. Die zunächst mündlich gegebene Auskunft publizierte er in der Zeitschrift „Die christliche Welt"[20]. Zwar zieme es der evangelischen Kirche, ein ihr entsprechenderes Bekenntnis an die Stelle des Apostolikums zu setzen, aber solange sie nicht die geistliche Kraft dazu habe, sei sie an das alte Symbol gebunden. Es gehe nicht um seine Abschaffung, sondern um seine Entfernung aus der Liturgie. Der gebildete Christ müsse mehrere Sätze des Apostolikums als anstößig empfinden. Besonders problematisch sei die Aussage von der Jungfrauengeburt. Niemand soll sie wider sein Gewissen bekennen. Wer sie ablehnt, könne in der Kirche bleiben, wenn er den Grundwahrheiten zustimmt, zu denen die Jungfrauengeburt nicht gehöre. Harnack unterscheidet zwischen „Heilstatsachen", die festzuhalten sind, und „Haupttatsachen" der Geschichte Jesu, die keine Verbindlichkeit beanspruchen.

Der Artikel des Professors löste heftige Reaktionen aus. Es kam zu öffentlichen Protestkundgebungen. Seine Gegner forderten auf, ihn „tot zu beten". Der Schrift des Greifswalder Theologen Hermann Cremer (1834–1903) „Zum Kampf um das Apostolikum" (Berlin 1892) entgegnete Harnack mit dem Aufsatz „Antwort auf die Streitschrift D. Cremers: Zum Kampf um das Apostolikum"[21]. Auf der Seite Harnacks

19 Siehe A. Ziegenaus, Die Jungfrauengeburt im Apostolischen Glaubensbekenntnis. Ihre Interpretation bei Adolf von Harnack, in: H. Petri (Hrsg.), Divergenzen in der Mariologie. Zur ökumenischen Diskussion um die Mutter Jesu (MSt VII), Regensburg 1989, 35–55. – RGG^3 I (1957) 515–516 (G. Hoffmann); TRE 3 (1978) 560–562 (H.-M. Barth); LThK^3 I (1993) 868–869 (H. J. Urban).

20 Die christliche Welt 6 (1892) 767–770; zitiert nach TRE 3 (1978) 561.

21 A. v. Harnack, Antwort auf die Streitschrift D. Cremers: Zum Kampf um das Apostolikum, in: ders., Reden und Aufsätze I/2, Gießen 1904, 265–298.

standen Ferdinand Kattenbusch (1851–1935) und Wilhelm Herrmann (1846–1922). Im selben Jahr veröffentlichte der Professor noch die Schrift „Das apostolische Glaubensbekenntnis. Ein geschichtlicher Bericht nebst einer Einleitung und einem Nachwort“[22], die innerhalb eines Jahres 26 Auflagen erlebte. Der Preußische Evangelische Oberkirchenrat suchte durch einen Zirkularerlass vom 25. November 1892 die Gemeinden zu beruhigen. Der Artikel „Empfangen vom Heiligen Geist, geboren von der Jungfrau Maria“ bestehe vor unbefangener wissenschaftlicher Forschung noch immer die Probe der Wahrheit.

Vordergründig ging es beim Apostolikumstreit um den liturgischen „Sybolzwang“, zugleich aber auch um die Orthodoxie. Der Streit zeigt, wie sehr der rechte Glauben durch den aufklärerischen Rationalismus und Liberalismus ausgehöhlt war. Dabei kommt der Jungfrauengeburt eine enorm diakritische Funktion zu. Wo die virginitas ante partum nicht geglaubt wird, wird nicht nur der virginitas in et post das Fundament entzogen, sondern es stürzen auch andere Pfeiler der Christologie wie Präexistenz oder die Wunder in sich zusammen. Als positiver Effekt kann der Anstoß zur Erforschung der altkirchlichen Symbole verbucht werden. Auch wenn es sich um eine innerevangelische Auseinandersetzung gehandelt hat, die inhaltliche Problematik ging in die Entmythologisierungsdebatte über, von der auch die katholische Theologie keinesfalls verschont geblieben ist.

5. Doxologische Dimension des Credos

Ein Ergebnis der historischen „Symbolforschung“ war die Erkenntnis, dass an der Wurzel der Bekenntnisbildung der Lobpreis der Großtaten Gottes steht. Das Bekennen folgt dem Lobpreisen, worauf schon die liturgische Abfolge von Gloria und Credo in der Messe hinweist. Am augustinischen Begriff der „confessio“ wird der Zusammenhang deutlich. Die „confessio laudis“ und deren Kehrseite die „confessio peccatorum“ verweisen auf die „confessio fidei“. Diese doxologische Dimension des Bekenntnisses wird realisiert und erfahrbar, wenn bei der Eucha-

[22] A. v. Harnack, Das apostolische Glaubensbekenntnis. Ein geschichtlicher Bericht nebst einer Einleitung und einem Nachwort, in: ders., Reden und Aufsätze I/2, Gießen 1904, 219–264.

ristiefeier das Credo gebetet oder gesungen wird. Im Schatz der Kirchenmusik, der nach der Liturgiekonstitution des 2. Vaticanums „mit größter Sorge bewahrt und gepflegt werden soll“ (SC 114), befinden sich großartige Credo-Vertonungen der besten Komponisten. Es entzieht sich meiner Kenntnis, ob schon einmal die Vertonungen des Artikels „et incarnatus est de Spiritu Sancto ex Maria virgine et homo factus est“ von einem Musikwissenschaftler oder Theologen untersucht und verglichen worden sind[23]. Ich denke an die Stelle in der h-moll Messe von Johann Sebastian Bach, in den großen Messen Mozarts – der „Credo-Messe“ C-Dur KV 257, der „Krönungsmesse“ C-Dur KV 317, der „Großen Messe“ c-moll KV 427 – oder in der „Missa Solemnis“ D-Dur von Ludwig van Beethoven, in Schuberts Messkompositionen, um nur ein paar bekannte Beispiele zu nennen. Auch uns Theologen tut es bisweilen gut, durch die Macht geisterfüllter Musik zum Staunen über das Wunder der Geburt unseres Erlösers aus der Jungfrau Maria bewegt zu werden. Die „Anstrengung des Begriffs“, die das tägliche Geschäft der Theologie ist, bedarf solcher Anstöße, um den Glauben als einen „actus humanus et supernaturalis“ zu leben, der alle Schichten unseres Menschseins erfasst.

[23] In Monographien über solche Messkompositionen könnte man vielleicht entsprechende Passagen finden.

„Empfangen durch den Heiligen Geist“

Die Wirkweise des Heiligen Geistes bei der Menschwerdung des Sohnes Gottes

von Michael Kreuzer

„Empfangen durch den Heiligen Geist, geboren von der Jungfrau Maria“[1]. Mit diesen Worten bekennt die Kirche im Apostolischen Glaubensbekenntnis die Menschwerdung des Sohnes Gottes. Was aber verbirgt sich hinter dieser kurzen Formel, welche Aufgabe hat näherhin der Heilige Geist bei diesem Geschehen?

Eine erste Interpretation sei geboten durch das Glaubensbekenntnis der 11. Synode von Toledo aus dem Jahr 675, das in gewisser Weise die Bekenntnisbildung der Alten Kirche zusammenfasst[2]: „Wir glauben, dass von diesen drei [göttlichen] Personen allein die Person des Sohnes für die Befreiung des Menschengeschlechts einen wahren Menschen ohne Sünde von der heiligen und unbefleckten Jungfrau Maria angenommen hat, von der er in einer neuen Ordnung und in einer neuen Geburt geboren wurde; in einer neuen Ordnung, weil der in seiner Gottheit Unsichtbare sich im Fleisch sichtbar zeigt; in einer neuen Geburt aber wurde er

1 Die Feier der Heiligen Messe. Meßbuch, hrsgg. im Auftrag der Bischofskonferenzen Deutschlands, Österreichs und der Schweiz sowie der Bischöfe von Luxemburg, Bozen-Brixen und Lüttich, Freiburg u.a. ²1988, 341.

2 Vgl. A. Ziegenaus, Der Heilige Geist: Erzeuger Jesu?, in: FKTh 3 (1987) 226–232, 228ff; A. Ziegenaus, Die Empfängnis durch den Heiligen Geist – Zur Wirkweise des Heiligen Geistes bei der Inkarnation, in: Ders. (Hg.), Maria und der Heilige Geist. Beiträge zur pneumatologischen Prägung der Mariologie (Mariologische Studien VIII), Regensburg 1991, 75–91, 75–79.87–91.

geboren, weil die unberührte Jungfräulichkeit keinen Verkehr mit einem Manne kannte und [ihm] die durch den Heiligen Geist befruchtete Materie des Fleisches zur Verfügung stellte. Diese Jungfrauengeburt kann weder von der Vernunft erfasst noch an einem Beispiel gezeigt werden; denn wenn sie von der Vernunft erfasst werden könnte, wäre sie nicht wunderbar; wenn sie an einem Beispiel gezeigt werden könnte, wäre sie nicht einzigartig. Gleichwohl darf man nicht deshalb, weil Maria, vom Heiligen Geist überschattet, empfing, glauben, eben der Heilige Geist sei der Vater des Sohnes, damit es nicht den Anschein hat, wir nähmen zwei Väter des Sohnes an, was zu behaupten allerdings frevlerisch wäre" (DH 533).

„Einzigartig" und „wunderbar", „nicht von der Vernunft zu erfassen" nennt die Synode von Toledo die Menschwerdung Gottes. Das Wirken des Heiligen Geistes wird dabei als „Überschatten" oder „Befruchten" bezeichnet. Was dies inhaltlich bedeutet, wird indes nicht genauer bestimmt, es wird nur ausgeschlossen, dass der Heilige Geist die Rolle eines Vaters übernimmt, denn als Mensch hat Jesus wegen der jungfräulichen Empfängnis keinen Vater, als Gottes Sohn ist nur Gott Vater sein Vater und wegen der Einzigkeit der (göttlichen) Person in Jesus Christus ist auch für die Menschheit Jesu die Beziehung des Sohnes zum Vater prägend. Es ist deshalb nicht denkbar, dass Gott Sohn zwei Väter hätte: als Gott den Vater, als Mensch den Heiligen Geist. Der Sohn hat vor wie nach der Inkarnation nur einen Vater: Gott Vater.

Obwohl die Inkarnation des Sohnes Gottes in der Jungfrau Maria durch Überschattung des Heiligen Geistes für die Synode von Toledo ein Mysterium darstellt, das für den menschlichen Geist nicht auszuloten ist, so weist sie doch auch einen Weg, wie wir uns diesem Mysterium nähern können. Begriffe wie „neue Ordnung" und „neue Geburt" verweisen auf die ursprüngliche Ordnung und ursprüngliche Geburt. So soll zunächst das spezifische Wirken des Heiligen Geistes in der Schöpfungsordnung bedacht werden, bevor wir seine Rolle bei der Inkarnation näher betrachten.

1. Die Aufgabe des Heiligen Geistes im Werk der Schöpfung

1.1 Die Schöpfung als Werk der Trinität

Zunächst ist klar: Gott als solcher ist der Schöpfer. „Im Anfang schuf Gott Himmel und Erde (Gen 1,1). Je mehr sich jedoch Gott als der Dreieine zu erkennen gibt, desto mehr treten auch die drei göttlichen Personen in ihrem Bezug zur Schöpfung zu Tage. Besonders deutlich wird dies in den Texten des Neuen Testaments. Nach Georg Kraus lässt sich eine trinitarische Schöpfungslehre von ihrem neutestamentlichen Befund her so zusammenfassen: „Die Schöpfung kommt vom Vater, sie geschieht durch den Sohn und sie vollzieht sich im Heiligen Geist"[3]. Kraus stellt fest: „Für Jesus ist der göttliche Vater der universale Schöpfergott, der das All hervorgebracht hat und seine universale Herrschaft ausübt: ‚Vater, Herr des Himmels und der Erde' (Mt 11,25). In der Apostelgeschichte wird Gott im Bittgebet als universaler Schöpfer angerufen: ‚Herr, du hast den Himmel, die Erde und das Meer geschaffen und alles, was dazugehört' (Apg 4,24). Der Epheserbrief bringt die Kurzformel: ‚Gott, der Schöpfer des Alls' (Eph 3,9)"[4]. Ist der Vater der Urheber der Schöpfung, so der Sohn der Mittler. Dies wird ausgedrückt in 1 Kor 8,6: „Wir [haben] nur einen Gott, den Vater. Von ihm stammt alles, und wir leben auf ihn hin. Und einer ist der Herr: Jesus Christus. Durch ihn ist alles, und wir sind durch ihn"; ähnlich in Hebr 1,1–2: „Viele Male und auf vielerlei Weise hat Gott einst zu den Vätern gesprochen durch die Propheten; in dieser Endzeit aber hat er zu uns gesprochen durch den Sohn, den er zum Erben des Alls eingesetzt und durch den er auch die Welt erschaffen hat". Im Johannesprolog (1,3) ist es der Logos, durch den alles geschaffen ist: „Alles ist durch das Wort geworden, und ohne das Wort wurde nichts, was geworden ist".

So ist der Vater der Urheber der Schöpfung und der Sohn das Wort, durch das die Schöpfung ins Dasein gerufen wird. Nicht ganz so leicht lässt sich dem das Wirken des Heiligen Geistes zuordnen. Neutestamentlich steht mehr das heilsgeschichtliche Wirken des Heiligen Geistes im Vordergrund, doch lässt dies dieses auch auf sein schöpferisches

[3] G. Kraus, Welt und Mensch. Lehrbuch zur Schöpfungslehre, Frankfurt 1997, 181.

[4] G. Kraus, Welt und Mensch. Lehrbuch zur Schöpfungslehre, 182.

Wirken übertragen. „Demnach ist der Geist grundlegend die Kraft, die das Leben schafft: ‚Der Geist ist es, der lebendig macht' (Joh 6,63)"[5], sagt Georg Kraus. Ähnlich sieht es Leo Scheffczyk, der zu bedenken gibt: „Es trifft zwar zu, daß das Wirken des Geistes in der Entfaltung des Offenbarungsverständnisses im Neuen Testament vornehmlich als heiligende, das Gnadenleben vermittelnde Kraft erkannt wird. Aber das hindert nicht die Anerkenntnis der Wahrheit, dass es sich in jedem Fall um eine zu Gott gehörende schöpferische Macht handelt, welche auf die Schöpfung im ganzen einwirkt und sowohl natürliche als auch übernatürliche Werke hervorbringen kann"[6]. Dieses zugleich heilsgeschichtliche wie schöpferische und eschatologische Wirken des Heiligen Geistes zeigt sich beispielsweise in der Taufe, in der die Sünder der Sünde sterben und zu neuem Leben erweckt werden. Paulus verbindet im Römerbrief die neue Schöpfung als Kinder Gottes durch den Heiligen Geist mit der endzeitlichen Neuschöpfung bei der Auferweckung von den Toten: „Wenn der Geist dessen in euch wohnt, der Jesus von den Toten auferweckt hat, dann wird er, der Christus Jesus von den Toten auferweckt hat, auch euren sterblichen Leib lebendig machen, durch seinen Geist, der in euch wohnt ... Denn alle, die sich vom Geist Gottes leiten lassen, sind Söhne Gottes. Denn ihr habt nicht einen Geist empfangen, der euch zu Sklaven macht, so dass ihr euch immer noch fürchten müsstet, sondern ihr habt den Geist empfangen, der euch zu Söhnen macht, den Geist, in dem wir rufen: Abba, Vater!" (Röm 8,11–15).

Von diesem Befund her kann auch Gen 1,1–3 in einer Relecture trinitarisch gelesen werden: „Im Anfang schuf Gott Himmel und Erde; die Erde aber war wüst und wirr, Finsternis lag über der Urflut, und Gottes Geist schwebte über dem Wasser. Gott sprach: Es werde Licht. Und es wurde Licht". Gott, der Vater, ist der Schöpfer. Er erschafft durch sein Wort: es werde und es ward. Und all dies geschieht, während Gottes Geist über dem Wasser schwebt. Manche Exegeten wollen רוּחַ אֱלֹהִים mit „Wind" oder „Sturm" Gottes statt mit Geist Gottes übersetzen[7]; doch käme auch in dieser Übersetzung die schöpferische Kraft des Geis-

[5] G. Kraus, Welt und Mensch. Lehrbuch zur Schöpfungslehre, 183.

[6] L. Scheffczyk, Schöpfung als Heilseröffnung. Schöpfungslehre (Katholische Dogmatik III), Aachen 1997, 118–119.

[7] Vgl. L. Scheffczyk, Schöpfung als Heilseröffnung. Schöpfungslehre, 116.

tes zum Ausdruck. Damit ist der Vater der Urheber, der Sohn das hervorrufende Wort und der Heilige Geist die ausführende Kraft der Schöpfung.

Wie lässt sich dies nun systematisch einbinden in eine Trinitätstheologie, derentsprechend das Wirken des Dreifaltigen Gottes ad extra immer den drei Personen gemeinsam ist und nie einer einzelnen göttlichen Person zugesprochen werden kann?

1.2 Das Verhältnis des einen göttlichen Wesens zu den drei göttlichen Personen beim Werk der Schöpfung

Es gilt die Spannung aufzulösen, dass einerseits Gott als solcher Schöpfer ist und dennoch jede der drei Personen ihren eigenen Anteil daran hat. Denn nur so ist es sinnvoll, nach einem spezifischen Beitrag des Heiligen Geistes bei der Schöpfung oder Inkarnation zu fragen. Diese Spannung findet sich auch im Glaubensbekenntnis der 11. Synode von Toledo, das zwar an der zitierten Stelle von der Überschattung – also von einem eigenständigen Wirken – durch den Heiligen Geist spricht, etwas später jedoch betont, dass die Fleischwerdung des Sohnes Gottes „die ganze Dreifaltigkeit gewirkt [hat], da die Werke der Dreifaltigkeit untrennbar sind“[8].

Dieselbe Frage bewegt auch Thomas von Aquin. Den sechsten Artikel der Quaestio 45 des ersten Teils seiner Summa theologiae widmet er der Frage, ob das Erschaffen Proprium irgendeiner der göttlichen Personen sei.[9] Er verneint dies: Das Erschaffen ist nicht einer Person eigen, sondern der ganzen Trinität gemeinsam. Er begründet dies so: Erschaffen ist das Verursachen oder Hervorbringen des Seins der Dinge. Weil aber jedes Handelnde etwas ihm Ähnliches tut, kann der Ursprung einer Handlung aus ihrem Ergebnis ersehen werden. Feuer ist das, was Feuer hervorbringt. Deshalb kommt Gott das Erschaffen gemäß seinem Sein zu, das sein Wesen ist, das den drei Personen gemeinsam ist.[10]

[8] DH 535: „Incarnationem quoque huius Filii Dei tota Trinitas operasse credenda est, quia inseparabilia sunt opera Trinitatis“.

[9] „Utrum creare sit proprium alicujus personae“.

[10] „Respondeo dicendum quod creare est proprie causare sive producere esse

Dies ist eine entscheidende Weichenstellung. Erschaffen können, Seiendes hervorbringen können, ist eine Fähigkeit, die der göttlichen Natur eigen ist. Im göttlichen Sein und Wesen liegt die Kraft, anderes Seiendes aus dem Nichts zu erschaffen, nicht in einer oder allen göttlichen Personen. Es ist also nicht zuerst der Vater, der erschafft, oder der Sohn, durch den erschaffen wird, oder der Heilige Geist, in dessen Kraft erschaffen wird, welche drei Tätigkeiten dann wieder denkerisch in einem einzigen Schöpfungsakt ad extra zusammengedacht werden müssten. Die Einheit ist vorgängig und liegt in der einen göttlichen Natur. Es ist Gott, der erschafft, durch seine göttliche Natur.

Nun kann die göttliche Natur nicht von den göttlichen Personen getrennt werden. Sie ist nicht ein Viertes vor oder neben den drei Personen oder erst die „Summe" der Drei. Vielmehr lebt das göttliche Wesen in den drei Personen auf drei unterschiedliche Art und Weisen. Oder umgekehrt: die drei göttlichen Personen unterscheiden sich nur dadurch, dass sie auf je unterschiedliche Art das göttliche Wesen leben. Dies betonen zuerst die drei Kappadokier[11]. Sie unterscheiden in Gott das eine Wesen (Usia) und die drei Hypostasen (Personen). Das Unterscheidende der Hypostasen ist nun „die *Weise*, wie das Gottsein in Vater, Sohn und Geist verwirklicht ist (*trópos tês hypárxeos*)"[12].

Person als die je eigene Art und Weise, wie das gemeinsame Wesen gelebt wird. Darauf baut Maximus Confessor mit seiner Unterscheidung auf: „Jeder von uns wirkt, nicht insofern er ein ‚Wer' ist, sondern ein ‚Was', d.h. insofern er Mensch ist. Insofern er aber ein ‚Wer' ist, z.B. Petrus oder Paulus, gibt er der Art und Weise (tropos) seines Wirkens Gestalt, indem er nachlässt oder sich Mühe gibt und es entsprechend seinem freien Willen so oder so prägt. So erkennt man an der Art (tropos) des Wirkens den Unterschied der Personen in ihrer Praxis; dagegen

rerum. Cum autem omne agens agat sibi simile, principium actionis considerari potest ex actionis effectu. Ignis enim est qui generat ignem. Et ideo creare convenit Deo secundum suum esse, quod est ejus essentia, quae est communis tribus personis. Unde creare non est proprium alicui personae, sed commune toti Trinitati" (STh I qu 45 a 6).

11 Vgl. W. Breuning, Gotteslehre, in: W. Beinert (Hg), Glaubenszugänge. Lehrbuch der katholischen Dogmatik, Band 1, Paderborn 1995, 201–362, hier: 287–289.

12 W. Breuning, Gotteslehre, 288.

erkennt man an der Natur (logos) des Wirkens die allen Menschen gleiche natürliche Wirksamkeit“[13]. Das bedeutet: alle Menschen wirken ihrer Natur entsprechend menschliche Werke. Eigenständig geprägt werden diese erst durch die jeweiligen Personen und ihre Art, wie sie ihr Menschsein leben. Auf Gott gewendet schließt Christoph Schönborn daraus: „In Gott ist nur ein Wirken, wie auch ein Wesen; doch wirkt jede der göttlichen Personen dieses Wirken ihrer eigenen, personkennzeichnenden Art gemäß“[14].

Welches sind nun diese personkennzeichnenden Tropoi? Bekannt sind die Bestimmungen des Gregor von Nazianz: „Der *Vater* ist der Anfanglose ..., seine Eigentümlichkeit ist das *Ungezeugtsein*. Der *Sohn* ist der anfanglos Gezeugte, ihm kommt das *Gezeugtsein* zu. Der *Geist* ist der ohne Zeugung aus dem Vater Hervorgegangene, also eignet ihm das *Hervorgehen*“[15]. Augustinus verwendet statt der Begrifflichkeit von Zeugung und Hauchung die Analogie des menschlichen Geistes, um so gleichzeitig die grundlegende Einheit und die unterschiedliche Art, diese Einheit zu sein, auszudrücken. Wilhelm Breuning stellt als Vorteil dieses Zugangs fest: „Dem Bischof von Hippo geht es ... nicht um kosmologische Bezüge, sondern um den menschlichen Geist. Denn er spiegelt am besten und genauesten, sofern er der Kern der Gottebenbildlichkeit ist, das innere Sein Gottes wieder. Der geistige Lebensprozeß läßt einmal eine substantielle Einheit als einen einzigen untrennbaren Vorgang erkennen, aber zum anderen auch eine dreifache Unterschiedenheit. Betrachtet man eher die kognitive Seite, so lassen sich folgende Ternare unterscheiden: memoria – intelligentia – voluntas oder mens – notitia – amor“[16].

13 „Ὡς γάρ τι ὤν προηγουμένως, ἀλλ᾽ οὐχ ὥς τις ἕκαστος ἡμῶν ἐνεργεῖ · τουτέστιν, ὡς ἄνθροπος · ὡς δέ τις , οἷον Παῦλος ἢ Πέτρος, τὸν τῆς ἐνεργείας σχημτίζει τρόπον, ἐνδόσει τυχὸν ἢ ἐπιδόσει, οὕτως ἢ ἐκείνως ὑπ᾽ αὐτοῦ κατὰ γνώμην τυπούμενος. Ὅθεν ἐν μὲν τῷ τρόπῳ τὸ παρηλλαγμένον τῶν προσώπων κατὰ τὴν πρᾶξιν γνωρίζεται · ἐν δὲ τῷ λόγῳ, τὸ τῆς φυσικῆς ἀπαράλλακτον ἐνεργείας. Οὐ γὰρ ὁ μὲν μᾶλλον, ὁ δὲ ἧττόν ἐστιν ἐνεργὴς ἢ λογικός · ἀλλ᾽ ἐπίσης ἅπαντες τόν τε λόγον ἔχομεν καὶ τὴν τούτου κατὰ φύσιν ἐνέργειαν“ (PG 91,137 A). Übersetzung: Ch. Schönborn, Die Christus-Ikone. Eine theologische Hinführung, Schaffhausen 1984, 125.

14 Ch. Schönborn, Die Christus-Ikone, 126.

15 W. Breuning, Gotteslehre, 288.

16 W. Breuning, Gotteslehre, 291.

Beides nimmt Thomas von Aquin auf und verbindet die Art und Weise des Hervorgangs als personprägendes Merkmal mit der „augustinische[n] Analogie des menschlichen Geistvollzugs“[17]. Wilhelm Breuning fasst das in Quaestio 27, Artikel 3 und 4 der Summa theologiae dargelegte so zusammen: „Ausgangspunkt ist das *Wesen* Gottes, also sein Leben, Wollen, Erkennen. Davon kann man noch philosophisch sprechen. Betrachtet man aber die Offenbarung, so sieht man, dass Gott Namen beigelegt werden, die ein Hervorgehen zum Inhalt haben: Vater, Sohn, Wort, Hauchen … [Thomas] greift auf die augustinische Analogie der geistigen Vollzüge des Menschen zurück, wenn er den ersten Hervorgang als Wortgeschehen veranschaulicht: Wenn jemand etwas begreift, bildet sich innerlich ein Wort. Auch das schriftgemäße Bild von der Zeugung kann, gereinigt von allen menschlichen Unvollkommenheiten, das Gemeinte deutlich werden lassen: Es geht um einen Vorgang der Verähnlichung. In diesem Bild ist dann der erste Hervorgang *Sohn*. Der zweite geistige Akt des Menschen ist das Wollen. Daran kann man den anderen Hervorgang in Gott illustrieren. Er ist ein Geschehen der Liebe, die nicht mehr eine Abbildung, sondern eine Hinneigung ist: Damit wird auch gewahrt, dass der erste und der zweite Hervorgang voneinander verschieden sind“[18]. Gerhard Ludwig Müller ergänzt: „Der Heilige Geist geht vom Vater hervor, indem der Vater den aus ihm hervorgegangenen Sohn tatsächlich auch will, im Wollen anzielt und in diesem Willensakt auch die Einheit mit dem Sohn als liebende Hinneigung verwirklicht“[19].

So lässt sich sagen: Wir bekennen Gott als ein einiges Wesen, das sein Wesen in drei Personen auf drei unterschiedliche Art und Weise lebt: als Urgrund im Vater; als Erkennen, Wort und Antwort im Sohn und als das Erkannte Wollen und Lieben im Heiligen Geist. Damit wird auch deutlich, wie die Werke Gottes ad extra einerseits allen drei Personen gemeinsam sind, eben weil es Werke des einen göttlichen Wesens sind und dennoch jede der göttlichen Personen ihren spezifischen „Anteil“ an diesen Werken hat, eben weil das göttliche Wesen nur in den drei Personen als je eigene Weise lebt.

[17] G. L. Müller, Katholische Dogmatik. Für Studium und Praxis der Theologie, Freiburg [2]1995, 453.

[18] W. Breuning, Gotteslehre, 302–303.

[19] G. L. Müller, Katholische Dogmatik, 453.

Damit verbindet sich ohne weiteres das, was oben über eine trinitarische Schöpfungslehre gesagt wurde: Es ist das eine göttliche Wesen, das die Welt erschafft als Vater, der den Beschluss fasst, als Sohn, der im schöpferischen Wort den Befehl erteilt, als Heiliger Geist, der das Beschlossene und Befohlene auch verwirklicht haben will.

Damit ist auch deutlich, dass im Werk der Schöpfung die Zueignung des Ursprungseins an den Vater, des befehlendes Wort Seins an den Sohn und ausführende Liebeskraft Seins an den Heiligen Geist mehr ist als bloße Appropriation, wie es etwa bei Matthias Joseph Scheeben aufscheint. Scheeben stellt zwar einerseits fest: „Die absolute Einfachheit der Wirksamkeit der göttlichen Personen wird dadurch nicht aufgehoben, daß man nach einem durch die hl. Schrift selbst vorgebildeten Sprachgebrauche sagen kann und muß, die Wirksamkeit Gottes gehe aus vom Vater durch den Sohn im hl. Geiste“[20]. Andererseits nennt er „in Bezug auf die Thätigkeit und Wirksamkeit Gottes nach Außen“ unter den „in Hinsicht auf die Analogie der geschöpflichen Wirksamkeit gedachte Ordnung in der Entfaltung der Thätigkeit“ folgende Appropriationen: „Entschluß, Plan, Ausführung, ... wonach dem Vater der Entschluß, dem Sohne der Plan, ... dem hl. Geiste die Ausführung, resp. die Durchführung und Erhaltung zugeschrieben wird“[21]. Ähnlich formuliert Ludwig Ott: „Unter Appropriation ... versteht man eine Aussageweise, bei der Eigenschaften und Tätigkeiten Gottes, die den drei Personen gemeinsam sind, einer einzelnen Person zugesprochen werden“[22]. Zu den – wie er meint – im Neuen Testament gebrauchten Appropriationen sagt er: „Die Heilige Schrift schreibt die Bewirkung der Inkarnation dem Vater (Hebr 10,5) und dem Hl. Geist (Lk 1,35; Mt 1,20) zu und verteilt die Ausspendung der Geistesgaben auf die drei Personen (1 Kor 12,4ff; Spiritus, Dominus, Deus), obwohl das Wirken Gottes nach außen den drei Personen gemeinsam ist“[23].

[20] M. J. Scheeben, Handbuch der katholischen Dogmatik, Erster Band, Freiburg 1878, Nr. 1041.

[21] M. J. Scheeben, Handbuch der katholischen Dogmatik, Erster Band, Nr. 1050.

[22] L. Ott, Grundriss der katholischen Dogmatik, Freiburg [10]1981, 89.

[23] Ebd.

Hier liegt ein grundlegendes Missverständnis vor. Natürlich ist den drei Personen das Wirken nach außen gemeinsam. Aber nicht deswegen, weil die drei Personen nun alle dasselbe täten, sondern weil das Wirken nach außen Sache des Wesens ist, wie Maximus Confessor sagt. Dieses Wesen aber ist den drei Personen in je eigener Art und Weise zueigen. Wenn der Vater nicht Ursprung ist, ist er nicht, wenn der Sohn nicht Wort ist, ist er nicht und wenn der Heilige Geist nicht Wollen und Liebe ist, ist er nicht. Wenn nun das Wirken nach außen den drei Personen gemeinsam ist, dann so: Der Vater kann nicht wirken ohne Sohn und Geist, denn dann gäbe es nur Ursprung, aber keine Ausführung in Wort und Tat. Der Sohn kann nicht wirken ohne Vater und Geist, denn dann hätte das Wort keinen Inhalt und kein Tatwerdenwollen. Der Geist kann nicht wirken ohne Vater und Sohn, denn sonst wäre es nur leeres Wollen ohne Grund und Sinn. Damit göttliches Wirken nach außen geschehen kann, muss jede der drei Personen auf ihre Weise das göttliche Wesen leben als Ursprung, Wort und Wille. Dabei ist es nicht nötig, dass die drei Personen ihr Wirken quasi in einem Abstimmungsprozess koordinieren, denn Wille und Erkennen sind ja mit dem Wesen identisch. Die drei Personen erkennen, wollen, tun immer schon dasselbe, aber jede auf ihre Weise. Und andererseits, wenn nicht jede der drei Personen dasselbe auf ihre Weise täte, würde es nicht vollkommen gewirkt. Es ist also nicht zwar sinnvolle, aber nicht notwendige Appropriation, sondern aus den Proprietäten der einzelnen Personen direkt entspringend, wenn wir sagen: Die Schöpfung kommt aus dem Vater, geschieht durch das Wort und wird vollzogen durch den Heiligen Geist in der Einheit des einen göttlichen Wesens.

So schließt sich der Kreis. Auf unsere erste Frage können wir nun antworten: Die spezifische Aufgabe des Heiligen Geistes bei der Erschaffung der Welt ist, das im Ratschluss des Vaters grundgelegte und durch den Sohn ins Dasein gerufene Geschöpf liebend und wollend Wirklichkeit werden zu lassen.

2. Das Wirken des Heiligen Geistes bei der Menschwerdung des Sohnes Gottes

Ebendies ist auch die Wirkweise des Heiligen Geistes bei der Menschwerdung des Sohnes. Die Menschwerdung des Sohnes ist als ein Wirken ad extra selbstverständlich ein Wirken, das alle drei göttlichen Personen gemeinsam wirken, jedoch jede in ihrer spezifischen Art. Die Menschwerdung des Sohnes ist grundgelegt im Ratschluss des Vaters, geschieht durch das Ja-Wort des Sohnes und das Wollen des Heiligen Geistes.

Dieser Dreischritt spiegelt sich wider in der Verkündigungsszene bei Lukas (Lk 1,26–38). Es ist der Ratschluss des Vaters, der mitgeteilt wird in der Botschaft des Engels: „Fürchte dich nicht, Maria; denn du hast bei Gott Gnade gefunden. Du wirst ein Kind empfangen, einen Sohn wirst du gebären: dem sollst du den Namen Jesus geben". Dieser Ratschluss wird ausgeführt durch den Sohn; denn er ist das Kind, das „heilig" und „Sohn des Höchsten" genannt werden wird. Damit aber die Inkarnation nicht nur Ratschluss und Bereitschaft, sondern Wirklichkeit wird, braucht es das wollende Bewirken des Heiligen Geistes: „Der Heilige Geist wird über dich kommen und die Kraft des Höchsten wird dich überschatten".

So lässt sich zunächst sagen: Die Menschwerdung des Sohnes ist eine Aktion des dreifaltigen Gottes, bei der jede der göttlichen Personen ihre dem innergöttlichen Hervorgang entsprechende Aufgabe übernimmt. Deswegen kann nur der Vater den Entschluss zur Menschwerdung fassen, kann nur der Sohn Mensch werden, um das göttliche Wort zu den Menschen zu bringen und die menschliche Antwort im Gehorsam zum Vater, kann nur der Heilige Geist das Beschlossene zur Ausführung bringen. Somit ist der spezifische Beitrag des Heiligen Geistes zur Menschwerdung des Sohnes wie bei jedem Wirken Gottes das vollbringende Wollen. Dieses wiederum bezieht sich auf verschiedene Aspekte: Zum einen auf den Akt der Menschwerdung selbst, zum anderen auf die dazu nötige Einigung der Menschheit Christi mit dem göttlichen Wort und hier wiederum auf die Erschaffung der Seele Christi und das Wunder der Empfängnis ohne Zutun eines Mannes.

Wollte man also eine kurze Antwort auf die Frage geben, wie der Heilige Geist bei der Menschwerdung des Sohnes wirke, so könnte man sagen: Wie es seinem personprägenden Merkmal entspricht: als wollendes, liebendes Vollbringen des vom Vater im Sohn geplanten Ratschlusses.

3. Der Heilige Geist und Maria, die Braut des Heiligen Geistes

Daran lässt sich freilich die Frage anschließen, weshalb dann der Heilige Geist eigens genannt wird, wenn sein Wirken doch „nur“ Ausdruck des schöpferischen Willens Gottes ist. Schließlich begnügt sich beim Hinweis auf die Schwangerschaft Elisabeths der Engel ja auch mit einem Verweis auf die Allmacht Gottes: „Denn für Gott ist nichts unmöglich“ (Lk 1,37).

Die Antwort darauf hat verschiedene Aspekte. Ein erster wurde schon angesprochen. Die Aussage „der Heilige Geist wird über dich kommen, und die Kraft des Höchsten wird dich überschatten“ (Lk 1,35) dient nicht nur für Maria zur Erklärung der Möglichkeit einer jungfräulichen Empfängnis, sondern ist Teil einer trinitarischen Struktur des Verkündigungsgeschehens: Der Vater erbittet durch den Engel die Zustimmung Mariens zur Menschwerdung des Sohnes, die dann der Heilige Geist verwirklicht. Somit wird die Menschwerdung des Sohnes explizit als ein Werk der Trinität vorgestellt.

Zweitens: Der Verweis auf den Heiligen Geist ist geradezu eine Sicherung gegen ein Missverständnis, als ob Gott oder der Vater wie ein Vater der menschlichen Natur des Sohnes gegenüberstünde. Denn auch wenn die Formulierungen bei Lukas („Der Heilige Geist wird über dich kommen, und die Kraft des Höchsten wird dich überschatten“; 1,35) und bei Matthäus („das Kind, das sie erwartet, ist vom Heiligen Geist“; 1,20) im Zusammenhang mit einer Empfängnis Jesu ohne menschlichen Vater gebraucht werden, so ist beim Wirken des Heiligen Geistes gerade nicht an ein väterlich-zeugendes, sondern an ein schöpferisch-wirkmächtiges zu denken. Der Heilige Geist kann nicht väterlich wirken, sonst wäre er nicht mehr Geist, sondern Vater. Die menschliche Natur Christi ist erschaffen nach einer neuen Ordnung, wie das Tolentinum sagt, und hat als solche keinen Vater, auch nicht Gott. Erst die hypostatische Union lässt Jesus auch als Mensch zu Gott Vater sagen.

Drittens: Die ausdrückliche Nennung des Heiligen Geistes, dessen personprägende Eigenart das schöpferische Wollen ist, verweist auf die neue Schöpfung, die mit der Menschwerdung des Sohnes beginnt. Wie der Geist über der Urflut schwebt bei der ersten Schöpfung, so überschattet er Maria, als in ihr und aus ihr der neue Adam entsteht. Ebenso ist vom Wirken des Heiligen Geistes die Rede, wenn es um die Auferweckung des gekreuzigten neuen Adam geht: „Adam, der Erste Mensch, wurde ein irdisches Lebewesen. Der Letzte Adam wurde lebendig machender Geist“ (1 Kor 15,45). Und es wirkt der Heilige Geist, wenn in der Taufe aus den Kindern des ersten Adam Kinder Gottes werden: „Als aber die Zeit erfüllt war, sandte Gott seinen Sohn, geboren von einer Frau und dem Gesetz unterstellt, damit er die freikaufe, die unter dem Gesetz stehen, und damit wir die Sohnschaft erlangen. Weil ihr aber Söhne seid, sandte Gott den Geist seines Sohnes in unser Herz, den Geist, der ruft: Abba, Vater“ (Gal 4,4–6). Auch hier zeigt sich die trinitarische Struktur. Der Vater sendet den Sohn, damit er die Welt erlöse. Der Sohn erfüllt den Auftrag und kauft die frei, die Sklaven der Sünde sind. Der Heilige Geist wirkt die grundsätzlich schon vollzogene Erlösung in den Menschen, in dem er ihnen die Freiheit der Kinder Gottes schenkt und aus ihnen zum Vater Abba ruft. Damit wird nun auch deutlich, weshalb das Wirken des Heiligen Geistes im Neuen Testament mehr mit dem Gnadenwirken in Zusammenhang gebracht wird als mit der Schöpfung, weil es eben darum geht: die vom Vater angebotene und vom Sohn bewirkte Erlösung nun auch in den Menschen Wirklichkeit werden zu lassen. Auch im Bereich der Gnade handelt es sich um ein Wirken des dreifaltigen Gottes, bei dem jede der Personen nach ihrer je eigenen Art handelt.

Schließlich gilt es, die besondere Beziehung Mariens zum Heiligen Geist zu bedenken. Die Frage war ja, weshalb ausdrücklich betont wird, dass der Heilige Geist Maria überschattet und nicht nur allgemein wie bei Elisabeth auf die Allmacht Gottes verwiesen wird. Dies mag zusammenhängen mit einem gewissen Gleichklang der Aufgaben Mariens und des Heiligen Geistes. Aufgabe des Heiligen Geistes bei der Menschwerdung des Sohnes ist es ja, den göttlichen Ratschluss auch Wirklichkeit werden zu lassen zu einer bestimmten Zeit an einem bestimmten Ort durch eine bestimmte Frau. Die tatsächliche Ausführung des göttlichen Planes durch den Heiligen Geist hängt aber nicht nur ab vom Wollen des Heiligen Geistes, sondern auch vom Wollen Mariens, von ihrem Ja-Wort. Es liegt auf zwei ganz verschiedenen Ebenen – auf der menschlichen und der göttlichen – und doch es das gemeinsame Wollen, das Maria und den Heiligen Geist verbindet. Dies wirft auch ein neues Licht auf die Titulierung Mariens als Braut des Heiligen Geistes. Braut des Heiligen Geistes ist Maria nicht zuerst, weil er in ihr die Menschwerdung des Sohnes bewirkt, sondern weil beider Wollen auf dasselbe gerichtet ist und ohne beider Wollen die Menschwerdung nicht vollzogen würde.

Wenn weiter dieses bräutliche Verhältnis zwischen Maria und dem Heiligen Geist nicht nur bei der Verkündigung besteht, sondern auch im Himmel fortdauert, kann damit auch ein neuer Aspekt zur Frage nach der Gnadenmittlerschaft Mariens beigetragen werden. In der Regel wird diese ja begründet mit dem Mitwirken Mariens – wie auch immer näher umschrieben – mit ihrem Sohn. Sie könnte aber zudem begründet werden mit Mariens Mitwollen mit dem Heiligen Geist. Dabei wäre klar: die Gnade kommt allein von Gott und Jesus Christus. In den oben genannten Proprietäten ausgedrückt: Der Vater ist der Urheber jeder Gnade, der Sohn hat sie uns verdient und der Heilige Geist bewirkt sie in den Menschen. Im bräutlichen Mitwollen Mariens mit dem Wollen des Heiligen Geistes kann Maria „Mit-Ausgießerin" oder eben Mittlerin der Gnade genannt werden. Und weil *jede* Gnade vom Heiligen Geist bewirkt wird, ist Maria dann auch Mittlerin *aller* Gnaden.

Fassen wir zusammen:

Die Frage nach der Wirkweise des Heiligen Geistes bei der Inkarnation des Sohnes führt mitten hinein in Trinitätslehre, Schöpfungslehre, Christologie und Gnadenlehre. Wieder zeigt sich, wie richtig die Aussage des II. Vatikanums ist, wonach Maria „gewissermaßen die größten Glaubensgeheimnisse in sich vereint und diese widerstrahlt" (vgl. LG 65). In unserem Fall fällt der Strahl auf das liebende, Schöpfung und Gnade bewirkende Wollen des Heiligen Geistes. Dionigi Kardinal Tettamanzi lenkt diesen Strahl zuletzt auf den Beter des Glaubensbekenntnisses selbst: „Zu glauben, dass Jesus ‚vom Heiligen Geist empfangen' wurde, bedeutet: sich der Gabe des Geistes zu öffnen, seine Gegenwart aufzunehmen und sich seinem Handeln zu fügen. Es bedeutet: sich vom Geist leiten zu lassen, um zu neuen Menschen zu werden … Es bedeutet: dem Wirken des Heiligen Geistes Raum zu geben, damit er dafür sorgen kann, dass Tag für Tag Jesus Christus in uns ‚geboren' wird, indem er uns formt wie ihn und uns ihm immer ähnlicher werden lässt"[24].

[24] D. Tettamanzi, Unser Credo. Das Glaubensbekenntnis verstehen, Freiburg 2005, 70–71.

Die „virginitas in partu“:

Akzentsetzungen in der Dogmengeschichte

von Manfred Hauke

1. Die Problematik in der zeitgenössischen Theologie

Die *virginitas in partu* ist das wohl heikelste Thema beim theologischen Nachdenken über Maria als jungfräuliche Gottesmutter. Das Risiko ist groß, beim Reden über das Geheimnis der Jungfrauengeburt gegen den guten Geschmack zu verstoßen oder in Spekulationen abzugleiten, die das göttliche Wirken auf eine symbolhafte Aussage beschränken.

Systematisch gesehen, geht es um die Verbindung der wahren Mutterschaft Mariens mit ihrer einzigartigen Jungfräulichkeit. Die wahre Mutterschaft garantiert das Menschsein Jesu, die beständige Jungfrauschaft der Gottesmutter hingegen ist ein Zeichen für die Gottheit des Erlösers. Seit den 50er Jahren des letzten Jahrhunderts ist die *virginitas in partu* ein umkämpftes Thema geworden, weil viele Theologen die physische Bewahrung der Jungfräulichkeit für einen Biologismus halten, welcher der wahren Mutterschaft widerspricht[1]. Im deutschen Sprachraum dominiert

[1] Zur einschlägigen Diskussion vgl. A. Ziegenaus, „Jungfräulichkeit II. Dogmatik“: Marienlexikon 3 (1991) 469–481; ders., Maria in der Heilsgeschichte. Mariologie (Kath. Dogmatik V), Aachen 1998, 259–265; S. M. Perrella, „Il parto verginale di Maria nel dibattito teologico contemporaneo (1962–1994). Magistero – Esegesi – Teologia“: Marianum 56 (1994) 95–213; ders., Maria Vergine e Madre. La verginità feconda di Maria tra fede, storia e teologia, Cinisello Balsamo 2003, 199–212; J. L. Bastero de Eleizalde, Virgen singular.

die Interpretation Karl Rahners, wonach das Gebären Mariens ihrer Gottesmutterschaft entsprechend war „und darum einmalig, wunderbar, ‚jungfräulich', ohne dass wir aus diesem Satz (…) die Möglichkeit haben, *sicher* und für *alle* verpflichtend Aussagen über *konkrete Einzelheiten dieses Vorgangs abzuleiten*"[2]. Oder mit anderen Worten: wir glauben an die Jungfräulichkeit Mariens in der Geburt, aber was damit gemeint ist, wissen wir nicht. Besonderen Wert legt Rahner darauf, das kirchliche Dogma beinhalte keineswegs die Unverletztheit des Hymens und die Freiheit von den Geburtsschmerzen[3]. Das Besondere der *virginitas in partu* besteht für ihn nicht in der Leiblichkeit, sondern im subjektiven Erleben: „die subjektive erlebnishafte Seite der Geburt war bei Maria anders als bei den anderen Menschen"[4].

Die theologische Auseinandersetzung ist nicht neu. Schon in der Väterzeit wird das Problem formuliert. Titus von Bostra beispielsweise, Metropolit der Provinz Arabia um das Jahr 360, fragt: „Wenn der Sohn wahrhaft Fleisch war, wie war es möglich, dass er bei der Geburt nicht die Jungfräulichkeit zerstörte? Wenn Maria aber die Jungfräulichkeit bewahrte, war dann nicht sein Fleisch bloßer Schein? Ein Leib kann doch nicht durch einen anderen hindurchgehen ohne Leiden"[5].

Das vorliegende Referat behandelt die wichtigsten Akzente in der Dogmengeschichte mit der Absicht zu klären, was die „Jungfräulichkeit in der Geburt" nach den Aussagen des kirchlichen Lehramtes beinhaltet. Dabei muss sich die Darstellung auf einige wesentliche Schritte be-

La reflexión teológica mariana en el signo XX, Madrid 2001, 58–83; M. Ponce Cuéllar, María. Madre del Redentor y Madre de la Iglesia, Barcelona ²2001, 358–370; J. Saward, Cradle of Redeeming Love: The Theology of the Christmas Mystery, San Francisco 2002, 206–217.

2 K. Rahner, „Virginitas in partu. Ein Beitrag zum Problem der Dogmenentwicklung und Überlieferung": ders., Schriften zur Theologie IV, Einsiedeln u. a. 1960, 173–205, hier 205.

3 Op. cit., 204.

4 Op. cit., 202.

5 Titus von Bostra, In Lc. (TU 21/1, 258), zitiert bei J. A. de Aldama, Virgo Mater. Estudios de teología patrística, Granada 1963, 3. Zu Leben und Werk dieses Metropoliten vgl. C. Schmidt, „Titus von Bostra": S. Döpp – W. Geerlings (Hrsg.), Lexikon der antiken christlichen Literatur, Freiburg i. Br. ³2002 [= LACL], 697.

schränken. Die Behandlung wird dadurch erschwert, dass eine umfassende dogmengeschichtliche Behandlung des Themas bislang nicht vorliegt[6]. Die umfassendste und genaueste Studie, aus dem Jahre 1963, ist eine Sammlung von Aufsätzen aus der Feder des spanischen Jesuiten José Antonio de Aldama, der freilich betont, er wolle keine vollständige Studie der Überlieferung bieten, sondern nur einige Gesichtspunkte behandeln[7]. Eingegangen werden soll in der Folge auf die biblische Grundlage, um dann die Marksteine der dogmatischen Lehrentwicklung ausfindig zu machen und die systematischen Folgerungen daraus zu ziehen. Da die verbindliche Klärung des Themas bereits in der Väterzeit geschieht, konzentriert sich die Übersicht auf die patristischen Gesichtspunkte.

2. Das biblische Zeugnis

Die ersten unbestreitbaren Aussagen zur Jungfräulichkeit Mariens in der Geburt stammen aus dem zweiten Jahrhundert. Diese Lehre steht freilich in Beziehung zum Zeugnis des Neuen Testamentes, das die Empfängnis Jesu auf das wunderbare Einwirken des Heiligen Geistes in der Jungfrau Maria zurückführt. Die Kindheitsgeschichten nach Matthäus und Lukas bieten dabei, von dem geschichtlichen Ereignis ausgehend, eine Neuaufnahme des prophetischen Textes von Jes 7,14 in der Fassung der Septuaginta, wonach der „Emmanuel" geboren wird von einer Jungfrau: „Die Jungfrau wird empfangen und gebären …". Hier liegt der Ansatzpunkt für die Kennzeichnung Mariens als „die Jungfrau" (*he parthénos*): die Mutter des Sohnes Gottes leistet nicht nur einen vorübergehenden Dienst, um dann wieder in das Dunkel der Geschichte zurückzutreten, sondern wird in ihrer ganzen Person geprägt von der jungfräulichen Gottesmutterschaft. Die „Mutter des Herrn" ist von frühester Zeit an gegenwärtig im Glaubensbekenntnis und im liturgischen Lob-

6 Dies bemerkt schon Rahner (Anm. 1) 192: die Begründung für seine These könne „hier nicht eigentlich gegeben werden, weil sie eine genaue und alle Zeiten umfassende Geschichte der ganzen Lehre von der ‚virginitas in partu' erfordern würde".

7 De Aldama, Virgo Mater (Anm. 5) IX. Vgl. auch die Hinweise bei R. Laurentin, „Le mystère de la naissance virginale": Ephemerides Mariologicae 10 (1960) 345–374, hier 356, zur riesigen Fülle der Texte im Vergleich zu anderen Themen der Mariologie.

preis der Kirche, wie ihre Erwähnung im Taufsymbolum und im eucharistischen Hochgebet beweist[8].

Nach der gängigen dogmengeschichtlichen Auslegung gibt es nur einen indirekten Bezug der *virginitas in partu* zu den Texten des Neuen Testamentes. Seit 1978, mit den Veröffentlichungen des bekannten belgischen Exegeten Ignace de la Potterie und seines Schülerkreises, hat sich die Situation freilich geändert. Es wird nun auch die Möglichkeit erwogen, unmittelbar auf die Überlieferung der Evangelien zurückzugreifen[9].

Diskutiert werden zwei Stellen: Joh 1,13 und Lk 1,35. Im Johannesprolog heißt es (nach der gängigen Übersetzung): „Allen aber, die ihn aufnahmen, gab er Macht, Kinder Gottes zu werden, allen, die an seinen Namen glauben, die nicht aus dem Blut, nicht aus dem Willen des Fleisches, nicht aus dem Willen des Mannes, sondern aus Gott geboren sind. Und das Wort ist Fleisch geworden …" (Joh 1,13f). Das „aus Gott geboren Sein" wird hier auf die Gläubigen bezogen, die durch die Taufe eine neue „Geburt" empfangen (vgl. Joh 3,3.5). Es gibt aber auch eine al-

8 Vgl. etwa Hippolyt, Trad. apost. 4. 20 (Fontes christiani 1, 224. 262); G. Söll, Mariologie (HDG III/4), Freiburg i. Br. 1978, 40. 70–73.

9 Vgl. I. de la Potterie, „La Mère de Jésus et la conception virginale du Fils de Dieu. Étude de théologie johannique": Marianum 40 (1978) 41–90, hier 70–77. Im gleichen Jahr erschien die Monographie von P. Hofrichter, Nicht aus Blut, sondern monogen aus Gott geboren. Textkritische, dogmengeschichtliche und exegetische Untersuchung zu Joh 1,13–14 (Forschung zur Bibel 31), Würzburg 1978. Marienlexikon 3 (1991) 468f. Die Argumentation De la Potteries wurde in Frage gestellt durch J. Galot, „Egli non fu generato dai sangui (Gv 1,13)": Asprenas 27 (1980) 153–160 und J. Winandy, „La conception virginale dans le Nouveau Testament": NRTh 100 (1978) 706–719; ders., „Note complémentaire sur la conception virginale dans le Nouveau Testament": NRTh 104 (1982) 425–431. Daraufhin folgte eine ausführlichere Argumentation und eine breitere Darstellung des Traditionsbefundes: I. de la Potterie, „Il parto verginale del Verbo incarnato: ‚Non ex sanguinibus …, sed ex Deo natus est' (Gv. 1,13)": Marianum 45 (1983) 127–174. Vgl. auch ders., Maria nel mistero dell'alleanza, Genua 1988, 118–143 (orig. flämisch 1985; frz. Marie dans le mystère de l'alliance, Paris 1988); A. Serra, „Vergine II. Testimonianza biblica": S. de Fiores – S. Meo (Hrsg.), Nuovo dizionario di Mariologia [= NDM], Cinisello Balsamo 1985, 1424–1454, hier 1431–33, 1445–49; ders., Maria nella pienezza del tempo, Cinisello Balsamo 1999, 119–140; Perrella (1994) (Anm. 1) 153–174; (2003) (Anm. 1) 101–105.

ternative Version, wonach der Text sich auf den Ursprung Jesu bezieht: „der nicht aus dem Blut, nicht aus … dem Willen des Mannes, sondern aus Gott geboren ist".

Die pluralische Version findet sich in allen griechischen Handschriften, angefangen mit Papyri aus dem 2. Jh. Die Herkunft dieser Zeugnisse konzentriert sich auf Ägypten. Die singularische Version ist zwar seltener bezeugt, aber in der ältesten Zeit weiter verbreitet. In den Väterzitaten erscheint sie bereits seit dem 2. Jh. Sie findet sich in Handschriften der *Vetus Latina*, in Syrien (Epistula Apostolorum), in Ägypten (Origenes), Nordafrika (Tertullian), in Rom (Hippolyt) und in Gallien (Irenäus)[10]. Die geographische Verbreitung ist ein starkes Argument zugunsten der singularischen Fassung. Der Übergang von der singularischen zur pluralischen Lesart erklärt sich vielleicht aus dem Kampf gegen den Doketismus: ein Bezug der Worte „nicht aus dem Blut" auf Jesus konnte das Missverständnis fördern, der Erlöser habe keine wirkliche menschliche Natur angenommen, denn das Blut galt als Materie der Empfängnis. Ein Wechsel von der pluralischen zur singularischen Lesart ist dagegen schwieriger zu erklären. Für die singularische Version spricht auch eine ähnliche Stelle im Ersten Johannesbrief: „Wir wissen: jeder, der aus Gott geboren ist, sündigt nicht, sondern der aus Gott Geborene bewahrt ihn …" (1 Joh 5,18)[11].

Die exegetische Streitfrage ist nicht beigelegt, aber die besseren Argumente sprechen offenbar für die singularische Lesart[12]. Selbst Papst Johannes Paul II. bezeichnet in einer seiner Marianischen Katechesen diese Deutung als „wahrscheinlich"[13].

Die Streitfrage nach der Deutung von Joh 1,13 lässt sich freilich in gewisser Weise relativieren. Selbst wenn der Vers im Plural gelesen und auf

10 Vgl. J. Galot, Être né de Dieu. Jean 1,13 (Analecta biblica 37), Rom 1969; Serra (1985) (Anm. 9) 1431; A. Langella, „Il vangelo di Maria in Giustino": Theotokos 9 (2001) 329–352, hier 348–351.

11 Vgl. Serra (1985) (Anm. 9) 1431f.

12 Vgl. Perrella (2003) (Anm. 1) 101–105.

13 Marianische Katechese 26 (10.7.1996), Nr. 1.3. Die Argumentation ähnelt sehr den Ausführungen in J. Galot, Maria. La donna nell'opera della salvezza, Rom [2]1991 ([3]2005), 127f, der freilich auf die Kennzeichnung als „wahrscheinlich" verzichtet.

die Taufe bezogen wird, so weisen die gewählten Ausdrücke allem Anschein nach auf das Vorbild des jungfräulichen Ursprungs Jesu hin. Das gleiche gilt umgekehrt: auch bei einer singularischen Lesart steht der Text in einem Umfeld, das auf den übernatürlichen Ursprung der christlichen Gotteskindschaft weist: im vorausgehenden Vers spricht der Johannesprolog von der „Macht, Kinder Gottes zu werden" (Joh 1,12). Irenäus, der auf vielfache Weise johanneisches Traditionsgut aufnimmt, schaut die Taufe des Christen und den jungfräulichen Ursprung Jesu zusammen, wenn er betont: der Sohn Gottes „öffnete als Reiner rein den reinen Mutterschoß, der die Menschen in Gott wiedergebiert und den er selber rein gemacht hat"[14]. Die reine Öffnung des Mutterschoße bezieht sich auf die Besonderheit des Geburtsvorganges Jesu (der von den Wehen frei war)[15], aber auch auf die Neugeburt der Gläubigen im Taufbrunnen der Kirche[16]. Nicht nur Maria ist Mutter und Jungfrau; auch die Kirche wird, in einem weiteren Sinne, „jungfräuliche Mutter" genannt[17]. Irenäus sieht jedenfalls den jungfräulichen Ursprung Jesu als Urbild des Neuwerdens in der Taufe. Ähnliche Hinweise finden wir auch sonst in der alten Kirche, beispielsweise bei Tertullian: „Auf eine neue Weise musste der Urheber der neuen Geburt geboren werden"[18].

In der irenäischen Formulierung von der „reinen Öffnung des Mutterschoßes" erscheint auch eine besondere Prägung des Geburtsvorganges, die auf die *virginitas in partu* weist[19]. Gibt es einen solchen Hinweis schon bei Johannes?

In der singularischen Lesart ist offensichtlich ein Bezug auf die Jungfrauengeburt. Die Jungfräulichkeit in der Geburt ergibt sich, nach Ignace

14 Irenäus, Adv. haer. IV,3,11 (Sources chrétiennes 100, 830).

15 Dazu Irenäus, Adv. haer. III,21,6 (Sources chrétiennes 211, 418–421); Demonstr. 54, mit Hinweis auf Jes 66,7: „Ehe denn sie, die kreißte, gebar und ehe denn die Geburtswehen eintraten, ward sie von einem Knäblein entbunden". Vgl. A. Viciano, „Irenäus": Marienlexikon 3 (1991) 313f.

16 Vgl. Söll (Anm. 8) 39; M. Hauke, Heilsverlust in Adam, Paderborn 1993, 269.

17 Brief der Gemeinden von Lyon und Vienne: Eusebius, Hist. Eccl. V,1,45 (Sources chrétiennes 41, 18).

18 Tertullian, De carne Christi 17 (Sources chrétiennes 216, 280).

19 Vgl. u. 3.

de la Potterie, aus der Formulierung, wonach der Ursprung Jesu „nicht aus Blut" sei: damit gemeint sei die Geburt ohne die Ausgießung von Blut, die im Alten Testament als Grund ritueller Unreinheit gilt (Lev 12,5.7; Ez 16,6.9)[20]. Jean Galot hingegen, ebenfalls ein Vertreter der Auslegung von Joh 1,13 auf den Ursprung Jesu, übernimmt die Interpretation des Augustinus, wonach die Formulierung „aus Blut", die pluralisch formuliert ist (*ex haimáton*), sich auf das Blut von Vater und Mutter beziehen, woraus der neue Mensch entsteht. Für diese Deutung gibt es aus der Antike aber sonst keinen Beleg[21]. Im Alten Testament und in rabbinischen Texten bezeichnet das hebräische Wort für „Blut" im Plural (*damîn*) das von der Frau vergossene Blut während der Geburt und der Menstruation[22]. Diese Deutung bietet sich auch hier an. Peter Hofrichter, Verfasser einer Monographie über Joh 1,13, meint, die Wendung „nicht aus Blut" bestreite den Ursprung aus dem Blut der Frau, das als rituell unrein galt; die Empfängnis habe demnach stattgefunden vor der ersten Menstruation[23]. Nach Hofrichter wird damit geleugnet, dass Jesus Christus eine Mutter gehabt habe, was nichts anderes wäre als Doketismus[24]. Dies sei der Sinn des Bekenntnishymnus, der dem Johannesprolog traditionsgeschichtlich voraus gelegen sei und dann vom kanonischen Text korrigiert worden sei[25]. Ein solcher dem kanonischen Text vorausliegender Hymnus ist freilich rein hypothetisch.

De la Potterie betont gegen Hofrichter, dass im Kontext des Johannesevangeliums eine Leugnung der Abkunft Jesu aus Maria nicht vorstellbar

[20] De la Potterie (1983) (Anm. 9) 146f; (1988) (Anm. 9) 131–135; vgl. Serra (1985) (Anm. 9) 1945–48; Perrella (2003) (Anm. 1) 103f.

[21] Vgl. De la Potterie (1983) (Anm. 9) 128.

[22] Vgl. Lev 12,4.7; 20,18; Ez 16,6.9 etc. Vgl. De la Potterie (1983) (Anm. 9) 139–150; (1988) (Anm. 9) 131–137.

[23] P. Hofrichter, „Jungfräulichkeit I. 4 [Joh]": Marienlexikon 3 (1991) 468f; vgl. ders., „Il significato dei ‚sangui' in Gv 1,13": F. Vattioni (Hrsg.), Sangue e antropologia biblica II, Rom 1981, 569–594. In seiner Monographie behauptet Hofrichter, die Worte „nicht aus dem Blut" verneinten „die genetische Rolle der Frau … zugunsten des göttlichen Ursprungs": P. Hofrichter (1978) (Anm. 9) 105. Diese erneute Aufnahme einer doketischen Deutung (!) ist nicht akzeptabel, wie De la Potterie (1983) (Anm. 9) 144f betont.

[24] Vgl. Hofrichter (1978) (Anm. 9) 109.

[25] Hofrichter (1991) (Anm. 23) 468.

ist: Maria wird als „Mutter Jesu“ benannt (Joh 2,1.3.5.12; 19,25.26). Signifikant ist außerdem der Plural des Wortes „Blut“ (*haímata*; „nicht aus Blut“, *ouk ex haimáton*). Er bezieht sich nicht auf die Formung des Embryos im Mutterleib, wofür das Buch der Weisheit die Wendung benutzt *pageìs en haímati* („geronnen im Blut“) (Weish 7,2). Es geht vielmehr um ein äußerlich sichtbares Blutvergießen, das den Grund angab für die rituelle Unreinheit (vgl. Lev 12,7). Der Evangelist leugnet also nicht den mütterlichen Ursprung Jesu, sondern nur das Blutvergießen während der Geburt[26]. Die jungfräuliche Geburt („nicht aus dem Blut“) und die vorausgehende jungfräuliche Empfängnis („nicht aus dem Willen des Mannes“) haben den Sinn eines Zeugnisses für die Menschwerdung des ewigen Wortes: „Und das Wort ist Fleisch geworden und hat unter uns gewohnt“ (Joh 1,14)[27]. „Die Geburt, noch mehr als die Empfängnis, ist ein *Zeichen* für das Handeln Gottes bei der Inkarnation des Wortes: die *jungfräuliche Geburt* war ein Zeichen für die *jungfräuliche Empfängnis*, ein Zeichen für die Tatsache, dass das menschgewordene Wort ‚von Gott gezeugt‘ worden war [Joh 1,13]. Indem die ersten Christen das menschgewordene Wort im Licht seiner menschlichen Zeugung betrachteten, haben sie begriffen, dass er ‚der eingeborene Sohn (war), der vom Vater gekommen ist‘ [Joh 1,14]“[28]. Soweit in aller Kürze die Auslegung von De la Potterie.

Der flämische Jesuit sieht eine Bestätigung für seine Deutung des Johannesprologes in der Ankündigung der Geburt Jesu bei Lukas[29]. Die beiden Stellen (Joh 1,12–14; Lk 1,34–35) gelten ihm als die unmittelbars-

[26] De la Potterie (1983) (Anm. 9) 145–147.

[27] Vgl. De la Potterie (1983) (Anm. 9) 136f. 160–163.

[28] De la Potterie (1983) (Anm. 9) 163 (Übersetzung von Hauke). Voraus geht ein Blick auf Auslegungen der Väterzeit (151–158); der Autor zitiert u.a. Hippolyt, der die Geburt des Antichrist mit der Geburt Christi vergleicht (Refutatio omnium haeresium VI,9,2: GCS 26, 136,5–7), und Isidor von Sevilla, wonach die jungfräuliche Geburt Jesu ein „Zeichen“ (*signum*) darstellt (De fide catholica I,10,3: PL 83, 468 C). Die meisten Zeugnisse beziehen sich allerdings nicht unmittelbar auf Joh 1,13, sondern handeln allgemein von der jungfräulichen Geburt Jesu.

[29] De la Potterie (1983) (Anm. 9) 163–170. Anders S. Zedda, „Lc. 1,35b, ‚Colui che nascerà santo sarà chiamato Figlio di Dio‘“: Rivista Biblica 33 (1985) 29–43. 165–189.

ten Bekundungen der Inkarnation in den Evangelien[30]. In der Perikope von der Verkündigung heißt es nach der deutschen Einheitsübersetzung: „Maria sagte zu dem Engel: Wie soll das geschehen, da ich keinen Mann erkenne? Der Engel antwortete ihr: Der Heilige Geist wird über dich kommen, und die Kraft des Höchsten wird dich überschatten. Deshalb wird auch das Kind heilig und Sohn Gottes genannt werden“ (Lk 1,34–35). Der letzte Satz lautet auf Griechisch *diò tò gennómenon hágion klethésetai huiós theoû*; er kann auch übersetzt werden: „Deshalb wird auch das heilig geborene (Kind) Sohn Gottes genannt werden“. Das „heilige“ Geborenwerden bezieht sich dann auf das Freisein von der rituellen Unreinheit bei der Geburt. Für diese Deutung beruft sich De la Potterie auf altkirchliche und mittelalterliche Auslegungen, die bereits in den zwanziger Jahren von José María Bover gesammelt worden sind[31], auf die rhythmische Reihenfolge[32] und andere philologische Beobachtungen. Wie in Joh 1,13, so sei auch in Lk 1,35 die Jungfräulichkeit in der Geburt ein Zeichen für die Gottessohnschaft Jesu Christi und eine Konsequenz der jungfräulichen Empfängnis ohne die Mitwirkung eines menschlichen Vaters[33].

Über De la Potterie hinaus ließe sich auch der Hinweis auf die Schilderung der Geburt Jesu bei Lukas anführen, wo keine Rede ist von den Schmerzen und der Hinfälligkeit der Gebärenden: „Und sie gebar ihren erstgeborenen Sohn und wickelte ihn in Windeln und legte ihn in eine Krippe“ (Lk 2,7). Diese Beobachtung geht auf Hieronymus zurück[34]. Für einen Schriftbeweis reicht sie freilich nicht. Bemerkenswert sind allerdings die Hinweise von Aristide Serra auf Zeugnisse aus dem zeitgenössischen jüdischen Schrifttum, die für die messianische Zeit eine Aufhe-

30 De la Potterie (1983) (Anm. 9) 163: „Sono i due passi più espliciti dei vangeli sull'incarnazione“.

31 J. M. Bover, „‚Quod nascetur (ex te) sanctum vocabitur Filius Dei‘ (Lc 1,35)“: Biblica 1 (1920) 92–94; Estudios Eclesiásticos 8 (1929) 318–392.

32 Vgl. auch die Übersetzung der Vulgata: „… quod nascetur sanctum, vocabitur Filius Dei“.

33 De la Potterie (1983) (Anm. 9) 170–174.

34 Hieronymus, Adv. Helvidium 8 (PL 23, 201 B-C). Dazu A. Serra, „‚… e lo avvolse in fasce …‘ (Lc 2,7b). Un segno da decodificare“: ders., C'era la madre di Gesù … (Gv. 2,1). Saggi di esegesi biblico-mariana (1978–1988), Mailand – Rom 1989, 225–284, hier 253–257.

bung des Strafurteils der Genesis erwarten, wonach die Schmerzen der Geburt eine Folge der Sünde sind (Gen 3,16). Die „Apokalypse des Baruch“ beispielsweise, am Ende des ersten oder am Beginn des zweiten Jahrhunderts, betont: „die Frauen werden nicht mehr während der Schwangerschaft leiden, und es wird alle Mühsal verschwinden, wenn sie die Frucht ihres Leibes dem Lichte übergeben“[35].

Die rabbinische Literatur bezieht sich außerdem auf das Buch Jesaja, dessen nachexilischer Teil eine Verheißung für Jerusalem enthält (Jes 66,5–14). Der plötzliche Anbruch der neuen Welt wird hier mit einem Bild veranschaulicht: „Noch ehe die Frau ihre Wehen bekommt, hat sie schon geboren; ehe die Wehen über sie kamen, brachte sie einen Knaben zur Welt“ (Jes 66,7). In der Folge wird Jerusalem selbst als gebärende Frau gezeichnet, die mit Freude ihre „Kinder“ zur Welt bringt (Jes 66,8–12). Einige Rabbinen, die von der schmerzlosen Geburt in der messianischen Zeit handeln, sehen dieses Geschehen als Zeichen der Erlösung Israels, der „Tochter Zion“[36].

Sind auch die lukanischen Stellen zur Verkündigung und zur Geburt des Messias im gleichen Horizont zu deuten? Dafür würde sprechen, dass die lukanische Kindheitsgeschichte die Gestalt Mariens auf eine Weise schildert, die an die Verheißungen für die „Tochter Zion“ erinnert[37]. Wenn sich die Väter, seit der Zeit des Irenäus, für die Beschreibung der Geburt Jesu auf Jes 66,7 beziehen, passt dies durchaus zur Aussageintention des Evangeliums nach Lukas.

Die Interpretation von Joh 1,13 und Lk 1,35 durch Ignace de la Potterie kann für sich gute Gründe anführen und wurde, soweit mir bekannt, nicht widerlegt. Der Hinweis auf das Fehlen der rituellen Unreinheit bei der Geburt Jesu mag der modernen Mentalität der westlichen Welt fremd sein, passt aber sehr wohl in das geistige Milieu der Evangelien und der frühen Kirche. Sollte die vorgeschlagene Deutung zutreffen, fände die *virginitas in partu* bereits einen Anhaltspunkt in den beiden zentralsten Stellen der Evangelien zum Geheimnis der Inkarnation.

35 Apokalypse des Baruch 73,1.7, zitiert in Serra (1985) (Anm. 9) 1447.

36 Vgl. die Texte in Serra (1985) (Anm. 9) 1447.

37 Dazu R. Laurentin, Struktur und Theologie der lukanischen Kindheitsgeschichte, Stuttgart 1967, 168–172 (und passim); ders., Les Évangiles de l’enfance du Christ, Paris 1982.

Bei der geschilderten Interpretation geht es zunächst um den Literalsinn der Heiligen Schrift. In der Väterzeit finden sich darüber hinaus Hinweise auf Stellen des Alten Testamentes, deren Deutung freilich die christliche Lehrüberlieferung von der Jungfräulichkeit in der Geburt bereits voraussetzt. Darunter gibt es Akkomodationen, wie die Illustration der jungfräulichen Geburt mit dem brennenden Dornbusch, der brennend nicht verbrannte (Ex 3,2f), oder der Hinweis auf die geschlossene Pforte des Tempels, durch die der Gott Israels (mit seiner Herrlichkeit) eingezogen ist (Ez 44,2). Andere Stellen bieten sich nicht nur als Illustrationsmaterial an, sondern rücken ein in die messianische Erwartung und können, aus der Rückschau vom Christusereignis her, einen prophetischen „geistlichen Sinn" offenbaren. Dazu gehören Jes 66,7 und der im Matthäusevangelium zitierte Hinweis auf Jes 7,14 LXX, wonach die „Jungfrau" „empfängt" und „gebiert" (Mt 1,23)[38].

3. Die ersten ausdrücklichen Zeugnisse der „virginitas in partu" (2. Jh.)

Die ersten unbestreitbaren Zeugnisse für die Jungfräulichkeit Mariens in der Geburt finden sich in apokryphen Schriften des 2. Jahrhunderts[39]. Nach dem Protoevangelium des Jakobus staunt die Hebamme, dass Maria ohne ihre Mithilfe gebiert, und Salome überprüft die Jungfräulichkeit der Gottesmutter nach der Geburt mit ihrem Finger[40]. Eine kurze An-

38 Vgl. etwa Ambrosius, Ep. 42 (PL 16, 1124): „Haec est Virgo quae in utero concepit, Virgo quae peperit filium. Sic enim scriptum est: Ecco virgo in utero concipiet et pariet filium; non enim concepturam tantummodo virginem, sed et parituram virginem dixit". An einen Hinweis auf die jungfräuliche Geburt denken auch einige zeitgenössische Exegeten, darunter Serra (1985) (Anm. 9) 1429f; S. Munoz Iglesias, Los Evangelios de la Infancia IV. Nacimiento e infancia de Jésus en san Mateo, Madrid 1990, 199.

39 Vgl. Söll (Anm. 8) 24–30; É. Cothenet, „La virginité de Marie dans les apocryphes": Études mariales 53 (1998) 53–68.

40 Protoevangelium Jacobi 18,1–20,3 (E. Hennecke – W. Schneemelcher [Hrsg.], Neutestamentliche Apokryphen I, Tübingen ^{5}1987, 345–347). Zur Datierung in der zweiten Hälfte des 2. Jh.s vgl. Hennecke – Schneemelcher I 336f.

spielung bieten die Petrusakten[41]. Nach den „Oden Salomos“, dem „ersten christlichen Gesangbuch“, hat Maria geboren, ohne Schmerz zu empfinden[42]. Die Schrift ist verwandt mit dem Milieu der johanneischen Schriften und der Ignatiusbriefe[43]. Diese Beobachtung scheint interessant angesichts des möglichen Haftpunktes im Johannesprolog und einer Ignatiusstelle, welche die Geheimnishaftigkeit der Geburt Jesu eigens hervorhebt: „Es blieb dem Fürsten dieser Welt die Jungfrauschaft Mariens und ihre Niederkunft verborgen, ebenso auch der Tod des Herrn – drei laut rufende Geheimnisse, die in Gottes Stille vollbracht wurden“[44]. Ignatius, dies sei eigens bemerkt, betont nicht nur die Geheimnishaftigkeit der Geburt Jesu, sondern auch gegen die Doketen deren Wirklichkeit: Jesus Christus wurde „wahrhaft“ aus Maria geboren, „wahrhaft“ gekreuzigt und ist „wahrhaft“ von den Toten auferstanden[45].

Die „Oden Salomos“ weisen einige gnostische Einflüsse auf, bekennen sich aber sehr wohl zu den Grundwahrheiten der Heilsgeschichte in Tod und Auferstehung Jesu[46]. Aus dem 2. oder 3. Jh. stammt die „Himmelfahrt des Isaias“, eine apokalyptische Schrift, wonach Maria unversehens

41 Acta Petri 8,24 (Hennecke – Schneemelcher II 279).

42 Odae Salomonis 19,6–10 (M. Lattke, Die Oden Salomos ...I, Fribourg – Göttingen 1979, 129).

43 Vgl. M. Lattke, „Salomo“: LACL (Anm. 5) 619f.

44 Ignatius, Ad Ephesios 19,1 (ed. J. A. Fischer, Die Apostolischen Väter, Darmstadt [7]1976, 157). Vgl. J. A. De Aldama, María en la Patristica de los siglos I y II, Madrid 1970, 198; F. Bergamelli, „La verginità di Maria nelle Lettere di Ignazio di Antiochia“: Theotokos 9 (2/2001) 311–327, hier 322f; S. de Fiores, Maria sintesi di valori. Storia culturale della mariologia, Cinisello Balsamo 2005, 110: „Quanto al parto di Maria, esso non può essere risolto nel concepimento verginale, dato che Ignazio parla di tre misteri. Non è detto espressamente che esso sia verginale, ma tale qualifica è implicita in quanto si tratta di un evento misterioso“.

45 Ad Trallianos 9,1–2 (ed. J. A. Fischer, Die Apostolischen Väter, Darmstadt [7]1976, 176–178).

46 Zur Beziehung zwischen gnostischen Einflüssen und Orthodoxie vgl. H. Chadwick, „Some Reflections on the Character and Theology of the Odes of Solomon“: P. Granfield – J. A. Jungmann (Hrsg.), Kyriakon. FS Joh. Quasten I, Münster 1970, 266–270; C. Kannengiesser, „Odi di Salomone“: Dizionario patristico e di antichità cristiane [= DPAC] II (1984) 2456f; J. Scharbert, „Oden Salomons”: Marienlexikon 4 (1992) 669.

das Jesuskind neben sich sieht und merkt, dass die Schwangerschaft vorbei ist[47].

Das Motiv der Jungfräulichkeit in der Geburt lässt sich nicht aus gnostischen Strömungen ableiten. Ein gewisser doketischer Einfluss zeigt sich möglicherweise in den „Oden Salomos", wonach Maria geboren habe, „als ob sie ein Mann wäre", und in der „Himmelfahrt des Isaias", wo der Geburtsvorgang ausfällt[48]. Diese Beobachtung lässt sich allerdings nicht verallgemeinern[49]. Das Protoevangelium des Jakobus und die Petrusakten bieten eine legendäre Überlieferung, sind aber keinesfalls gnostisch. „Wo Gnostiker von der Menschwerdung Christi sprachen, dort wurde die Realität der Geburt faktisch geleugnet und die virginitas in partu doketisch spiritualisiert ..."[50]. Nach der valentinianischen Gnosis ist Christus durch Maria hindurchgegangen wie das Wasser durch eine Röhre; geleugnet wird hier die menschliche Herkunft Jesu aus Maria. Die Marcioniten hingegen streichen die Kindheitsgeschichte und lassen Jesus Christus als erwachsenen Mann auf die Erde hinabsteigen[51]. „Keiner der Häretiker lehrt, dass das Wort Fleisch geworden ist"[52].

Der leibhaftige Realismus des Heilsgeschehens wird aufs deutlichste betont von Irenäus, der aber gleichzeitig die Besonderheit des Geburtsgeschehens unterstreicht. Bereits zitiert wurde die Aussage über die Menschwerdung des Sohnes Gottes, „der als Reiner den reinen Schoß öffnete, den nämlich, der die Menschen für Gott wiedergebiert und den er selber

47 Ascensio Isaiae 11,7–14 (E. Hennecke – W. Schneemelcher [Hrsg.], Neutestamentliche Apokryphen II, Tübingen ^{5}1989, 560f).

48 Vgl. L. Scheffczyk, „Gnostizismus": Marienlexikon 2 (1989) 666f, hier 666.

49 Gegen Rahner (Anm. 1) 190, nach dem „alle" apokryphen Zeugnisse des 2. Jahrhunderts „zweifellos einen doketischen Einschlag" haben. Eine „gnostische Erfindung" ist die „virginitas in partu" für H. von Campenhausen, Die Jungfrauengeburt in der Theologie der alten Kirche, Heidelberg 1962, 37, Anm. 5.

50 Söll (Anm. 8) 30. Vgl. Ziegenaus, Jungfräulichkeit (Anm. 1) 471; E. Peretto, „Riferimenti mariani negli ebioniti e nei doceti": Theotokos 9 (2001) 401–453.

51 Vgl. Irenäus, Adv. haer. III,11,3 (SC 211, 146–148).

52 Ibd. (SC 211, 148).

rein gemacht hat“[53]. Bemerkenswert ist hier die geistige Verbindung zwischen der Geburt des Gottessohnes und der Wiedergeburt des Christen in der Taufe. Maria und die Kirche werden hier in einer Perspektive zusammengeschaut[54]. Die Bedeutung der Stelle für die Lehre von der *virginitas in partu* ist umstritten[55]. Bei der Formulierung *pure aperiens vulvam* geschieht die Geburt einerseits auf dem normalen Wege (*aperiens vulvam*)[56], aber andererseits „auf reine Weise“ (*pure*), womit offenbar das Blutvergießen und die Geburtswehen ausgeschlossen werden. Diese Deutung bestätigt sich durch den Blick auf eine Parallelstelle, in der Irenäus drei Texte des Buches Jesaja miteinander verbindet: die Geburt des Emmanuel durch die Jungfrau (Jes 7,14), die Vorstellung des Neugeborenen als „mächtiger Gott“ (Jes 9,5) und das Bild von den fehlenden Geburtswehen der Tochter Zion (Jes 66,7). Der Prophet (in Jes 7,14) „verwundert sich gleichsam … über den Hergang, indem er das Zukünftige verkündet, dass Gott mit uns sei. Über seine Geburt sagt derselbe Prophet …: ‚Ehe denn sie, die kreißte, gebar, und ehe denn die Geburtswehen eintraten, ward sie von einem Knäblein entbunden‘. Diese Worte bezeichnen seine Geburt aus der Jungfrau als unverhofftes und unvermutetes Ereignis“[57]. Auch wenn manche Forscher Zweifel daran hegen, ob hier das Wunder der jungfräulichen Geburt bezeugt ist, so ist nicht zu leugnen, dass Irenäus die Geburt des Sohnes Gottes aus der Jungfrau Maria in das Licht des Geheimnisses und einer einzigartigen Reinheit hineinstellt[58].

53 Adv. haer. IV,33,11 (SC 100, 830,229f): „… Purus pure puram aperiens vulvam eam quae regenerat homines in Deum, quam ipse puram fecit“. Dazu De Aldama, María en la patrística (Anm. 44) 300–309. 318–329.

54 Vgl. Söll (Anm. 8) 39.

55 Vgl. De Aldama, María en la patrística (Anm. 44) 216–224.

56 Die Jungfräulichkeit in der Geburt wurde deshalb geleugnet von H. Koch, Adhuc Virgo, Tübingen 1929; Virgo Eva – Virgo Maria, Berlin – Leipzig 1937. Dagegen J. Galot, „La virginité de Marie et la naissance de Jésus“: NRTh 82 (1960) 449–469, hier 457f.

57 Demonstratio 54 (BKV² Irenäus II 622; vgl. SC 62, 115). Zur Bedeutung dieses Textes vgl. A. Orbe, Introducción a la teología de los siglos II y III, Rom – Salamanca 1988, 537f.

58 Vgl. S. de Fiores, Maria Madre di Gesù. Sintesi storico-salvifica, Bologna 1992, 120; ders., Maria sintesi di valori (Anm. 44) 112; F. Rodrigo Polanco, „La mariologia di Sant`Ireneo“: Theotokos 9 (2001) 359–400, hier 382f.

Die Zeugnisse aus dem zweiten Jahrhundert sind breit gestreut. Die Geheimnishaftigkeit der Geburt wird betont bei Ignatius von Antiochien und bei Irenäus. In den apokryphen Schriften, deren Gehalte nicht voneinander abzuleiten sind, zeigt sich bezüglich der beständigen Jungfräulichkeit Mariens ein Echo des Gotteswortes, das Maria in ihrer personalen Prägung als Mutter und Jungfrau vorstellt. Die Hinweise aus den Apokryphen lassen sich theologisch als *sensus fidelium* der Volksfrömmigkeit werten, die der Stellungnahme der Theologie und des Lehramtes vorausgeht[59]. Zu beachten ist allerdings daneben die Möglichkeit einer Verbindung zwischen der Überlieferung des Johannesevangeliums mit den zitierten Texten des Ignatius und des Irenäus.

Die *virginitas in partu* stellt freilich das Problem, wie sich die wahre Mutterschaft Mariens mit der bleibenden Jungfräulichkeit verbindet. In einer dogmatisch noch nicht ganz abgeklärten Situation war es möglich, entweder die Jungfräulichkeit Mariens auf Kosten der wahren Mutterschaft darzustellen oder aber die Mutterschaft auf Kosten der wahren Jungfräulichkeit. Das erstgenannte Extrem deutet sich an in den „Oden Salomos" und in der „Himmelfahrt des Isaias". Das andere Extrem wiederum findet sich am Beginn des 3. Jh.s bei Tertullian, der gegen doketische Tendenzen die wahre Mutterschaft Mariens betont und dabei die beständige Jungfräulichkeit leugnet.

4. Die Diskussion im 3. Jh.

Die Reaktion des Tertullian zeigt, dass die Lehre der *virginitas in partu* noch weiterer Abklärung bedarf. In seinem Werk *De carne Christi*, das den Doketismus des Marcion und der valentinianischen Gnosis bekämpft, betont der nordafrikanische Laientheologe: Maria ist Jungfrau bezüglich der vaterlosen Empfängnis, aber nicht Jungfrau bezüglich der Geburt[60]. Vorausgesetzt ist hier freilich die Auffassung der Gnostiker, nach denen die

59 Vgl. S. de Fiores, „Vergine III. Tradizione ecclesiale": NDM (Anm. 9) 1456; Ponce Cuellar (Anm. 1) 362f.

60 Tertullian, De carne Christi 23,2 (CCL 2, 914): „… virgo quantum a viro, non virgo quantum a partu".

Leiblichkeit Jesu nicht aus dem Schoß Mariens stammt, sondern durch Maria hindurchgeströmt ist wie durch einen Kanal[61].

Tertullian und die Gnostiker geben dabei eine gegensätzliche Auslegung von einem apokryphen Bibelzitat, das Tertullian auf „Ezechiel" zurückführt: „Sie hat geboren und nicht geboren, sie ist Jungfrau und nicht Jungfrau"[62]. Der erste Teil dieses Zitates findet sich bereits bei Klemens von Alexandrien: „‚Sie hat geboren und nicht geboren', sagt die Schrift, weil sie aus sich selbst und nicht durch Beischlaf empfangen hat". Unmittelbar zuvor beruft er sich, gegen die Meinung der „meisten", auf das Protoevangelium des Jakobus: „Wie es scheint, halten die meisten auch noch Maria für eine Wöchnerin wegen der Geburt, während sie doch keine Wöchnerin war. Denn einige sagen, sie sei nach der Geburt von einer Hebamme untersucht und als Jungfrau erfunden worden"[63]. Nach dieser Aussage gehört die *virginitas in partu* noch nicht zum Glaubensbewusstsein der meisten Gläubigen, auch wenn Klemens dafür eintritt.

Eine eigenständige Position findet sich bei Origenes. Bei der Auslegung der Perikope von der Darstellung Jesu im Tempel kommentiert er die Aussage des Exodus über die Erstgeburt (Ex 13,2): bei der Mutter des Herrn wurde der Schoß nicht durch den Umgang mit einem Mann geöffnet, sondern durch die Geburt[64]. In seinem Matthäuskommentar greift er freilich auf eine apokryphe Tradition über den Vater Johannes des Täufers zurück: Zacharias wurde umgebracht, weil er Maria nach ihrer Niederkunft im Tempel auf den Platz der Jungfrauen stellte und er-

61 Vgl. Tertullian, De carne Christi 23,3 (CCL 2, 914); De Aldama, Virgo Mater (Anm. 5) 2f; Söll (Anm. 8) 46; E. dal Covolo, „La dottrina mariana di Tertulliano": Theotokos 10 (2002) 17–31, hier 23f.

62 Tertullian, De carne Christi 23,2.6 (CCL 2, 914f).

63 Klemens von Alexandrien, Strom. VII,16,93 (GCS 17, 66).

64 In Lc. hom. 14,7–8 (GCS 49, 100; SC 87, 226). Im den Levitikus-Homilien betont Origenes jedoch: „Virgo concepit et peperit" (vgl. Jes 7,14 LXX); „virgo intemerata permansit": In Lev. hom. 8,2 (SC 287, 12–14). Diese Ausdrücke wird man wohl nicht auf die *virginitas ante partum* beschränken können; gegen H. Crouzel, „La théologie mariale d'Origène": SC 87 (1962) 11–64, hier 40–44. Von einem „Oszillieren" zwischen verschiedenen Positionen spricht R. Scognamiglio, „La fisionomia ‚teologica' di Maria. Maternità e verginità": Theotokos 10 (1/2002: Maria in scrittori del II secolo) 53–69, hier 65.

klärte, sie sei noch Jungfrau[65]. Ob die *apertio vulvae* nach Origenes eine Verletzung der physischen Jungfräulichkeit mit sich bringt, ist in der dogmengeschichtlichen Forschung umstritten[66].

5. Die dogmatische Abklärung im 4. Jh. durch die Verurteilung des Jovinian

Die Aussagen des Tertullian, des Klemens von Alexandrien und des Origenes zeigen beispielhaft, dass die Frage der *virginitas in partu* noch einer Klärung bedarf. Im vierten Jahrhundert findet sich eine Fülle von Zeugnissen zugunsten der Jungfräulichkeit in der Geburt. De Aldama zeigt dies anhand einer Untersuchung, welche die gesamte Kirche umfasst: die Kirchen in Norditalien (Ambrosius, Zeno von Verona), Afrika (Augustinus), Spanien (Gregor von Elvira), Gallien (Hilarius), Kappadozien (Gregor von Nyssa, Gregor von Nazianz, Basilius), Zypern (Epiphanius), Alexandrien (Didymus), Arabien (Titus von Bostra), Antiochien (Johannes Chrysostomus), Syrien (Ephräm), Rom (Hieronymus). Behandelt werden dabei nur Zeugnisse, die der Kontroverse mit Jovinian voraus liegen[67]. Im 4. Jh., dem „goldenen Zeitalter" der Väterzeit, finden sich alle entscheidenden Gehalte, die für eine theologische Auslegung bedeutsam sind.

Das Eingreifen des kirchlichen Lehramtes geschieht aufgrund der Leugnung der *virginitas in partu* am Ende des vierten Jahrhunderts. Der geschichtliche Hintergrund ist die gewaltige Ausbreitung des Mönchtums und die dadurch provozierte Frage nach dem Verhältnis zwischen Ehestand und jungfräulichem Leben. Die Kontroversen, die sich auf das

65 In Mt. comm. ser. 25 (GCS 38, 42).

66 Vgl. De Fiores, Vergine (Anm. 59) 1456; C. Gianotto, „Maria": A. Monaci Castagno (Hrsg.), Origene. Dizionario, Rom 2000, 263–266, hier 265.

67 De Aldama, Virgo Mater (Anm. 5) 19–49. Zu den Väterzeugnissen im einzelnen vgl. auch D. Fernandez, „Maternidad perfecta y virginidad integral de María": Estudios Marianos 21 (1960) 243–295, hier 276–289; Söll (Anm. 8) 46f. 52–60. 105–110; De Fiores, Vergine (Anm. 59) 1554–62; Ziegenaus, Jungfräulichkeit (Anm. 1) 471–475; L. Gambero, Maria nel pensiero dei padri della Chiesa, Cinisello Balsamo 1991, passim; Ponce Cuellar (Anm. 1) 362–368.

Abendland beschränken, beginnen mit dem römischen Laien Helvidius. Um das Jahr 380 tritt er in eine Auseinandersetzung mit dem Mönch Carterius ein, der eine Schrift über den Vorrang des monastischen Lebens vor der Ehe verfasst und darin auf die immerwährende Jungfräulichkeit Mariens gewiesen hatte. Maria erscheint als Vorbild des jungfräulichen Lebens und als Beispiel für dessen Vorrang. Helvidius behauptet dagegen die Existenz von weiteren leiblichen Kindern der Gottesmutter und vertritt den Vorrang der Ehe vor der mönchischen Lebensform. 383 widerlegt ihn Hieronymus mit der Schrift *Adversus Helvidium*, worin der Kirchenvater die so genannten „Brüder" und „Schwestern" Jesu als Vetter und Kusinen erklärt[68]. Hieronymus ist damals Sekretär des Papstes Damasus[69]. Die Kontroverse beschränkt sich auf die *virginitas post partum*, obwohl manche Aussagen auch für die Lehre der Jungfräulichkeit in der Geburt bedeutsam sind.

Einige Jahre später tritt in Rom Jovinian auf, ein ehemaliger Mönch (vielleicht aus Norditalien), der gegen die Bevorzugung des jungfräulichen Lebens polemisiert[70]. Nach den vor allem bei Hieronymus erhaltenen Fragmenten[71] vertritt er u. a. die Gleichwertigkeit von Ehe und Ehelosigkeit. In diesem antiasketischen Kontext leugnet er auch die Jungfräulichkeit Mariens während der Geburt. Seine Verurteilung erfolgt 393 auf einer römischen Synode und im gleichen Jahr auf einer Mailänder Synode unter dem Vorsitz des Ambrosius. Ebenfalls 393 schreibt Hieronymus seine Gegenschrift, die allerdings durch ihre düstere Beschreibung der Ehe Ärgernis erregt und später in mehreren Briefen gemildert wird[72]. Augustinus beschäftigt sich auf glücklichere Weise in zwei Schriften mit der Position des Jovinian: *De bono coniugali* und *De sancta virginitate*[73].

68 Vgl. St. Frerich, „Hieronymus": Marienlexikon 3 (1991) 186f; J. Lössl, „Helvidius": LACL (Anm. 5) 317.

69 Vgl. A. Fürst, „Hieronymus": LACL (Anm. 5) 323–330, hier 324f.

70 Vgl. J. Gribomont, „Gioviniano": DPAC (Anm. 46) II 1582f; L. Scheffczyk, „Jovinian": Marienlexikon 3 (1991) 445; G. Röwekamp, „Jovinian": LACL (Anm. 5) 404.

71 Hieronymus, Contra Iovinianum (PL 25, 211–338; vgl. die Sammlung der Fragmente in TU 17/2, 1–31).

72 Hieronymus, Ep. 48–50 (CSEL 54). Bezüglich der Chronologie folge ich hier De Aldama, Virgo Mater (Anm. 5) 66f; vgl. auch Söll (Anm. 8) 75. Ein anderer, weniger plausibler Vorschlag verlegt die Synoden von Rom und Mailand

Kurz zuvor, im Jahre 392, befassen sich zwei Synoden, in Capua und in Mailand, mit dem Fall des Bonosus, des Bischofs von Sardika (heute Sofia, die Hauptstadt Bulgariens). Bonosus hatte, ähnlich wie Helvidius, die Jungfräulichkeit Mariens nach der Geburt geleugnet. Die wichtigste Quelle hierfür ist ein Brief an den zuständigen Metropoliten, den Erzbischof Anicius von Thessalonich, und die anderen Bischöfe Illyriens[74]. Dieser Brief wird, was für die dogmatische Einordnung nicht unwichtig ist, entweder Ambrosius oder Papst Siricius zugeschrieben[75]. Die dieser Quelle zugrunde liegende Synode von Capua (392) wurde 1992 feierlich mit einem wissenschaftlichen Kongress begangen[76]. Papst Johannes Paul II. trug zu diesem Anlass eine programmatische Ansprache bei, die sehr ausführlich und grundsätzlich auf die Jungfräulichkeit in der Geburt eingeht[77].

Für unser Thema ist am wichtigsten Jovinian, da nur er ausdrücklich gegen die *virginitas in partu* polemisiert, während Helvidius und Bonosus die Jungfräulichkeit nach der Geburt angreifen. Papst Siricius in seinem Bericht an Ambrosius über die römische Synode 393[78] und Hieronymus in

in die Jahre 390 und 393: A. di Berardino, „Milano II. Concili": DPAC (Anm. 46) II (1984) 2245–47.

73 Augustinus, De bono coniugali (PL 40, 373–396; CSEL 41, 187–230); De sancta virginitate (PL 40, 397–428; CSEL 41, 235–302).

74 Ep. ad Anisium (PL 13, 1176 B-1178 B; PL 16, 1222 B-1224 C).

75 Vgl. J. A. de Aldama, „La carta ambrosiana ‚De Bonoso'": Marianum 25 (1963) 1–22; S. Meo, „La verginità perpetua de Maria nella lettera di Papa Siricio al vescovo Anisio di Tessalonica": Marianum 25 (1963) 447–469; G. Rocca, „La perpetua verginità di Maria nella lettera di Papa Siricio ad Anisio vescovo di Tessalonica": Marianum 33 (1971) 293–306; M. G. Mara, „Bonosus": DPAC (Anm. 46) I (1984) 552f; K. Algermissen, „Bonosus": Marienlexikon 1 (1988) 538; L. Gambero, „La tesi di Bonoso contro la perpetua verginità di Maria e la confutazione di Ambrogio di Milano": G. Liccardo u.a. (Hrsg.), Atti del Convegno Internazionale di studi Mariologici, Capua 19–24 Maggio 1992, Torre del Greco (Napoli) 1993, 35–50; R. Bäumer, „Siricius": Marienlexikon 6 (1994) 181; M. Skeb, „Siricius von Rom": LACL (Anm. 5) 644.

76 Liccardo (Anm. 75).

77 Vgl. u. 8.

78 Siricius, Epistula „Optarem" (PL 16, 1121–1123).

seiner Schrift gegen Jovinian gehen nicht auf den mariologischen Irrtum ein, während sich Ambrosius gerade diesen Punkt vorknöpft mit der Antwort der Synode von Mailand auf das Schreiben des Papstes[79]. Die Schrift des Hieronymus gegen Jovinian ist allerdings vor der römischen Synode entstanden[80], und der Brief des Siricius ist keine vollständige Bestandsaufnahme. Hieronymus deutet jedenfalls in seinem *Apologeticum*, entstanden nach der römischen Synode, auch die Behandlung der marianischen Thematik an. Nachdem die Verurteilung des Jovininan erwähnt worden ist, meint der Kirchenvater: „Wenn Jungfrau und verheiratete Frau im Werte gleich stehen, wie konnte sich dann Rom so sehr entrüsten über die lästerliche Behauptung: Maria ist Jungfrau, insofern sie unberührt vom Manne blieb; sie ist es nicht mehr, seitdem sie geboren hat (*Virgo a viro, non virgo a partu*)?“[81]. Eine ganz ähnliche Formulierung bringt bereits Tertullian[82]. Da sie sich nicht in den Schriften Jovinians findet (auf die Hieronymus eingeht), dürfte der ehemalige Mönch sich während der Diskussion in Rom darauf berufen haben. Die von Tertullian beeinflusste Lehre Jovinians ist darum wahrscheinlich schon auf der römischen Synode zurückgewiesen worden, zumal der Mailänder Synodalbrief nicht den Eindruck erweckt, den römischen Entscheidungen neue Punkte hinzuzufügen[83].

Der Nachwelt erhalten geblieben sind freilich nur die Ausführungen des Ambrosius, die von der Mailänder Synode gebilligt wurden. Ambrosius stützt sich auf das von der römischen Kirche bekannte Apostolische Glaubensbekenntnis: „*Credatur Symbolo Apostolorum, quod Ecclesia Romana intemeratum semper custodit et servat*“[84]. Die Formulierung *generatus a Spiritu Sancto ex Maria Virgine* wird hier erstmals nicht nur auf die jungfräuliche Empfängnis gedeutet, wie in der Erklärung des Symbolums durch Ambrosius aus

79 Ambrosius, Ep. 42 (PL 16, 1124–1129).

80 Vgl. De Aldama, Virgo Mater (Anm. 5) 62–66.

81 Hieronymus, Apologeticum ad Pammachium 2 (PL 22, 494 A; CSEL 54, 351); dt. L. Schade, BKV 18 (Hier. 3), 152.

82 Vgl. o., Anm. 60.

83 Vgl. De Aldama, Virgo Mater (Anm. 5) 52–57. Zu korrigieren ist darum die Meinung von Rahner (Anm. 1) 178, wonach die römische Synode gegen Jovinian hier nicht geltend gemacht werden könne.

84 Ambrosius, Ep. 42,5 (PL 42, 1125 B).

früherer Zeit[85], sondern auch auf die Jungfräulichkeit in der Geburt. Der Hinweis auf den Glauben der römischen Kirche kann darum auf die Überzeugung der römischen Synode und des Papstes Siricius weisen[86].

Ist diese Auslegung des Taufsymbolums berechtigt? Das „Geborensein" des Gottessohnes aus der Jungfrau Maria (lat. *natus*, griech. *genneténta*)[87] meint nicht speziell den Augenblick des Geborenwerdens, sondern „den gesamten Vorgang der menschlichen Zeugung des Herrn durch Maria, angefangen mit der Empfängnis"[88]. Damit ist aber die Geburt eingeschlossen, auch wenn die Aufmerksamkeit sich zunächst mit den deutlichen biblischen Zeugnissen auf die jungfräuliche Empfängnis konzentriert[89].

Die von Ambrosius referierte römische Deutung findet sich später in dem Lehrschreiben von Papst Leo I. an den Patriarchen Flavian (449), das die wichtigste christologische Lehrentscheidung in der Kirchengeschichte einleitet, nämlich die des Konzils von Chalzedon: Der Sohn Gottes wurde empfangen „vom Heiligen Geist im Schoß der jungfräulichen Mutter, die ihn ebenso in unversehrter Jungfräulichkeit gebar, wie sie ihn in unversehrter Jungfräulichkeit empfing (*illum ita salva virginitate edidit, quemadmodum salva virginitate concepit*)..." (DH 291[90]). Die jungfräuliche Geburt steht für die unvermischte und ungetrennte Einheit zwischen göttlicher und menschlicher Natur Jesu in der Einheit der Person des ewigen Sohnes. Von daher kann Leo betonen: „Die Geburt des Fleisches ist das Sichtbarwerden der menschlichen Natur, die jungfräuliche

[85] Explanatio Symboli 3 (PL 17, 1156; CSEL 73, 4f).

[86] Vgl. De Aldama, Virgo Mater (Anm. 5) 59.

[87] Vgl. DH 10–36.

[88] E. M. Toniolo, „Maternità divina e verginità perpetua di Maria nel magistero della Chiesa dal 392 al 649": Liccardo (Anm. 75) 75–103, hier 80 („tutto il processo della generazione umana del Signore da Maria, a partire dal suo concepimento").

[89] Vgl. De Aldama, Virgo Mater (Anm. 5) 69–99 (patristische Auslegung des „natus ex Maria Virgine"). De la Potterie (1983) (Anm. 9) 148f vergleicht die Verbindung zwischen Empfängnis und Geburt im römischen Taufsymbol mit Joh 1,13.

[90] Vgl. J. Wohlmuth (Hrsg.), Conciliorum Oecumenicorum Decreta [= COD], Bd. I, Paderborn ²1998, 77.

Geburt ist Zeichen göttlicher Kraft (*Nativitas carnis manifestatio est humanae naturae, partus virginis divinae est virtutis indicium*)“[91]. Ähnlich äußert sich Leo in seinem am gleichen Tage datierten Lehrschreiben an Bischof Julian von Kos: Die „Geburt des Herrn dem Fleische nach hat gewisse Eigentümlichkeiten, durch sie die Anfänge der menschlichen Verfasstheit übersteigt, sei es, weil er allein [aus dem Heiligen Geist] von der unversehrten Jungfrau ohne Begehrlichkeit empfangen und geboren wurde, sei es, weil er so aus dem Schoße der Mutter hervorgebracht wurde, dass sowohl die Fruchtbarkeit gebar als auch die Jungfräulichkeit fortdauerte“. Trotzdem „war sein Fleisch nicht von anderer Natur als der unsrigen“ (DH 299).

In seinem Schriftbeweis beruft sich Ambrosius auf die Allmacht Gottes[92], auf die Verheißung des Jesaja (mit dem Hinweis auf die empfangende und „gebärende“ Jungfrau) (Jes 7,14) und auf die Vision des Ezechiel, wonach die Herrlichkeit Gottes in den Tempel einzieht durch die verschlossene Pforte (Ez 44,2)[93]. Hier wird zum ersten Mal im lateinischen Westen die bleibende Jungfräulichkeit Mariens mit dem Bild von der verschlossenen Pforte illustriert[94]. Das gleiche Bild findet sich bereits bei dem Kappadozier Amphilochius[95] und wird nach der Verurteilung

91 COD 79. Vgl. auch L. Casula, „‚Natus ex Matre Virgine‘. Maria nei sermoni di Leone Magno“: Theotokos 12 (2004) 215–254, hier 231–240.

92 Lk 1,37: „Bei Gott ist kein Ding unmöglich“.

93 Ambrosius, Ep. 42, 5–7 (PL 16, 1125 B-1126 B). Zur Lehre des Ambrosius vgl. u. a. J. Huhn, Das Geheimnis der Jungfrau-Mutter nach dem Kirchenvater Ambrosius, Würzburg 1954; S. Folgado Flores, „Contorno teológico de la virginidad de María en S. Ambrosio“: Marianum 44 (1984) 286–315; J. O`Connor, „Ambrose and Karl Rahner: Reflections on the ‚virginitas in partu‘“: Mater Dei et fidelium (Marian Library Studies 17–23), Dayton, Ohio 1985–1991, 726–732; J. R. Meyer, „Ambrose’s exegesis of Luke 2,22–24 and Mary’s *virginitas in partu*“: Marianum 62 (2000) 169–192.

94 Ungefähr zeitgleich ist Ambrosius, De institutione virginis 52 (PL 16, 319). Zur Datierung vgl. C. Markschies, „Ambrosius von Mailand“: LACL (Anm. 5) 19–28, hier 24. Zur Rezeption von Ez 44,2 in der Väterzeit vgl. E. Dassmann, „Ezechiel II. Patrologie“: Marienlexikon 2 (1989) 434.

95 In occursum Domini (PG 39, 49; CCG 3, 45); vgl. G. Söll, „Amphilochius“: Marienlexikon 1 (1988) 131; M. O’Carroll, Theotokos. A Theological Encyclopedia of the Blessed Virgin Mary, Eugene, OR ^{2}2000, 23f. Über die mögliche Rezeption des Amphilochius durch Ambrosius vgl. B. Meunier,

Jovinians von Hieronymus aufgenommen[96]. Hieronymus benutzt in diesem Zusammenhang, ebenso wie Augustinus, den Vergleich mit dem Durchgang des Auferstandenen durch die verschlossenen Türen (Joh 20,26)[97]. Das Bild des *uterus clausus* wird dabei nicht als Widerspruch zur biblischen Formulierung der *apertio vulvae* betrachtet (Ez 13,12; Lk 2,23). Hieronymus kann etwa in seiner Spätschrift gegen die Pelagianer erklären: „Christus hat allein die verschlossenen Pforten des jungfräulichen Leibes geöffnet, und diese blieben dennoch beständig geschlossen"[98]. Ähnlich äußert sich Ambrosius: Christus allein „öffnete den Schoß seiner Mutter, um makellos daraus hervorzugehen" (*matris suae aperuit vulvam, ut immaculatus exiret*)[99]. Diese paradoxale Redeweise betont gleichzeitig die wahre menschliche Geburt Jesu aus dem Mutterschoß Mariens und die bleibende Jungfräulichkeit.

Eine doketische Auffassung wird auch von Augustinus abgewehrt: „wir würden", so sagt Jovinian, „mit den Manichäern Christus für ein Phantasma halten, wenn wir sagen, dass er aus Maria unter Wahrung ihrer unversehrten Jungfräulichkeit hervorgegangen ist. Die katholischen Christen aber haben ... weder geglaubt, dass die heilige Maria durch die Geburt versehrt worden wäre noch haben sie den Herrn für ein Phantasma gehalten: sie ist Jungfrau geblieben nach der Geburt, und dennoch ist aus ihr der wahre Leib des Herrn hervorgegangen"[100].

Die Synoden von Rom und Mailand 393 haben die Lehre Jovinians verurteilt, der die *virginitas in partu* leugnete. Dabei wird unter „Jungfräulichkeit" das Gleiche verstanden, nämlich die physische Integrität Mariens bei der Empfängnis und bei der Geburt. Dies zeigt sich besonders deutlich in der Zurückweisung der von Tertullian herrührenden Formel *virgo a*

„Ambroise et Amphiloque": Regards sur le monde antique. Hommages à Guy Sabbah, Lyon 2002, 187–195, hier 192–194.

96 Hieronymus, Apologeticum 21,2 (PL 22, 510 B; CSEL 54, 386). De Aldama, Virgo Mater (Anm. 5) 60–62 vermutet wegen des parallelen Zeugnisses von Ambrosius und Hieronymus als gemeinsame Quelle die römische Synode von 393.

97 Vgl. Söll (Anm. 8) 75f.

98 Hieronymus, Dial. adv. Pelag. 2,4 (PL 23, 563 A).

99 Ambrosius, Expos. in Lc. II,57 (CSEL 32/4, 73).

100 Augustinus, Contra Iulianum 1,2,4 (PL 44, 643 C).

viro, non virgo a partu. Beachtlich ist auch die Deutung des Apostolischen Glaubensbekenntnisses durch die römische Kirche, bereits unter Papst Siricius und dann unter Leo dem Großen, wonach die Formel *natus ex Maria Virgine* auch die Jungfräulichkeit in der Geburt beinhaltet.

6. Die Erklärung des Glaubensbekenntnisses auf dem Konzil von Chalzedon (451)

Die beständige Jungfräulichkeit Mariens, mit besonderer Erwähnung der Geburt, wird bezeugt in mehreren Dokumenten, die dem Konzil von Ephesus (431) beigefügt sind[101], insbesondere eine Weihnachtspredigt des Theodotus von Ancyra[102]. Noch deutlicher treten die einschlägigen Zeugnisse jedoch auf dem Konzil von Chalzedon hervor. Die Glaubensentscheidung des Konzils von Chalzedon anerkennt ausdrücklich den bereits erwähnten Brief von Papst Leo, „denn er stimmt mit dem Bekenntnis des großen Petrus überein, stellt gewissermaßen eine gemeinsame Vereinbarung dar und richtet sich zur Festigung der rechten Lehren mit gutem Grund gegen die Irrgläubigen“[103]. Unter den Konzilsdokumenten ist erwähnenswert auch eine Ansprache an Kaiser Marcianus, worin die jungfräuliche Geburt aufs deutlichste herausgestellt wird: „der Gottesmutter wurde die Jungfräulichkeit auch nach der Geburt geschenkt; ihr Mutterschoß wurde auf Gottes würdige Weise versiegelt und gleichzeitig war sie wahrhaft Mutter, denn sie gab dem Herrn der Welt einen Leib“[104]. Die wahre menschliche Geburt des Gottessohnes und das Wunder der Jungfrauengeburt werden also gleichzeitig betont.

101 Vgl. dazu im einzelnen Toniolo (Anm. 88) 87–90.

102 Theodotus von Ancyra, Hom. (1) in Natalem Salvatoris (PG 77, 1349 A); Mansi 5, 186f. Vgl. auch F. Tinnefeld, „Theodotus v. Ankyra“: Marienlexikon 6 (1994) 386.

103 COD (Anm. 90) 85.

104 Allocutio ad Marcianum imperatorem (Mansi 7, 462; ACO 2/I, 3, 112). Vgl. auch J. Collantes, La fede della Chiesa cattolica, Vatikanstadt 1993, 309f.

7. Die dogmatische Definition auf der Lateransynode 649 und deren Rezeption

Nach dem Konzil von Chalzedon gibt es weitere päpstliche Lehrdokumente, welche neben anderen Punkten auch die Jungfräulichkeit Mariens in der Geburt bekunden. Die Aussageabsicht geht auf die Wahrung der wahren Menschheit Jesu gegen monophysitische und monotheletische Strömungen. Dazu gehört ein Brief von Papst Hormisdas an Kaiser Justin (521), worin die *apertio vulvae* und die wahre Jungfräulichkeit Mariens gemeinsam hervorgehoben werden: der Sohn Gottes wurde „in der Zeit nach Art der Menschen geboren, indem er bei der Geburt den Schoß der Mutter öffnete und die Jungfräulichkeit der Mutter kraft der Gottheit nicht verletzte" (DH 368)[105]. In der Mutterschaft Mariens zeigt sich also die wahre Menschheit Jesu, in der jungfräulichen Geburt seine Gottheit.

Die Herkunft des Leibes aus Maria und die jungfräuliche Geburt werden auch hervorgehoben in einem Lehrschreiben von Papst Pelagius I. (557), der seine Treue zum Konzil von Chalzedon betont. Christus Jesus ist „als wahrer Gott und derselbe als wahrer Mensch hervorgegangen, d. h. geboren worden, wobei die Jungfräulichkeit der Mutter unversehrt bewahrt wurde (*servata integritate maternae virginitatis*): Denn sie gebar ihn, indem sie Jungfrau blieb, so, wie sie ihn als Jungfrau empfangen hat (*quia sic eum Virgo permanens genuit, quemadmodum Virgo concepit*). Deswegen bekennen wir dieselbe selige Jungfrau Maria auf das wahrhaftigste als Gottesgebärerin" (DH 442). Diese (und ähnliche) Aussagen, wie etwa der Titel „immerwährende Jungfrau" (*aeipárthenos*) auf dem II. Konzil von Konstantinopel (553)[106], sind Explikationen des Glaubens, wonach die jungfräuliche Geburt wesentlich zur Menschwerdung Gottes gehört.

Während in den zitierten Briefen die Nachfolger Petri die kirchliche Lehre authentisch wiedergeben, kommt es im Jahre 649 auf der Lateransynode zu einer verbindlichen Lehrentscheidung, in der die Annahme der jungfräulichen Geburt Jesu als Bedingung erscheint für die Gemein-

[105] Ep. 137,4 (CSEL 30, 720).

[106] Kanon 2 (DH 422). Vgl. Söll (Anm. 8) 108. Bezeugt ist diese Prädikation seit dem 4. Jh.: Petrus I. von Alexandrien, Athanasius, Epiphanius, Didymus u. a. Vgl. De Aldama, Virgo Mater (Anm. 5) 287–297.

schaft mit dem Apostolischen Stuhl[107]. Die Lateransynode, deren Akten sowohl auf griechisch als auch auf lateinisch vorliegen, richtet sich gegen die Monotheleten[108]. Im Fadenkreuz stehen insbesondere Auffassungen eines ehemaligen Bischofs von der Halbinsel Sinai, Theodor von Pharan[109]. Theodor verteidigt eine einzige Wirksamkeit in Christus, nämlich die göttliche. Die Einzigkeit des Wirkenden führt bei diesem Anhänger des Monenergismus zur Einzigkeit der Wirkung, womit die Leiblichkeit keine Rolle mehr spielt. Die jungfräuliche Geburt und das Wandeln des Herrn auf dem Wasser seien dann keine Wunder mehr, sondern naturgemäß (*kata fúsin*)[110]. Aus diesem Grund kann Theodor behaupten: Jesus ist „ohne Anschwellung (*aónkôs*) und sozusagen unkörperlich (*asômátôs*), ohne Unterscheidung, hervorgegangen aus dem Mutterschoß, und so kam er heraus aus dem Grab, trat ein durch geschlossene Türen und ging einher auf der Oberfläche des Meeres“[111].

Papst Martin I. betrachtet diese Lehren als Doketismus: Jesus Christus wird geboren und wandert auf dem See nur scheinbar. Dagegen will der Heilige Vater festhalten an der wahrhaft menschlichen Geburt Jesu, die aber darum ein Wunder darstellen muss, das über die Natur hinausgeht. Interessant scheint, dass Papst Martin in seiner Widerlegung „alle Fälle auslässt, die sich auf den verklärten Körper des Herrn beziehen; er behandelt nur die zwei Fälle des noch sterblichen Körpers“ (nämlich die Geburt aus der Jungfrau und das Wandeln auf dem See von Gennesaret)[112]. Der Kanon 3 des Laterankonzils hat folgenden Wortlaut:

„Wer nicht gemäß den heiligen Vätern und eigentlichen Sinne und wahrhaftig die heilige, allzeit jungfräuliche und unbefleckte Maria als Gottes-

[107] Die beste Analyse bietet nach wie vor De Aldama, Virgo Mater (Anm. 5) 101–127. Die wichtigsten Beobachtungen gibt es auch in deutscher Sprache: Ders., „Zur theologischen Würdigung der Lehre von der ‚virginitas in partu‘ im Laterankonzil von 649“: Deutsche Arbeitsgemeinschaft für Mariologie (Hrsg.), Heilige Schrift und Maria (Mariologische Studien II), Essen 1963, 261–270.

[108] Vgl. P. Conte, Il Sinodo Lateranense dell’ottobre 649, Vatikanstadt 1989.

[109] Vgl. G. Röwekamp, „Theodor von Raithu/Pharan“: LACL (Anm. 5) 680f.

[110] Vgl. Mansi 10, 966 A.

[111] Mansi 10, 962 B.

[112] De Aldama, Zur theologischen Würdigung (Anm. 107) 265, Anm. 16.

gebärerin bekennt, da sie ja im eigentlichen Sinne und wahrhaftig Gott, das Wort, selbst, der vor allen Zeiten aus Gott, dem Vater, geboren wurde, in den letzten Zeiten ohne Samen aus dem Heiligen Geist empfangen und unversehrt geboren hat, wobei ihre Jungfrauschaft auch nach seiner Geburt unzerstört blieb, der sei verurteilt" (DH 503)[113].

Nach dieser Lehrbestimmung ist die Jungfräulichkeit in der Geburt von der jungfräulichen Empfängnis zu unterscheiden. Nach den Darlegungen von Papst Martin ist „die jungfräuliche Geburt ... ein wahres Wunder über die Naturgesetze hinaus. Diese Gesetze hätten die Zerstörung der körperlichen Integrität Marias beim Gebären des Kindes verlangt. Ihre Integrität blieb aber unversehrt"[114].

Karl Rahner nimmt Kenntnis von dem Kanon der Lateransynode, meint dann aber, es habe sich nur um eine römische Provinzialsynode gehandelt, also nicht um ein ökumenisches Konzil[115]. In der Tat kamen die Konzilsväter aus Italien und Nordafrika. Die Zielsetzung der Synode war freilich universal. Der Papst wendet sich an alle Kirchen des katholischen Weltkreises, damit alle Christen die Konzilsentscheidungen annehmen. Ausdrücklich gewünscht wird eine schriftliche und synodalische Zustimmung der verschiedenen Kirchen[116]. „Diese vielfache Tätigkeit Martins I. beweist, dass er in seinem Bewusstsein die Entscheidungen des Laterankonzils denselben dogmatischen und allgemeinen Wert hatten wie die Entscheidungen der früheren ökumenischen Konzilien. Sie beweist ferner, dass der Papst auf dem Konzil die katholische Lehre gegen den Monophysitismus dogmatisch entscheiden wollte, ganz wie die vorigen Konzilien den katholischen Glauben gegen Arius, Nestorius und Eutyches entschieden haben. So haben wir in den Laterankanones eine päpstliche endgültige allgemeine Entscheidung zur Klärung des ka-

113 Zitiert hier nach dem griechischen Text, dessen Gehalt der lateinischen Fassung entspricht.

114 De Aldama, Zur theologischen Würdigung (Anm. 107) 266.

115 Rahner (1960) (Anm. 1) 178f, unter Berufung auf E. Caspar, „Die Lateransynode von 649": ZKG 51 (1932) 75–137; s. a. ders., Geschichte des Papsttums II, Tübingen 1933, 554f.

116 Vgl. Mansi 10, 1175–1178; 1186 u. a.

tholischen Glaubens, das heißt, eine dogmatische Glaubensentscheidung“[117].

Deutlich wird die Bedeutung der Lateransynode von 649 auch in den Worten von Papst Agatho und der römischen Synode von 680 an das zukünftige III. Konzil von Konstantinopel (680–681). Die einschlägigen Streitfragen sind bereits von Papst Martin entschieden worden, so dass ein neues Lehrurteil nicht notwendig ist[118]. Die dogmatische Definition auf der Lateransynode 649 ist besonders bemerkenswert, weil sie das Wunder der jungfräulichen Geburt heraushebt gerade gegen eine doketistische Verflüchtigung der Menschheit Jesu. Sie ist der Höhepunkt einer Fülle von Zeugnissen, wobei nicht zuletzt die Liturgie eine große Rolle spielt[119].

117 De Aldama, Zur theologischen Würdigung (Anm. 107) 268f. Vgl. De Aldama, Virgo Mater (Anm. 5) 122–127. Als dogmatische Definition werten den dritten Kanon des Laterankonzils auch M. Hurley, „Born incorruptly: the third Canon of the Lateran Council (a. d. 649)“: The Heythrop Journal 2 (1961) 217–236; C. Pozo, María en la obra de la salvación, Madrid [2]1990, 259; De Fiores (1992) (Anm. 58) 133f; (2005) (Anm. 44) 117f; Perrella (1994) (Anm. 1) 111f; (2003) (Anm. 1) 201 u. a. Die Tatsache der dogmatischen Definition wird übergangen bei Galot (1991) (Anm. 13) 158f; D. Fernandez, „Natus ex Maria Virgine. Reflexiones sobre el nacimiento de Jesús“: Kecharitomene. Mélanges René Laurentin, Paris 1990, 291–308; ders., „Virgo in partu. Cuestión marginal reincidente“: Marianum 58 (1996) 199–214. Die einschlägige Ignoranz im deutschen Sprachraum geht wohl auf Söll (1978) (Anm. 8) zurück, dessen dogmengeschichtliche Gesamtübersicht die Jungfräulichkeit Mariens nur bis zum Jahre 553 behandelt (Zweites Konzil von Konstantinopel). Bis dahin gab es in der Tat noch „keine Dogmatisierung speziell des mittleren Gliedes“ (109) (d.h. der Jungfräulichkeit in der Geburt). Ziegenaus, Jungfräulichkeit (Anm. 1) 475; (1998) (Anm. 1) 263 deutet immerhin eine Lehrentscheidung an.

118 Mansi 11, 291. Vgl. De Aldama, Zur theologischen Würdigung (Anm. 107) 269.

119 Vgl. dazu in diesem Band den Beitrag von Johannes Nebel; s. a. C. Maggioni, „‚Intemerata virginitas edidit Salvatorem‘. La verginità di Maria nel Missale Romanum“: Marianum 55 (1993) 99–181.

Beachtenswert ist nicht zuletzt die Verbindung der Lehre mit dem Ganzen der christlichen Glaubenswelt. Dies zeigt sich im Altertum vor allem in drei Motiven[120]:

(1) Maria ist als Mutter und Jungfrau Urbild der Kirche. Auf leibliche Weise gebiert sie das Haupt des Leibes, den die Kirche auf geistliche Weise zur Welt bringt. Die *Virgo incorrupta* ist dabei gleichsam die Ikone des unversehrten Glaubens.

(2) Maria ist nicht nur Urbild der Kirche, sondern auch die „neue Eva". Während die Schmerzen der Geburt die Situation nach dem Sündenfall widerspiegeln, erschließt das „Freue dich" des englischen Grußes aufs Neue den Weg ins Paradies.

(3) Die zentralste Idee der Väterzeit ist schon vorgezeichnet im Johannesprolog: die Geburt des Sohnes Gottes aus der Jungfrau ist das Vorspiel der „neuen Geburt" aus dem Heiligen Geist im Wasser der Taufe. Die jungfräuliche Geburt Christi „ist ein *Zeichen*, das in der Fülle die *Wirklichkeit* der Gnade enthält, die in der Kirche ausgegossen wird"[121].

Beachtenswert sind freilich auch die von einigen Kirchenvätern vorgestellten Parallelen zur Auferstehung Christi, auf die wir noch zurückkommen, und zur Zeugung des ewigen Wortes durch Gott Vater. Die bereits erwähnte Weihnachtspredigt des Theodotus von Ancyra in den Akten des Ephesinums vergleicht den ewigen Ursprung des Wortes und den Ursprung des Wortes in unserem Geist mit dem zeitlichen Ursprung des ewigen Wortes aus der Jungfrau Maria; wie der Ursprung unseres Wortes den Geist nicht versehrt, so nimmt Gott bei der Geburt des wesenhaften Wortes die Jungfräulichkeit nicht hinweg[122]. Die mannigfaltige Deutung des Mysteriums ist freilich sekundär gegenüber der von der Kirche bezeugten Tatsache selbst.

[120] Vgl. Laurentin (1960) (Anm. 7) 369–372.

[121] Laurentin (1960) (Anm. 7) 371 (Übersetzung von Hauke).

[122] Die o. g. Predigt wird zitiert u. a. bei Thomas von Aquin, STh III q. 28 a. 2. Ähnlich Epiphanius, Panarion 69, 25 (PG 42, 244 C); Petrus Chrysologus, Sermo 62,6 (CCL 24A, 348).

8. Von der Karolingerzeit bis zum II. Vatikanum

Schon die altkirchlichen Zeugnisse zeigen die jungfräuliche Geburt als „sperrige" Glaubenswahrheit, die für den nachforschenden Verstand eine Herausforderung bildet. Die gleiche, recht modern anmutende Situation lässt sich auch während einer Diskussion in der Karolingerzeit festmachen. In seiner Schrift *De partu virginis* erwähnt Paschaschius Radbertus folgende Meinung: „Sie sagen auf lügenhafte Weise, dass die Jungfrau Maria den Herrn auf natürliche Weise (*naturali lege*) geboren habe, so wie auch die übrigen Frauen gebären; sie sei nicht anderswoher bei der Geburt unversehrt gewesen, als darin, dass sie nicht aus dem Umgang mit einem Mann empfangen hat". Die Jungfräulichkeit werde nur durch den Umgang mit einem Mann verdorben[123]. Andernfalls könne von einer wahren Geburt Christi keine Rede sein[124].

Paschasius Radbertus lehnt diese Auffassung ab, die nicht gleichgesetzt werden kann mit der Meinung des Ratramnus, der einige Zeit zuvor eine Schrift verfasst hat über die jungfräuliche Geburt Christi. Ratramnus wendet sich gegen die doketisierende Meinung, die Geburt Jesu sei *incerto tramite* erfolgt, also nicht auf dem gewöhnlichen Wege durch den Mutterschoß[125]. Dagegen betont er die Weise der „menschlichen Geburt, unbeschadet der jungfräulichen Unversehrtheit" (*humanae nativitatis modum, salva virginitate integritate*)[126]. Wie Leo Scheffczyk in seinem Standardwerk zur Mariologie der Karolingerzeit ausführt, liegt der Unterschied zwischen den beiden Theologen des 9. Jh.s „in der Beurteilung und Anordnung derselben Fakten"[127]. Paschasius Radbertus betont den wunderbaren Charakter der Geburt, ohne die natürliche Richtung des Vorganges zu leugnen, während Ratramnus das ganze Geschehen unter die *lex communis*

[123] Paschasius Radbertus, De partu virginis 2 (PL 96, 224 A = 120, 1383 C-D).

[124] Paschasius Radbertus, De partu virginis 1 (PL 96, 208 A = 120, 1367 D-1368 B).

[125] Ratramnus, De eo quod Christus ex virgine natus est 1 (PL 121, 83 A).

[126] Ibd. (PL 121, 83 C). Zahlreiche weitere Stellen in diesem Sinne sind angeführt bei De Aldama, Virgo Mater (Anm. 5) 9–11.

[127] L. Scheffczyk, Das Mariengeheimnis in Frömmigkeit und Lehre der Karolingerzeit, Leipzig 1959, 220.

stellt, wobei die „körperliche Unversehrtheit Mariens bei der Geburt“ vorausgesetzt wird[128].

Unter den lehramtlichen Zeugnissen der Neuzeit ragt zunächst eine Bulle von Papst Pius IV. gegen die rationalistischen Unitarier heraus (1555). Verteidigt wird im Zusammenhang mit der Trinität und der Inkarnation auch die Gottesmutterschaft und die Jungfräulichkeit Mariens, wobei ausdrücklich unterschieden wird zwischen den Momenten vor, in und nach der Geburt (*ante partum, in partu, post partum*) (DH 1880). Im protestantischen Bereich wird Maria noch von den reformatorischen Bekenntnisschriften als immerwährende Jungfrau bekannt, aber mit dem Zurücktreten der Mariengestalt schwindet vor allem seit der Aufklärungszeit auch der Glaube an die Jungfräulichkeit während der Geburt[129].

Die wohl wichtigsten Zeugnisse des ordentlichen Lehramtes in der Neuzeit sind der zuerst von Papst Pius V. herausgegebene „Römische Katechismus“ (1566) und der „Katechismus der Katholischen Kirche“ (1992). Der *Catechismus Romanus* bietet eine Handreichung für die Katechese, die über Jahrhunderte hinweg die Glaubensunterweisung geprägt hat. Bei der Erklärung des Glaubensbekenntnisses geht es auch um die Jungfräulichkeit in der Geburt:

„Wie die Empfängnis selbst die Ordnung der Natur durchaus übersteigt: so lässt sich auch in der Geburt nichts als Göttliches wahrnehmen. Überdies – und Wunderbareres kann durchaus nicht ausgesprochen noch gedacht werden – wird er geboren aus der Mutter ohne jede Verletzung der mütterlichen Jungfräulichkeit, und wie er nachmals aus dem verschlossenen und versiegelten Grabe hervorging und ‚zu seinen Schülern durch verschlossene Türen eintrat‘; oder, um auch von den Dingen, welche wir täglich in der Natur vor sich gehen sehen, nicht abzugehen: wie die Strahlen der Sonne die feste Masse des Glases durchdringen, ohne sie zu brechen oder irgendwie zu verletzen; auf ähnliche, sage ich, und noch erhabenere Weise trat Christus aus dem mütterlichen Schoße ohne den geringsten Nachteil der Jungfräulichkeit seiner Mutter hervor; denn

128 Op. cit., 225.

129 Vgl. Ziegenaus (1998) 46f. 263; A. Dittrich, Protestantische Mariologie-Kritik (Mariologische Studien XI), Regensburg 1998, 308f.

wir feiern ihre unverletzte und beständige Jungfräulichkeit mit zweifellos wahren Lobsprüchen“[130].

Die rationalistischen Tendenzen der Unitarier, die 1555 von Papst Pius IV. zurückgewiesen werden, erreichen seit der Aufklärungszeit breiteste Kreise der evangelischen Theologie und zeigen sich mit einer gewissen „Verspätung“ dann auch im katholischen Bereich. Die von Paschasius Radbertus erwähnte Meinung ungenannter Protagonisten, ironisch bezeichnet als *peritissimi physiologi*[131], macht eine unerwartete Karriere in dem Wiener Priester und Arzt Albert Mitterer, mit dem die zeitgenössische Diskussion um die Jungfräulichkeit Mariens in der Geburt beginnt[132]. 1952 veröffentlicht dieser Autor ein Buch mit dem seltsamen Titel „Dogma und Biologie der Heiligen Familie“[133]. Nach Mitterer hat die Jungfräulichkeit Mariens in der Geburt nichts zu tun mit der Unverletztheit des Hymens und der Abwesenheit von Geburtsschmerzen. Die Geburt Jesu habe sich ereignet wie alle anderen menschlichen Geburten. Der Unterschied bestehe nur darin, dass Maria Jesus empfangen habe ohne das Einwirken eines menschlichen Vaters.

Die theologische Diskussion um die These Mitterers erreicht einen Höhepunkt im Jahre 1960, als ein Monitum des Heiligen Offiziums erscheint und mehrere Theologen zum Thema Stellung beziehen, darunter

130 CR I,4,8. Deutsche Übersetzung: Katechismus nach dem Beschluss des Konzils von Trient für die Pfarrer, Kirchen/Sieg 1970, 37f. Der 1555 erschienene Große Katechismus des Petrus Canisius erwähnt die Jungfräulichkeit in der Geburt bei der Erläuterung des Englischen Grußes, wobei in einem Atemzug die Makellosigkeit bezüglich der Sünde und die physische Unversehrtheit genannt werden (ohne freilich beides miteinander gleichzusetzen): „Mulier tota pulchra et immaculata, virgo ante partum, in partu et post partum, semper incorrupta, ab omni peccati labe libera …“. Vgl. Petrus Canisius, Der Große Katechismus. Summa doctrinae christianae (1555). Ins Deutsche übertragen und kommentiert von Hubert Filser und Stephan Leimgruber, Regensburg 2003, 100.

131 Paschasius Radbertus, De partu virginis (PL 120, 1367 C-D).

132 Auf die erstaunliche Parallele weist bereits Laurentin (1960) (Anm. 7) 359f; vgl. auch De Aldama, Virgo Mater (Anm. 5) 12f.

133 A. Mitterer, Dogma und Biologie der Heiligen Familie, Wien 1952; vgl. ders., „Marias wahre Jungfräulichkeit und Mutterschaft in der Geburt“: ThPQ 108 (1960) 188–193.

René Laurentin[134], Domiciano Fernandez[135], Jean Galot[136] und Karl Rahner[137]. Laurentin und Fernandez (der freilich später das Lager wechselt[138]) verteidigen die überlieferte Lehre, während die Jesuiten Rahner und Galot von der biologischen Jungfräulichkeit Mariens in der Geburt Abstand nehmen. Das Heilige Offizium beklagt das Erscheinen von theologischen Werken, die das delikate Thema der *virginitas in partu* mit einer bedauerlichen Rohheit des Ausdruckes behandelten und, was schwerwiegender sei, offen abwichen von der überlieferten Lehre der Kirche und vom frommen Empfinden der Gläubigen. Es sei verboten, solche Abhandlungen zu diesem Problem zu veröffentlichen[139].

Das Thema spielt dann auch eine Rolle auf dem Zweiten Vatikanum. Die Praenotanda im ersten Schema *De beata*, erstellt von der Päpstlichen Theologischen Kommission unter dem Vorsitz von Kardinal Ottaviani, erwähnen einige Irrtümer bezüglich der Jungfräulichkeit Mariens, die heutzutage verbreitet und darum zurückzuweisen sind. Als erstes Beispiel wird genannt die These, wonach die Jungfräulichkeit in der Geburt mit der vor der Geburt identisch sei[140]. Als Beleg für diesen Irrtum nennen die Konzilsakten das Werk von Mitterer sowie einen Aufsatz des belgischen Jesuiten Jean Galot aus dem Jahre 1960[141]. Galot meint, ähnlich wie Rahner, die *virginitas in partu* sei eine Glaubenswahrheit, aber das Lehramt äußere sich nicht über die Art und Weise des Vorganges. Insbesondere sei nicht die Vorstellung des *uterus clausus* gefordert, die erst im 4. Jh. auftauche[142]. Die Jungfräulichkeit Mariens meine die Freiheit von jeg-

134 Laurentin (1960) (Anm. 7).

135 Fernandez (1960) (Anm. 67).

136 Galot (1960) (Anm. 56).

137 Rahner (1960) (Anm. 1).

138 Vgl. Fernandez (1990); (1996) (Anm. 117).

139 Heiliges Offizium, Monitum vom 27.7.1960: Ephemerides Mariologicae 11 (1961) 138, zitiert in Bastero de Eleizalde (2001) (Anm. 1) 76.

140 Acta et documenta Concilio Oecumenico Vaticano II apparando. Series II (Preparatoria), Bd. II/4, Vatikanstadt 1968, 752: „Varii errores … e. g. a) quod virginitas in partu B. V. Mariae sit univoca, identica absque ullo alio elemento, cum virginitate ante partum …“.

141 Op. cit., 767. Vgl. Perrella (1994) (Anm. 1) 108–110.

142 Galot (1960) (Anm. 56) 450f.

lichem sexuellen Akt, verlange aber kein Wunder während der Geburt Jesu[143]. Auf diese Weise deutet Galot bereits die Zeugnisse von Irenäus und Origenes, die sich darin unterschieden von den Apokryphen. Erst im 4. Jh. sei eine Wende eingetreten bei der Verurteilung des Jovinian: Ambrosius, der vorher von einer Öffnung des Mutterschoßes gesprochen habe, vertrete nun die Theorie des *uterus clausus*, die sich zunehmend durchsetzt[144].

Es scheint, dass Galot die Vorstellungen Mitterers bereits in das Altertum hinein projiziert, obwohl die Quellen keineswegs diese Schlussfolgerung erlauben. Der einzige Autor vor Jovinian, der die *apertio vulvae* als Zerstörung der physischen Integrität betrachtet, ist Tertullian. Amphilochius, anscheinend der erste Theologe, der die Vision von Ez 44 von den geschlossenen Pforten auf die jungfräuliche Geburt anwendet, differenziert gleichzeitig bezüglich der „Öffnung des Mutterschoßes": von Maria aus gesehen, öffneten sich die Pforten nicht, wohl aber aus der Perspektive des neugeborenen Sohnes[145]. Lk 2,23 wird mit Ez 44,2 gedeutet. Ein terminologischer Gegensatz zwischen „Öffnen des Mutterschoßes" und „geschlossenen Pforten" erscheint hingegen bei Ambrosius[146].

Das Zweite Vatikanum geht nicht auf zeitgenössische Irrtümer ein, sondern bietet eine positive Darlegung der kirchlichen Lehre. Die Jungfräulichkeit in der Geburt wird behandelt als Teil der „Verbindung der Mutter mit dem Sohn im Heilswerk"[147]. Diese Verbindung zeigt sich unter anderem, „als bei der Geburt die Gottesmutter ihren eingeborenen Sohn, der ihre jungfräuliche Unversehrtheit nicht minderte, sondern heiligte, den Hirten und Magiern in Freuden zeigte"[148]. Die Umschreibung der Jungfräulichkeit in der Geburt stammt aus dem Gabengebet (*secreta*) für Marienfeste im Messbuch Pius' V. Die Formulierung ersetzt eine

143 Op. cit., 451.

144 Op. cit., 461f.

145 Amphilochius, In occursum Domini 3 (PG 39, 49 A; CCG 3, 45). Ähnliche Zeugnisse bei De Aldama, Virgo Mater (Anm. 5) 146–149.

146 Ambrosius, De inst. virginis 52f (PL 16, 320 A).

147 Lumen gentium 57. Dazu Perrella (1994) (Anm. 1) 110–113; Bastero de Eleizalde (2001) (Anm. 1) 77f.

148 Ibd.

deutlichere Wendung[149], ohne deren Gehalt zurückzuweisen. „Sie bejaht mit liturgischen und traditionellen Worten, dass die Geburt Jesu jungfräulich war", betont der offizielle Kommentar[150]. Von der Sache her wird, durchaus gemäß der Feststellung Ottavianis zum ersten Marienschema, die *virginitas in partu* eindeutig als distinkte Wirklichkeit gegenüber der jungfräulichen Empfängnis behandelt[151]. Der Hauptredaktor der Konstitution *Lumen gentium*, Gérard Philips, sieht in der konziliaren Formulierung von der Sache her eine Korrektur der Thesen von Mitterer und Galot[152].

Für die Heiligung der bleibenden jungfräulichen Unversehrtheit führt das Konzil vier Quellen an, die bei unserem geschichtlichen Durchgang bereits zur Sprache kamen: der dritte Kanon des Laterankonzils von 649; der Brief an Flavian von Leo dem Großen (449); die Ansprache an Kaiser Marcianus auf dem Konzil von Chalzedon sowie die Schrift des Ambrosius *De institutione virginis*. Die hier benannten Texte lassen an Deutlichkeit nichts zu wünschen übrig. Die Ambrosiusstelle bietet die mariologische Auslegung von Ez 44,2[153]; das Bild von den geschlossenen Pforten, wodurch die Herrlichkeit Gottes eintritt, gehört in der Tat seit dem 4. Jh. in Ost und West[154] zur gängigen Beschreibung des Mysteriums, dessen Gehalt alle Bilder überschreitet.

149 Im ursprünglichen Marienschema (20.6.1962, Nr. 4) war die Rede gewesen von der „unverderbten und makellosen Dauer der leiblichen Unversehrtheit der Mutter bei der Geburt selbst" (…): Acta et documenta … II/4 (Anm. 140) 749.

150 Acta Synodalia Sacrosancti Concilii Oecumenici Vaticani II, Bd. III/1, Vatikanstadt 1973, 369.

151 Vgl. Bastero de Eleizalde (2001) (Anm. 1) 77.

152 G. Philips, La Chiesa e il suo mistero nel Concilio Vaticano II. Storia, testo e commento della Costituzione *Lumen gentium*, Mailand 1975 (Nachdr. 1993; or. frz. L'Église et son mystère, Paris 1967), 545: „Il fisico A. Mitterer e il teologo P. Galot annettono un valore troppo esclusivo alla verginità spirituale. Il Concilio ha ritenuto che la formula liturgica bastasse a rettificare questa tesi aberrante".

153 Ambrosius, De inst. virginis 52–55 (PL 16, 320).

154 Vgl. De Aldama, Virgo Mater (Anm. 5) 157–182.

9. Die Stellungnahmen von Papst Paul VI. und Johannes Paul II.

Während des Pontikates Pauls VI. sind zwei Stellungnahmen bedeutsam. Die Apostolische Ermahnung *Signum magnum* zum fünfzigjährigen Jubiläum der Erscheinungen Mariens in Fatima (1967)[155] sowie das „Credo des Gottesvolkes" (1968)[156]. Beim Gedenken des Fatima-Jubiläums gibt Papst Paul VI. eine synthetische Beschreibung des Heilswirkens Mariens, wobei er auch auf die immerwährende Jungfräulichkeit Mariens eingeht: „Maria, die reinste Braut des heiligen Joseph, blieb in der Geburt und nach der Geburt Jungfrau. So hat es die katholische Kirche zu allen Zeiten geglaubt und bezeugt. So ziemte es sich übrigens für jene Frau, die zur hervorragenden Ehre der göttlichen Mutterschaft erhoben worden ist"[157]. Die beständige Jungfräulichkeit Mariens wird als Entsprechung zur Gottesmutterschaft dargestellt, die nach Thomas von Aquin für Maria in einem gewissen Sinn eine unendliche Würde begründet[158].

Die Fußnote, die zu diesem Punkt den Glauben der Kirche belegt, ist die umfangreichste im gesamten Schreiben. Unter den Lehrdokumenten der alten Kirche werden erwähnt die Briefe von Papst Leo an Flavian und an Bischof Julian Kos (449) (DH 291; 299)[159], das Schreiben von Papst Hormisdas an Kaiser Justin (521) (DH 368), ein Brief von Papst Pelagius I. (557) (DH 442), das Laterankonzil von 649 (DH 503)[160] und das XVI. Konzil von Toledo (693) (DH 572), das gegen die arianischen Tendenzen in der Geschichte der Westgoten die wahre Gottheit Jesu betont: Der Sohn Gottes selbst „hat einen vollkommenen Menschen von der heiligen und unversehrten allzeit jungfräulichen Maria angenommen"

155 Vgl. dazu auch Perrella (1994) (Anm. 1) 113–119; Bastero de Eleizalde (2001) (Anm. 1) 78–80.

156 Vgl. Perrella (1994) (Anm. 1) 119–121; Bastero de Eleizalde (2001) (Anm. 1) 80.

157 R. Graber – A. Ziegenaus (Hrsg.), Die Marianischen Weltrundschreiben der Päpste …, Regensburg 1997, Nr. 307.

158 Paul VI. zitiert in der Fußnote Thomas von Aquin, STh I q. 25 a. 6 ad 4: „humanitas Christi ex hoc quod est unita Deo, et beatitudo creata ex hoc quod est Dei fruitio, et Beata Virgo ex hoc quod est Mater Dei, habent quamdam dignitatem infinitam, ex bono infinito quod est Deus".

159 Vgl. o. 6.

160 Vgl. o. 7.

(DH 572)[161]. Die Fußnote schließt mit einem Hinweis auf das Zweite Vatikanum[162].

In der *Professio fidei* von 1968, in der Paul VI. den Glauben der Kirche vor relativierenden Erklärungen beschützen möchte, heißt es: „Wir glauben, dass die selige Maria, die immer Jungfrau geblieben ist (*quae semper Virgo permansit*), die Mutter des menschgewordenen Wortes, unseres Gottes und Heilands Jesus Christus, war"[163].

Papst Johannes Paul II. beschreibt in seiner Marienenzyklika *Redemptoris Mater* (1987) die Jungfräulichkeit als leiblichen Ausdruck der Weihe an Gott. Ihre Zustimmung zur Gottesmutterschaft erscheint dabei als „*Frucht ihrer vollen Hingabe an Gott in der Jungfräulichkeit*"[164]. Bei ihrer leiblichen Mutterschaft hat Maria die Jungfräulichkeit unversehrt bewahrt[165]. Unter den sechs marianischen Katechesen, die 1996 unter verschiedenen Gesichtspunkten die Jungfräulichkeit der Gottesmutter behandeln, widmet sich die letzte ausdrücklich der immerwährenden Jungfräulichkeit. Sie schließt mit den Worten: Maria „ist also ‚immerwährende Jungfrau'. Dieser Vorzug von ihr ist eine Folge der Gottesmutterschaft, die sie auf vollkommene Weise der erlöserischen Sendung Christi geweiht hat"[166]. Schon in der ersten Katechese wird die Jungfräulichkeit Mariens als

161 Vgl. auch die vorausgehende Aussage: „Wie die Jungfrau nämlich vor der Empfängnis die Scham der Jungfräulichkeit bewahrte, so wurde nach der Geburt ihre Unversehrtheit nicht verletzt; denn sie empfing als Jungfrau, gebar als Jungfrau und bewahrte nach der Geburt ohne Unterbrechung die Scham der Unverderbtheit, ohne dass sie ihr weggenommen wurde …" (DH 571). Die Formulierung des Konzils erinnert an die augustinische Formulierung *virgo concepit, virgo peperit, virgo permansit*; dazu De Aldama, Virgo Mater (Anm. 5) 228–233. Zur XI. und XVI. Synode von Toledo vgl. Perrella (1994) (Anm. 1) 117f.

162 Lumen gentium 52, 55, 57, 59, 63. Zu LG 57 vgl. o. 8.

163 Solemnis Professio fidei, Nr. 14 (AAS 60 [1968] 438). Zum zeitgenössischen Hintergrund vgl. F. Holböck, Credimus. Kommentar zum Credo Pauls VI., Salzburg ^{3}1973, 125–129.

164 Redemptoris Mater 39. Dazu A. Nachef, Mary's Pope, Franklin, Wisconsin 2000, 172–174.

165 Redemptoris Mater 20.

166 Marianische Katechese vom 28.8.1996, Nr. 3 (Insegnamenti di Giovanni Paolo II, Bd. 19/2, Vatikanstadt 1998, 243).

Glaubenswahrheit bezeichnet. „Auch wenn die Definitionen des Lehramtes, mit Ausnahme des Laterankonzils 649, gewollt von Papst Martin I., nicht den Sinn des Wortes ‚Jungfrau' verdeutlichen, so ist doch klar, dass dieser Begriff in seinem gewöhnlichen Sinn gebraucht wird: die freiwillige Enthaltung von sexuellen Handlungen und die Bewahrung der leiblichen Unversehrtheit". Jungfräulichkeit und Mutterschaft sind in Maria auf wunderhafte Weise (miracolosamente) in der Geburt Christi miteinander verbunden[167].

Die wichtigste Stellungnahme von Papst Johannes Paul II. ist freilich eine programmatische Rede zum Abschluss des 1600jährigen Jubiläums des Konzils von Capua (392)[168]. Am 24. Mai 1992 widmet sich der Heilige Vater dem Thema der „immerwährenden Jungfräulichkeit" Mariens. Für das theologische Nachdenken sei wichtig der richtige Ausgangspunkt, nämlich die Christologie. Nach den Kirchenvätern ist „*die Jungfräulichkeit Mariens eine Forderung, die sich von der göttlichen Natur des Sohnes ableitet* (*una esigenza derivante dalla natura divina del Figlio*); sie ist die konkrete Bedingung, unter der – gemäß einem freien und weisen göttlichen Plan – die Menschwerdung des ewigen Sohnes geschehen ist ..."[169]. Als Frucht des theologischen Nachdenkens weist der Papst auf „eine *besonders wichtige Beziehung zwischen dem Beginn und dem Ende des irdischen Lebens* Christi, d.h. zwischen der jungfräulichen Empfängnis und der Auferstehung von den Toten, zwei Wahrheiten, die sich eng verbinden mit dem Glauben an die Gottheit Jesu". Einige Kirchenväter „stellen eine beachtenswerte Parallele her zwischen der Zeugung Christi und seiner Auferstehung *ex intacto sepulcro* (...). Bezüglich der Zeugung Christi legen einige Väter bei der Parallele den Akzent auf die jungfräuliche Empfängnis, andere auf die jungfräuliche Geburt, andere wieder auf die folgende immerwährende Jungfräulichkeit der Mutter, aber alle bekunden die Überzeugung, dass es zwischen den beiden Heilsereignissen der Zeugung bzw. Geburt Christi und seiner Auferstehung von den Toten ein inniges Band gibt, das einem

167 Marianische Katechese vom 10.7.1996, Nr. 5 (Insegnamenti di Giovanni Paolo II, Bd. 19/2, Vatikanstadt 1998, 78).

168 Johannes Paul II., „La questione della perpetua verginità di Maria riguarda il mistero di Cristo": Insegnamenti di Giovanni Paolo II, Bd. 15/1, Vatikanstadt 1994, 1587–1597 = AAS 85 (1993) 662–670. Dazu Perrella (1994) (Anm. 1) 122–133; (2003) (Anm. 1) 226.

169 Op. cit., Nr. 3. Übersetzung, wie im folgenden, von Hauke.

genauen Plan Gottes entspricht: ein Band, das die Kirche, geleitet vom Geiste, entdeckt und nicht geschaffen hat"[170].

Ausdrücklich zitiert werden dann zwei Vätertexte: der eine „wegen seines Alters und wegen seiner Autorität"; der andere „wegen seiner außerordentlichen Hellsichtigkeit, mit der er die beiden Ereignisse miteinander verbindet und in ihnen einen Beweis erblickt für die Gottheit Christi". Der erste Text stammt vom heiligen Irenäus: „So hat auch David seine [Christi] Geburt aus der Jungfrau und seine Auferstehung von den Toten verkündet, indem er sagte: ‚Die Wahrheit ist aus der Erde hervorgegangen' [Ps. 84,12 LXX]"[171]. Das zweite Zeugnis ist den Predigten des heiligen Petrus Chrysologus entnommen: „Maria kam zum Grabplatz, sie kam zum Mutterschoß der Auferstehung, sie kam zur Geburt des Lebens, damit wiederum Christus aus dem Grab im Glauben geboren werde, er, der, nach dem Fleische aus dem Mutterleib geboren wurde; damit ihn das versiegelte Grab (clausum sepulchrum) zum ewigen Leben führe, ihn, den die versiegelte Jungfräulichkeit (clausa virginitas) in das gegenwärtige Leben versetzt hatte. Ein Zeichen der Gottheit ist es, die Jungfrau nach der Geburt versiegelt zurückzulassen; ebenso ist es ein Zeichen der Gottheit, mit dem Leibe aus dem Grab hervorzugehen"[172].

Johannes Paul II. referiert sodann die Auffassung einiger Exegeten, wonach es schon im Text der Evangelien selbst eine Beziehung gibt zwischen den Windeln, die das Jesuskind in der Krippe umgeben (Lk 2,7.12) und den Grablinnen, in die der Leichnam Jesu gewickelt wird (Lk 23,53; 24,12; Joh 19,40; 20,5–7)[173]. Diese Verbindung wird hergestellt bereits in

170 Op. cit., Nr. 5. Genannt werden hier Ephräm, Commentarium in Diatessaron 21, 21 (CSCO 145, 232); Isidor von Pelusium, Ep. 1, 404 (PG 78, 408); Proklus von Konstantinopel, Hom. 33, In s. Apostolorum Thomam VII,19f (Studi e Testi 247, 241); Petrus Chrysologus, Sermo 84,3 (CCL 24A, 518); Cäsarius von Arles, Sermo 203, 2 (CCL 104, 818).

171 Irenäus, Adv. haer. III,5,1 (SC 211, 52–54).

172 Petrus Chrysologus, Sermo 75,3 (CCL 24A, 460). Zum reichhaltigen theologischen Kontext beim Kirchenlehrer von Ravenna vgl. B. Kochaniewicz, „Il concepimento e il parto verginale di Maria nella riflessione teologica di san Pietro Crisologo": Theotokos 12 (2004) 197–214.

173 Vgl. dazu insbesondere Serra, E c'era la Madre di Gesù (Anm. 34) 225–284. Interessant ist auch die Untersuchung zu österlichen Motiven in Lk 2,8–20: Ders., Nato da donna … (Gal 4,4). Ricerche bibliche su Maria di Nazaret

der Väterzeit[174]. In ihrer theologischen Betrachtung des Geheimnisses Christi hat die Kirche oft den Weg zurückgelegt vom Kreuz zur Krippe. „In der Liturgie hat sie immer Weihnachten gefeiert im Blick auf Ostern, ebenso wie sie bei der Osterfeier der Geburt Christi gedacht hat, und sie erkennt in Maria die einzigartige Zeugin der Identität des Kindes, das von ihrem jungfräulichen Fleisch geboren wurde, und dem Gekreuzigten, der aus dem versiegelten Grab wiedergeboren ist …“[175].

Der Heilige Vater weist anschließend auf das „*unverzichtbare Gleichgewicht* zwischen der Behauptung der Tatsache und der Veranschaulichung ihrer Bedeutung. Beide sind Teil des Geheimnisses: die Bedeutung oder der symbolhafte Wert des Ereignisses hat ihre Grundlage in der Wirklichkeit der Tatsache, und die Tatsache wiederum zeigt ihren ganzen Reichtum nur bei der Entfaltung der symbolischen Bedeutungen“. Als „wirkliche Tatsachen“ werden genannt die Jungfräulichkeit vor, während und nach der Geburt. Die *virginitas in partu* wird folgendermaßen beschrieben: Maria „brachte wirklich und jungfräulich ihren Sohn ans Licht, so dass sie nach der Geburt Jungfrau blieb; Jungfrau – gemäß den heiligen Vätern und den Konzilien, die ausdrücklich die Frage behandelt haben (…) – auch was die Unversehrtheit des Fleisches betrifft“. Als Beleg werden hier der dritte Kanon des Laterankonzils von 649 genannt sowie das Glaubensbekenntnis des XVI. Konzils von Toledo 693[176] (vgl. DH 503; 572).

Johannes Paul II. beschränkt sich nicht auf die Feststellung der vom Dogma vorgelegten Tatsachen, sondern weist auch auf die theologische Aufgabe, den Sinn der Jungfräulichkeit Mariens zu erhellen[177]. Dabei macht er selbst einige Andeutungen. Für die *virginitas in partu* sind dabei wohl besonders beachtenswert die Parallele mit der Schöpfung des Men-

(1989–1992), Rom 1992, 71–78; vgl. Perrella (1994) (Anm. 1) 166, Anm. 235 (10 Motive der patristischen Verbindung zwischen jungfräulicher Geburt und Auferstehung aus dem Grab).

174 Angegeben werden Ephräm, De nativitate 23,12 (CSCO 187, 109); Gregor von Nazianz, Oratio 29, 19 (SC 250, 218) (Oratio theologica III); Maximus von Turin, Sermo 39,1 (CCL 23, 152). Eine patristische Übersicht zum Thema bietet De Aldama, Virgo Mater (Anm. 5) 249–274.

175 Johannes Paul II., La questione (Anm. 168), Nr. 5.

176 Op. cit., Nr. 6.

177 Op. cit., Nr. 8–9.

schen aus der „jungfräulichen Erde“ (Gen 2,4b.7), die Analogie mit der Neugeburt in der Taufe und die jüdischen Zeugnisse der intertestamentarischen Literatur über den „sehnlichen Wunsch Israels, reine und treue Braut zu werden, eine endzeitliche Gemeinschaft, in der weder die Klage des Geburtsschmerzes noch der Trauergesang des Todes zu hören sein wird“[178]. Die Jungfräulichkeit des Leibes (*virginitas carnis*) wird dann gedeutet als symbolhafter Ausdruck für die Jungfräulichkeit des Herzens (*virginitas cordis*)[179]. Besonders originell unter den weiteren Betrachtungen scheint schließlich der Hinweis auf die Ökologie: „Und ich frage mich: die jungfräuliche Prägung, welche die Schöpfung des Menschen kennzeichnet (vgl. Gen 2,4b–7.22–23) und seine Neuschöpfung in Christus – könnte sie nicht Anregung bieten für die ökologischen Bewegungen unserer Zeit, die zahlreiche Formen der Gewalt beklagen, die der Schöpfung angetan werden, die Beschädigung der Natur, die Verunreinigung der Umwelt?“[180]

10. Der „Katechismus der Katholischen Kirche“ (1992) und seine Kurzfassung (2005)

Das wichtigste Dokument des ordentlichen Lehramtes nach dem Zweiten Vatikanum ist zweifellos der „Katechismus der Katholischen Kirche“ (1992), seit neuestem handlich zusammengefasst in einer Kurzfassung (2005). Wie der *Catechismus Romanus* von 1566, so behandelt auch der KKK unsere Frage im Zusammenhang des Glaubensbekenntnisses, vor allem unter dem Titel „Maria – ‚allzeit Jungfrau‘“ (KKK 499–501)[181]. „Ein vertieftes Verständnis ihres Glaubens an die jungfräuliche Mutterschaft führte die Kirche zum Bekenntnis, dass Maria stets wirklich Jungfrau geblieben ist, auch bei der Geburt des menschgewordenen Gottessohnes. Durch seine Geburt hat ihr Sohn ‚ihre jungfräuliche Unversehrtheit nicht gemindert, sondern geheiligt‘ (LG 57). Die Liturgie der Kirche preist Maria als die ‚allzeit Jungfräuliche‘ [Aeiparthenos]“ (KKK 500).

178 Op. cit., Nr. 9.

179 Op. cit., Nr. 10.

180 Op. cit., Nr. 12.

181 Vgl. auch Perrella (1994) (Anm. 1) 148–152.

Beachtenswert ist hier der Akzent auf der Liturgie und deren ostkirchliche Ausprägung bei der Nennung des Titels *Aeipárthenos*. Auch das Zitat aus der dogmatischen Konstitution *Lumen gentium* stammt aus der Liturgie. In den Fußnoten werden aber auch wichtige Dokumente der Lehrtradition genannt: das II. Konzil von Konstantinopel (553) (DH 427) (für die beständige Jungfräulichkeit) sowie (für die jungfräuliche Geburt im besonderen) der *Tomus ad Flavianum* von Leo d. Gr. (DH 291. 294), den Brief Pelagius' I. an König Childebert I. (557) (DH 442), die Lateransynode 649 (DH 503), das Glaubensbekenntnis der XVI. Synode von Toledo (693) (DH 571) und die Bulle Pius' IV. gegen die Unitarier (1555) (DH 1880). Diese Aufreihung der Zeugnisse ist nicht identisch mit der des Zweiten Vatikanums und der Apostolischen Ermahnung *Signum magnum* Pauls' VI., teilt aber mit den vorausgehenden Dokumenten den Bezug auf den Brief Leos und auf die Lateransynode von 649. Wie schon bei Paul VI. und Johannes Paul II. in seiner Ansprache zum Jubiläum des Konzils von Capua findet das Glaubensbekenntnis der XVI. Synode von Toledo eine besondere Beachtung. Die programmatische Rede des Heiligen Vaters zum Capua-Jubiläum erfolgte im gleichen Jahr wie die Fertigstellung des Katechismus, hat aber dessen Formulierung wohl nicht unmittelbar beeinflusst. Beachtenswert ist nichtsdestoweniger die Behandlung der *analogia fidei* unter dem Titel „Die jungfräuliche Mutterschaft Marias im Ratschluß Gottes". Für die Jungfräulichkeit Mariens insgesamt werden fünf verschiedene Konvenienzgründe benannt: die Bekundung der absoluten Initiative Gottes; der Beginn einer neuen Schöpfung durch den menschlichen Ursprung des neuen Adam; die Vorbereitung der Neugeburt des Menschen zur Gotteskindschaft; die Zeichenhaftigkeit für den Glauben und die ungeteilte Hingabe an Gott; die Urbildhaftigkeit für die Kirche, die (in einem weiteren Sinn) „Mutter" und „Jungfrau" zugleich ist (KKK 502–507). Erwähnenswert ist auch das klassische Augustinuszitat in der Zusammenfassung: *virgo concepit, virgo peperit, virgo permansit* (KKK 510). Das gleiche Zitat findet sich auch im „Kompendium des Katechismus der Katholischen Kirche", der betont: Maria ist allzeit Jungfrau geblieben[182].

Neu ist im KKK im Vergleich zum Römischen Katechismus die Entfaltung der verschiedenen Konvenienzgründe der Jungfräulichkeit Mariens.

[182] Kompendium des Katechismus der Katholischen Kirche, München 2005, Nr. 99.

Die überlieferte Lehre wird dargestellt mit einem Akzent auf die Liturgie. Weniger stark betont ist der wunderbare Charakter der *virginitas in partu*, auch wenn deren Gehalt eindeutig bejaht wird.

11. Ergebnis und theologische Aufgaben der Zukunft

Welches Ergebnis ergibt sich aus der dogmengeschichtlichen Übersicht? Gehört die Jungfräulichkeit Mariens in der Geburt zum Glaubensschatz der Kirche? Und wenn ja, enthält dieser Glaube ein inhaltlich bestimmbares Element?

Die gesamtkirchliche Abklärung beginnt mit der römischen Synode gegen Jovinian und erreicht ihren Höhepunkt auf dem Laterankonzil von 649. Es geht hier zunächst um eine Lehre des allgemeinen und ordentlichen Lehramtes. Der dritte Kanon der Lateransynode bietet aber darüber hinaus eine dogmatische Definition, die für die Gesamtkirche verbindliche Geltung beansprucht. Die systematische Qualifikation wäre also *de fide definita*. Die Bestimmung der einschlägigen Lehre als *de fide* wird auch von Theologen anerkannt, die deren überlieferten Inhalt ablehnen[183]. Die kirchliche Lehre definiert nicht die Art und Weise des Geburtsvorganges, bestimmt aber mit hinreichender Deutlichkeit die Unversehrtheit der physischen Integrität. Eingeschlossen ist dabei mit der Lehrentscheidung der Lateransynode der wunderbare Charakter des Vorganges. Andernfalls würde die Rede von der Jungfräulichkeit in der Geburt zu einer Leerformel, die keinen Inhalt mehr angibt und bei der nächsten Revision des Katechismus zu entsorgen wäre.

Die Ansprache von Papst Johannes Paul II. in Capua bietet ein reichhaltiges Vermächtnis für die theologische Entfaltung. Auf der einen Seite betont sie mit der nötigen Deutlichkeit den Gehalt des kirchlichen Dogmas, das nicht von minimalistischen Erklärungen eingeholt werden kann. Auf der anderen Seite finden sich bemerkenswerte Anregungen

183 Vgl. etwa Rahner (1960) (Anm. 1) 180: „Will man (was wohl berechtigt ist) die Lehre als ‚de fide' … qualifizieren …". Ebenso Galot (1991) (Anm. 13) 157; G. L. Müller, Maria – Die Frau im Heilsplan Gottes (Mariologische Studien XV), Regensburg 2002, 206: es kann „gesagt werden, dass die virginitas in partu zum sicheren Glaubensbewusstsein der Kirche gehört und vom ordentlichen und außerordentlichen Lehramt vorgetragen wird".

zur Sinnbestimmung des Dogmas, wobei die Aufmerksamkeit für die Überlieferung der Kirchenväter Hand in Hand geht mit den besonderen Erfordernissen der Gegenwart. Erinnert sei an die Analogien zwischen der Jungfräulichkeit in der Geburt mit der ersten Schöpfung des Menschen, mit der Auferstehung Jesu und mit der Neugeburt der Taufe. Zu ergänzen wäre hier die Parallele zum ewigen Ursprung des Wortes. Die Lehre von dem jungfräulichen Ursprung Jesu, in dem das souveräne Wirken Gottes auf die vollkommene Mitwirkung der Schöpfung trifft, ist innig verwoben mit dem Ganzen der katholischen Glaubenswelt. Dieses Ineinander wird deutlich auch im „Katechismus der Katholischen Kirche". Das Dogma von der *virginitas in partu* ist ein Hinweis auf die Gottheit Christi und auf die geistige Gestalt Mariens, in der Jungfräulichkeit und Gottesmutterschaft als personale Prägung untrennbar miteinander verbunden sind.

Die virginitas post partum.

Zum Verständnis der „Brüder und Schwestern" Jesu

von Josef Kreiml

1. Jungfräulichkeit als „Haltung" und „Enthaltung"

Spätestens seit dem vierten Jahrhundert vertritt die Kirche die heute noch allgemeinchristliche Überzeugung von der *immerwährenden Jungfräulichkeit* der Mutter Christi.[1] Kein anderes Dogma ist in der christlichen Frömmigkeit so verinnerlicht worden: *Die Jungfrau* wird geradezu zu einem Namen, zu einem Synonym für Maria. Viele Geschlechter haben ihre Keuschheit, ihre unverdorbene Reinheit gepriesen, viele Frauen dieses Ideal nachzuahmen versucht. Kein anderes Dogma aber ist in der Neuzeit so sehr unter ideologischen Verdacht geraten wie eben dieses: Es sei Ausdruck der Sexualverachtung und beruhe auf einer Vergewaltigung der zweifelsfreien biblischen Texte. Die Jungfräulichkeit ist – so W. Beinert – „ihrem Wesen nach eine existentielle *Haltung*, aus der logisch *Enthaltung* folgt"[2]. Die Glaubensbereitschaft Marias, ihre Bereit-

1 Vgl. zum Folgenden: W. Beinert: Maria. Spiegel der Erwartungen Gottes und der Menschen. (Topos plus, 407). Regensburg 2001. 132–140, hier 132–134.

2 Ebd., 134. – Die Unterscheidung zwischen der Jungfräulichkeit des Herzens und des Glaubens einerseits und der Jungfräulichkeit des Leibes andererseits ist schon bei Augustinus (In Ps 147,10; PL 37,1920) zu finden (vgl. F. Courth, Mariologie – Maria, die Mutter des Christus. In: W. Beinert [Hg.]: Glaubenszugänge. Lehrbuch der Katholischen Dogmatik. Bd. 2. Paderborn 1995. 299–398, bes. 351–354, hier 351). – A. Ziegenaus (Maria in der Heilsgeschichte. Mariologie. [Katholische Dogmatik. Bd. 5]. Aachen 1998. 232–287, hier 243) betont mit Recht, dass eine „Halbierung der Jungfräulichkeit

schaft zur jungfräulichen Empfängnis ist primär gläubige Haltung, dann erst sexuelle Enthaltung.

Doch in dogmatischen Handbüchern begegnen auch andere Interpretationen: A. Müller und D. Sattler z.B. vertreten ein metaphorisches Verständnis der virginitas post partum. Mit Berufung auf die feministische Theologin C. J. M. Halkes betonen sie, nicht eine „Ent-haltung" mache Maria zur immerwährenden Jungfrau, sondern ihre „Haltung", „ihre dienende Bereitschaft, sich Gottes Willen anzuvertrauen, ihre Offenheit, sich von Gottes Geist erfüllen zu lassen und ihr Leben ganz im Glauben an die Verheißungen Gottes zu gestalten"[3]. Die „Sinnspitze" der Rede von der immerwährenden Jungfräulichkeit Marias könnte – so die These der beiden Autoren – darin liegen, dass Maria „trotz Anfechtungen im Glauben treu war"[4]. Dieses reduktionistische Verständnis wird dem Dogma der Kirche nicht gerecht. Müller und Sattler warnen freilich mit Recht vor einer „Reduzierung der Aussage auf biologisch-physiologische Gegebenheiten"[5] im Sinne streng asketischer Kreise der Antike. Doch ihre eigenen Ausführungen legen den Verdacht nahe, dass sie ihrerseits innere Vorbehalte haben gegen eine biblisch begründete Ehelosigkeit.

Das gläubige Ja der Gottesmutter hat – so Beinert – „eine solche Tiefendimension, dass es eine endgültige menschliche Haltung zeitigt: Marias Lebensziel ist ... so exklusiv Gott geworden, dass sie kein anderes mehr hat – auch nicht mehr die Ehe. Auch damit vollzieht sich der Bund Gottes mit den Menschen in höchster Existentialität. Wer von der Liebe Gottes sich erfüllt weiß, kann anderes nicht mehr *neben*, sondern nur noch *in ihm* lieben. Der Verzicht auf Sexualpartnerschaft liegt darin nicht

Mariens" in eine theologische und eine biologische Dimension vom biblischen Text nicht gestützt wird. – Der Versuch, die virginitas post partum im biologischen Verständnis aufzugeben und an ihre Stelle ein geistiges Ideal totaler Hingabe zu setzen, „entbehrt des theologischen Ernstes" (L. Scheffczyk: Exegese und Dogmatik zur virginitas post partum. In: MThZ 28 [1977]. 291–301, hier 297).

3 A. Müller / D. Sattler: Mariologie. In: Th. Schneider (Hg.): Handbuch der Dogmatik. Bd. 2. Düsseldorf 2000. 155–187, hier 183. – Vgl. auch E. Gössmann: Art. Mariologie. In: dies. u. a. (Hg.): Wörterbuch der Feministischen Theologie. Gütersloh 2. Aufl. 2002. 394–396.

4 Müller / Sattler, Mariologie (Anm. 3), 183.

5 Ebd.

notwendig beschlossen, ist aber verständliche Ausziehung einer Linie, deren Beginn bei Gott ist. Sie besteht in einem *geistlichen* Vorgang, d.h. in einer Entgrenzung aller herkömmlichen Normen, Festlegungen, Gebote, Identitäten in Richtung auf die Transzendenz Gottes."[6]

K. Rahner hat im Hiblick auf die Frage nach der virginitas post partum darauf hingewiesen, dass die allgemeine Lehrverkündigung der Kirche „so deutlich und kontant ist, dass man ... sagen muss: dieses ‚semper virgo' ... gehört zum Glaubensinhalt der Kirche"[7]. Der Jesuitentheologe benennt dabei auch einen erkenntnistheoretischen Aspekt: Die Theologie verzichtet darauf zu behaupten, es handle sich bei der virginitas post partum-Lehre um eine Überlieferung, die letztlich auf eine unmittelbare Aussage der Heiligen Jungfrau zurückgehe. Vielmehr handelt es sich bei dieser Glaubenslehre „um eine Konsequenz, die aus viel fundamentaleren Tatsachen durch das Glaubensbewusstsein der Kirche ... schon in sehr frühen Zeiten ... gezogen worden ist"[8]. Man könne – so Rahner – „wirklich nicht sagen, dass es eindeutig sei, dass die Evangelien von ‚leiblichen Brüdern Jesu', deren Mutter Maria war, sprechen"[9]. Das Buch von

[6] Beinert, Maria (Anm. 1), 137. – Vgl. auch M. Hauke: Jungfrau und Mutter: geboren von der Jungfrau Maria. In: G. Stumpf (Hg.): Maria – Mutter der Kirche. 12. Theologische Sommerakademie Dießen 2004. Landsberg 2004. 43–70 und H. U. von Balthasar: Maria für heute. (Kriterien, 98). Einsiedeln Neuausgabe 1997. 50–59.

[7] K. Rahner: Dogmatische Bemerkungen zur Jungfrauengeburt. In: K. S. Frank u. a.: Zum Thema Jungfrauengeburt. Stuttgart 1970. 121–158, hier 156. – Auch R. Frieling (Art. Mariologie / Marienfrömmigkeit. III. Dogmatisch. III/1. Evangelisch. In: TRE Bd. 22. Berlin 1992. 137–143, hier 138) bezeichnet das aeiparthenos des Zweiten Konzils von Konstantinopel (553) als „Dogma". – Die virginitas post partum tritt in den Zeugnissen der Tradition erstmals bei Origenes († 254) hervor. Der Titel aeiparthenos findet sich erstmals bei Petrus von Alexandrien († 311; PG 18, 507); er gelangte danach zu immer häufigerem Gebrauch und blieb in der Kirche beständig erhalten (vgl. Scheffczyk, Exegese [Anm. 2], 293–295). Die virginitas post partum ist eine verbindliche Glaubenslehre (de fide).

[8] Rahner, Bemerkungen (Anm. 7), 156.

[9] Ebd. – Vgl. auch K. Rahner: Virginitas in partu. Ein Beitrag zum Problem der Dogmenentwicklung und Überlieferung. In: ders.: Schriften zur Theologie. Bd. 4: Neuere Schriften. Einsiedeln u. a. 4. Aufl. 1964. 173–205.

J. Blinzler „Die Brüder und Schwester Jesu"[10] nennt Rahner eine „ausführliche und gewissenhafte Studie"[11], und er macht darauf aufmerksam, dass das Zweite Vatikanum (in „Lumen Gentium", Nr. 52 und 69) das „Semper Virgo" als „selbstverständliche(n) Titel für Maria gebraucht"[12].

Die heutige evangelische Exegese und Theologie lehnt – so Rahner in seiner Analyse – das semper virgo praktisch allgemein ab – von Theodor Zahn[13], dem alten Vorkämpfer einer orthodoxen Exegese, angefangen – auch der rechte Flügel der evangelischen Theologie, „und zwar einerseits mit einem gewissen selbstverständlichen Vorurteil gegen Ehelosigkeit im allgemeinen ... und andererseits vor allem deswegen, weil die Texte bei den Synoptikern und auch bei Johannes von den Brüdern Jesu als eindeutig dafür angeführt werden, dass Maria noch andere Kinder hatte"[14]. Noch in den Schmalkaldischen Artikeln hatte es von Jesus geheißen: „ex Maria pura sancta semperque virgine" (Articuli Smalcaldici P. I Art. 4). Diese Einschätzung der Position der evangelischen Theologie durch Rahner bestätigt ein Blick in ein Standardwerk protestantischer Theologie: „*Evangelische* Theologie betont, dass nichts, was sachlich über die Bibel hinausgeht, als Dogma für den christlichen Glauben verbindlich gemacht werden darf. Darum haben evangelische Christen die Freiheit, etwa die Rede von der ‚immerwährenden Jungfräulichkeit' Marias heute als nicht verbindlich anzusehen, auch wenn davon beim Konzil 553 und in lutherischen Bekenntnisschriften die Rede ist."[15]

10 J. Blinzler, Die Brüder und Schwestern Jesu. (SBS, 21). Stuttgart 2. Aufl. 1967.

11 Rahner, Bemerkungen (Anm. 7), 155.

12 Ebd. – „Lumen Gentium" Nr. 52 zitiert den Kanon der Römischen Messe: „... Marias, der glorreichen, allzeit jungfräulichen Mutter unseres Gottes und Herrn Jesus Christus". „Lumen Gentium" Nr. 69 verweist – unter ökumenischer Perspektive – auf die Tatsache, dass „unter den getrennten Brüdern" solche nicht fehlen, die der Mutter des Herrn die gebührende Ehre erweisen. Besonders unter den Orientalen gibt es viele, „die sich zur Verehrung der allzeit jungfräulichen Gottesmutter mit glühendem Eifer und andächtiger Gesinnung vereinen". – Vgl. dazu auch Ziegenaus, Maria (Anm. 2), 263.

13 Vgl. Th. Zahn: Grundriss der Neutestamentlichen Theologie. Leipzig 2. Aufl. 1932. 25.

14 Rahner, Bemerkungen (Anm. 7), 155.

15 Frieling, Art. Maria / Marienfrömmigkeit (Anm. 7), hier 138 f. – J. Gnilka

Kehren wir zurück zum dogmatischen Verständnis der virginitas post partum: Der „eigentliche Kern“ dieser Glaubensaussage ist die vollkommene Übereignetheit Marias in den heilsgeschichtlichen Dienst Christi. Die primär geistliche Dimension der virginitas impliziert aber eindeutig die leibliche Dimension. Was mit virginitas gemeint ist, bedeutet im Kern nichts anderes als dass Maria „vollkommen und ausschließlich“[16], auch in der leibhaften Dimension ihrer Existenz, in ihre heilsgeschichtliche Aufgabe hineingenommen wurde. „Sie ist unter dem Herrn und sonst nichts. Gerade dadurch, dass sie sich restlos einem solchen Dienst im Glauben ... zur Verfügung stellt, ist sie das, was sie sein soll, weil es im Grunde genommen überhaupt kein echtes vollmenschliches Zu-sich-selber-kommen gibt als dadurch, dass jemand sich restlos einem Größeren, als er selber ist, zur Verfügung stellt und in diesem Dienst aufgeht. ... Diese heilsgeschichtliche Funktion gehört zu Maria. Sie nimmt sie total in Anspruch. Sie hat gewissermaßen keine Existenz außerhalb dieser Funktion – und das ist gleichsam als ... religiös verstehbarer Kern ... in der *virginitas post partum* gesagt.“[17]

2. Theologischer Gehalt und historische Fragestellung

Zum Verständnis des theologischen Inhalts des mit der Jungfräulichkeit Marias post partum Gemeinten ist auf die mariologischen Grundprinzipien zu verweisen.[18] Das Ziel kann nur sein, anhand einer geschichtlich-transzendentalen Auslegung eine Erläuterung der Heilsaussage im Ganzen des Glaubens zu erreichen. Zu unterscheiden hiervon ist die rein historische Fragestellung. Der Inhalt der virginitas post partum kann nicht

(Das Evangelium nach Markus. 1. Teilband. Mk 1–8,26. [EKK II/1]. Zürich u.a. 3. Aufl. 1989. 234) weist darauf hin, dass noch Calvin die Brüder Jesu als Brüder „im weiteren Sinn“, also im Sinn der katholischen Dogmatik, verstand.

16 Rahner, Bemerkungen (Anm. 7), 158.

17 Ebd., 158.

18 Vgl. zum Folgenden: G. L. Müller: Was heißt: Geboren von der Jungfrau Maria? Eine theologische Deutung. (QD 119). Freiburg 2. Aufl. 1991. 108–121; auch ders.: Art. Jungfrauengeburt. In: LThK Bd. 5 (3. Aufl. 1996). Sp. 1090–1095 und ders.: Katholische Dogmatik. Für Studium und Praxis der Theologie. Freiburg 6. Aufl. 2005. 495–500, bes. 499 f.

einfach nur der sein, dass Maria nach der Geburt Jesu keine weiteren Kinder mehr hatte. Denn ein solches Faktum wäre ja an sich für das Heilsverständnis irrelevant. Die semper virgo-Glaubenslehre und die Tatsache, dass die genannten Brüder und Schwestern Jesu nicht leibliche Kinder Marias waren, verhalten sich zueinander wie Dogma und dogmatisches Faktum. Insofern muss sich ein theologisches Ringen um den Sinn der Jungfräulichkeit Marias post partum bis zu ihrem Lebensende mit der rein profanhistorischen Frage auseinandersetzen, ob die in den Evangelien genannten Brüder und Schwestern Jesu wirklich die Söhne und Töchter Marias sind, ohne dabei die in diesem Bekenntnissatz gemeinte Glaubensaussage auf die historische Fragestellung zu verkürzen.

Die seit der Auseinandersetzung des Hieronymus mit Helvidius (vgl. Hieronymus, Adversus Helvidium de Mariae virginitate perpetua; PL 23, 183–206) immer neu geführte Diskussion um die entsprechenden Bibelstellen braucht hier nicht neu ausgebreitet zu werden, denn die Argumente beider Seiten, die entweder die Brüder Jesu als leibliche Söhne Marias verstehen oder sie als Vettern Jesu bzw. Kinder Josefs aus erster Ehe auffassen, sind erschöpft. Das apokryphe Jakobus-Evangelium spricht von Stiefgeschwistern Jesu, von Kindern Josefs aus erster Ehe.[19] Im Raum der byzantinischen Kirche hat diese Position viele Vertreter gefunden (z. B. auch Origenes, hom. in Luc. 7). Besonders breit entfaltet sie Epiphanius Monacus im neunten Jahrhundert (De vita Beatae Virginis III; PG 120, 197 f). Der Westen dagegen, angeführt von Hieronymus (Helvid. 19), spricht von Vettern und Cousinen des Herrn. Wenn auch jüngst die Diskussion wieder aufflammte[20], „so fehlt es doch bisher an historisch eindeutigen Beweisen dafür, dass die ‚Brüder und Schwestern' Jesu seine leiblichen Geschwister und Kinder Marias waren“[21].

19 Vgl. zum Folgenden: Courth, Mariologie (Anm. 2), 351–354; auch ders.: Mariologie. (Texte zur Theologie. Dogmatik. Bd. 6). Graz 1991.

20 Vgl. den Überblick bei A. Weiser: Die Apostelgeschichte Kap. 1–12. (ÖTK 5/1). Gütersloh 1981. 59 f.

21 Courth, Mariologie (Anm. 2), 353 f.

3. Exegetische Ergebnisse

Die Rede bei Paulus von den Brüdern des Herrn (1 Kor 9,5) und von Jakobus als dem Herrenbruder, wie ein stehender Titel lautet (Gal 1,19), beruht wohl nicht auf einer biographischen Kenntnis des Apostels oder einer betonten Aussageabsicht, dass er von Verwandten Jesu ersten Grades sprechen will. Auch die bei Mt berichtete Aufforderung an Josef, Maria als seine Frau zu sich zu nehmen (Mt 1,20) oder die Redewendung von Vater und Mutter Jesu (Lk 2,33.48) bzw. seinen Eltern (Lk 2,27.48) sagen nach der theologischen Erzählabsicht der beiden Evangelisten einerseits nichts gegen die Tatsache der jungfräulichen Lebensentstehung Jesu noch andererseits etwas über eine geschlechtlich vollzogene Ehe nach der Geburt Jesu. Dies gilt auch für die umstrittene Formulierung Mt 1,25 (Josef erkannte sie aber nicht, *bis* sie ihren Sohn gebar). Diese Formulierung will nichts über Ereignisse der folgenden Zeit aussagen. A. Vögtle bemerkt mit Recht: „Es ist ... völlig unbegründet, aus dem Text einen Gegensatz zwischen dem Verhalten Josephs bis zur Geburt Jesu und seinem nachfolgenden Verhalten herauszulesen, den Evangelisten also sagen zu lassen, Joseph habe Maria ‚nur' bis zur Geburt eines Sohnes nicht ‚erkannt'".[22] Vögtle fährt fort: „Eine etwa nachfolgende Auskunft über das der Geburt Jesu nachfolgende Eheleben – was in dieser Hinsicht geschah oder nicht geschah – ist, sowohl von der Thematik der genealogischen Einheit Mt 1,1–25 wie von der Struktur und dem Beweisziel der ganzen matthäischen Kindheitsgeschichte her gesehen, überhaupt nicht zu erwarten, weil eine solche Auskunft das Ziel von Mt 1 überschreiten, ja völlig aus dem Rahmen fallen müsste".[23] „Rein exegetisch kann man ... jedenfalls soviel konstatieren: Die Aussage Mt 1,25a lässt sich als solche sehr wohl mit der virginitas post partum vereinbaren."[24]

Wie aber sind die Perikopen von den ungläubigen Verwandten Jesu und vom Aufenthalt Jesu in Nazaret, wo ihn seine Landsleute mit seinen

[22] A. Vögtle: Mt 1,25 und die Virginitas B. M. Virginis post partum. In: ThQ 147 (1967). 28–39, hier 37.

[23] Ebd., 38. – Ähnlich argumentiert Ziegenaus (Maria [Anm. 2], 252).

[24] Vögtle, Mt 1,25 (Anm. 22), 39. – Vgl. auch W. Kirchschläger: Art. Jungfräulichkeit. I. Exegese. 2. NT. In: R. Bäumer / L. Scheffczyk (Hg.): Marienlexikon. Bd. 3. St. Ottilien 1991. 466–468.

Brüdern in Verbindung sehen, zu beurteilen? Bei der Schriftstelle von den wahren Verwandten Jesu (Mk 3,31–35; Mt 12,46–50; Lk 8,19–21) haben wir es nicht mit einer absichtlich oder beiläufig erwähnten Notiz über den eigentlichen Verwandtschaftsgrad dieser „Brüder" zu tun. Denn nach hebräischem und aramäischem Sprachgebrauch bezeichnet das Wort „Bruder" Verwandte ersten und zweiten Grades, also Brüder und Vettern. Dies könnte auch in die griechische Übertragung eingegangen sein (vgl. Gen 13,8; 14,14; 24,48).

Dem Evangelisten geht es an dieser Stelle nicht um biographische Informationen, sondern um die Antithetik von blutsmäßiger und – allein ausschlaggebender – geistlicher Verwandtschaft mit Jesus im Glauben. Auffällig ist, dass die „Brüder" und „Schwestern" Jesu niemals „Söhne" oder „Töchter Marias" genannt werden oder – wie es biblischem Sprachgebrauch entspräche, wenn die Vollbruderschaft ausgedrückt werden soll – „Sohn derselben Mutter" (vgl. Dtn 13,7; Ri 8,19; Ps 50,20). Die hier anklingende Stelle von den ungläubigen Brüdern bei Joh 7,3–12 ist ebenfalls nicht als eine biographische Information zu lesen (vgl. Joh 2,12). Der Evangelist hat die „Brüder Jesu", wie auch immer sie in blutsmäßiger Beziehung zu Jesus stehen mögen, als die Vertreter des Unglaubens und der „Welt" vorgestellt. Sie stehen im vierten Evangelium völlig am Rande. Auch Apg 1,14, wo von der Versammlung der Apostel, der Frauen und Marias, der Mutter Jesu, zusammen mit seinen Brüdern berichtet wird, ist so unspezifisch, dass sie zur historischen Fragestellung nichts beiträgt.

Anders verhält es sich beim Aufenthalt Jesu in der Synagoge von Nazaret (Mk 6,3): Die Nazarener nehmen Anstoß an Jesu messianischem Anspruch, weil er für sie der „Sohn der Maria" ist und der Bruder von Jakobus, Joses (bei Mt 13,55: Josef), Judas und Simon und weil sie alle seine Schwestern, die bei ihnen wohnen, kennen (vgl. Mt 13,54–58) und er deshalb doch ein gewöhnlicher Zeitgenosse sein muss. Zu beachten ist bei dieser Frage, dass bei Mk 15,40 eine von der Mutter Jesu verschiedene Maria genannt wird als Mutter von Jakobus dem Kleinen und Joses (vgl. auch Mk 16,1; Mt 27,56). Sollte Mk 6,3 und 15,40 von den gleichen Personen die Rede sein, wird Jakobus und Joses eine andere Mutter zugewiesen als Jesus. Unwahrscheinlich wäre es, dass hier von Maria, der Mutter des Jakobus und des Joses gesprochen wird, wenn die Mutter Jesu gemeint wäre.

4. Die bleibende personale Bestimmung Marias

Ausgangspunkt der Entwicklung der Lehre von der virginitas post partum war die Glaubensbereitschaft Marias, indem sie sich ganz in den Dienst Gottes gestellt hat, was schließlich auch von ihrer personalen Mitte her den Bedeutungssinn von „Jungfräulichkeit" erschließt. Die Frauge von R. Pesch, ob hinsichtlich des Problems der „Brüder und Schwestern" Jesu (vgl. Mk 6,3), „ein dogmatischer Zwang, der die historische Untersuchung beeinträchtigen könnte, existiert"[25], wäre auch umgekehrt zu stellen: Besteht ein historischer Zwang, der die dogmatische Lehre beeinträchtigen könnte? Auf einer rein historisch-biographischen Frageebene muss man die Unentscheidbarkeit der Frage einräumen, ob die „Brüder und Schwestern Jesu" leibliche Kinder Marias waren. Die marianische Fragestellung der Alten Kirche darf nicht verwechselt werden mit einem profan-historischen Bestreben nach einem umfassenden Detailwissen. Der immer neu auftauchende Verdacht, von einer vorweg eingenommenen Position her sei es zu manipulierenden Umdeutungen historisch gesicherter bzw. möglicher oder wahrscheinlicher Nachrichten in der Bibel gekommen, ist unbegründet. Denn für sich genommen ist die biblische Rede von den „Brüdern Jesu" – entgegen einem ersten Augenschein – kein wirklicher Beweis dafür, dass es sich um von Maria geborene Kinder handelt.

Für die spirituelle und theologische Entwicklung des Gedankens der virginitas post partum war die christologische Grundüberzeugung ausschlaggebend, dass Jesus das menschgewordene ewige Wort selber ist. Als Folgerung drängt sich damit unmittelbar auf, dass die Gottesmutterschaft Marias nicht eine bloß biologische Indienstnahme, sondern eine

[25] Vgl. R. Pesch: Das Markusevagelium. I. Teil. Einleitung und Kommentar zu Kap. 1,1–8,26. (HThK II/1). Freiburg 1976. 322–324, hier 323. – Pesch stellt weiter fest: „Unvoreingenommene Exegese erlaubt nur die Feststellung, dass Mk 6,3 die Namen von 4 leiblichen Brüdern Jesu und die Existenz von leiblichen Schwestern historisch bezeugt sind" (ebd., 324). – Ziegenaus (Maria [Anm. 2], 254) stellt mit Recht fest, dass die Argumentation von Pesch „insofern außer acht bleiben" kann, weil er schon die virginitas ante partum, eine Voraussetzung für die virginitas post partum, nicht anerkennt. – Scheffczyk (Exegese [Anm. 2], 292) fordert von Pesch, wenn er eine „Gegenthese" aufstellen will, „eine viel umfassendere Auseinandersetzung" mit Blinzlers Werk.

gesamtpersonale Beziehung zu Gott ist, die ihre ganze geist-leibliche Existenz und ihren geschichtlichen Weg umfasst und prägt. Der Glaube an die bleibende Jungfräulichkeit der Theotokos, die in der Spontaneität ihrer Glaubenshingabe gründet, ist in der Alten Kirche nicht aufgrund isolierter historischer Bibelstudien entstanden. Sieht man von den Hinweisen in der nicht-kanonischen Literatur des zweiten Jahrhunderts (Protoevangelium des Jakobus) ab, dann zeigt sich, dass diese Frage erst im dritten Jahrhundert besonders thematisiert wird.[26] Zum vierten Jahrhundert hin bildet sich die allgemeine Glaubensüberzeugung heraus, dass Maria auch nach der Geburt jungfräulich gelebt hat, d.h. ihr ganzes Leben vom ewigen, aus ihr Mensch gewordenen Gottessohn geprägt war und dass sie deshalb mit Josef keine Kinder hatte. Im Hinblick auf den dogmatischen Kern der Glaubensaussage von der semper virgo ist es dann von sekundärer Bedeutung, ob man die Brüder Jesu als Kinder Josefs aus erster Ehe (wie das Protoevangelium des Jakobus und im An-

[26] Zur umstrittenen Frage, ob Tertullian und Irenäus von Lyon von den Brüdern Jesu annahmen, sie seien leibliche Kinder Marias gewesen, äußert sich Blinzler (Brüder und Schwestern [Anm. 10], 139–141). Er stellt fest: „Obgleich Tertullian niemals ausdrücklich von Söhnen Marias spricht, muss also doch damit gerechnet werden, dass er die Brüder Jesu für solche gehalten hat. ... Man wird Tertullian ... wohl nur mit einem gewissen Vorbehalt unter diejenigen einreihen dürfen, die Jesu Brüder für Söhne Josephs und Marias erklärt haben“ (ebd., 140 f). Abschließend kommt Blinzler zu folgendem „Ergebnis“: „Die sogenannten Brüder und Schwestern Jesu waren Vettern und Basen Jesu“ (ebd., 145). – Vgl.dazu auch Ziegenaus, Maria (Anm. 2), 252 f; L. Oberlinner: Historische Überlieferung und christologische Aussage. Zur Frage der „Brüder Jesu“ in der Synopse. (forschung zur bibel, 19). Stuttgart 1975. 355 und B. Schwank: Brüder und Schwestern Jesu. In: R. Bäumer / L. Scheffczyk (Hg.): Marienlexikon. Bd. 1. St. Ottilien 1988. 594f. Schwank (ebd., 594) stellt fest: „Im Hebräischen kann das Wort Bruder bzw. Schwester auch für nahe Verwandte, etwa für Vettern bzw. Basen gebraucht werden.“ Zu verweisen ist hier auch auf: K. S. Frank: „Geboren von der Jungfrau Maria“. Das Zeugnis der Alten Kirche. In: ders. u. a.: Zum Thema Jungfrauengeburt. Stuttgart 1970. 91–120 und R. E. Brown u. a. (Hg.): Maria im Neuen Testament. Eine Gemeinschaftsstudie von protestantischen und römisch-katholischen Gelehrten. Übersetzt von U. Schierse. Stuttgart 1981. 213–215. Die Autoren dieser ökumenischen Studie vertreten folgende Überzeugung: „Wann und wie die Tradition einer immerwährenden Jungfräulichkeit Marias als fester Bestandteil der Lehre von der jungfräulichen Geburt vorherrschend wurde, ist schwer zu bestimmen“ (ebd., 214).

schluss daran Clemens von Alexandrien und Origenes) oder als Vettern Jesu (wie der Westen seit Hieronymus) auffasst.[27]

Im Zusammenhang der Glaubenslehre von der virginitas post partum ist das ursprüngliche Grund-Folge-Verhältnis zu beachten. Die Kirche ist nicht deshalb zum Glauben an die semper virgo gelangt, weil man zuvor nachweisen konnte, dass die Brüder Jesu nicht leibliche Brüder sind. Vielmehr war es so: Weil die Kirche aus christologischen und mariologischen Grundaussagen den inneren Charakter des Glaubens an die jungfräuliche Gottesmutterschaft erschlossen hat, kam sie auch zu der Glaubensüberzeugung, dass die Ehe der Gottesmutter mit Josef einen spezifischen Charakter hatte. Diese Glaubensüberzeugung ist deshalb mit der Schrift vereinbar, weil sich bei einer genauen Analyse herausstellt, dass gegen diese Sicht keine ernsthaften Argumente vorgebracht werden können. Hieronymus hat diesbezüglich ein besonderes hermeneutisches Prinzip formuliert: „Dass Gott aus einer Jungfrau geboren ist, glauben wir, weil wir es lesen. Dass Maria nach der Geburt ehelichen Verkehr gepflogen habe, glauben wir nicht, weil wir es nicht lesen."[28]

Der Widerstand gegen diese sich rasch durchsetzende Glaubensüberzeugung war gering und marginal. Zu nennen sind nur der Arianer Eunomius und die Antidikomarianiten, sodann Jovinianus und der Bischof von Naissus, Bonosus von Sardika. Eine Synode von Capua im Jahre 391 verurteilt – wohl unter Mitwirkung des Ambrosius von Mailand im Auftrag des Papstes Siricius I. – den Bonosus wegen dieser Lehre. Die Sekte der Bonosianer erhält sich offenbar bis ins siebte Jahrhundert hinein in Gallien und Spanien und verschwimmt dann mit den Strömungen des arianischen Adoptianismus. Gegen die Leugnung der virginitas post partum durch Helvidius hat Hieronymus 381 eine scharfe Polemik verfasst („Adversus Helvidium de Mariae virginitate perpetua"). Im späten

[27] Ziegenaus (Maria [Anm. 2], 257) macht auf folgenden wichtigen Gesichtspunkt aufmerksam: Hieronymus wendet sich gegen die Stiefbrudertheorie der Apokryphen und die Darstellung Josefs als Witwer. Damit will der Kirchenvater die Würde Josefs (und ebenso Marias) wahren, der nicht ein alter Mann, sondern ein tatkräftiger Beschützer Jesu und Marias gewesen ist und ebenfalls – aus gläubiger Haltung und nicht aus Altersschwäche – in vorbildlicher Jungfräulichkeit gelebt hat.

[28] Zit. nach: G. Söll: Mariologie. (HDG III/4). Freiburg 1978. 79.

Mittelalter stellen wahrscheinlich auch die Lollarden, eine Sekte in England, die semper virgo-Lehre in Frage.

Mit der gesamtkirchlichen Rezeption des Glaubens an die beständige Jungfräulichkeit der Gottesmutter vor, in und nach der Geburt auf dem Zweiten Konzil von Konstantinopel (553) und der Lateransynode (649) ist die Dogmenentwicklung zum Abschluss gekommen. Wie ist dieser Vorgang theologisch zu beurteilen? Die Väter des dritten bis fünften Jahrhunderts beriefen sich nicht einfach auf historische Zeugnisse der Bibel, auch nicht auf mündlich tradierte Nachrichten. Ihr Ansatz entstammt vielmehr glaubender Überlegung. Sie begriffen die Jungfräulichkeit Marias als eine Aussage über ihre ganzmenschliche, personal und heilsgeschichtlich bedeutsame Bezogenheit auf den Gott der Offenbarung. Der Einzigartigkeit der Empfängnis und Geburt Christi entspricht auch die Einzigartigkeit der Beziehung Marias zu Gott, so dass ihre Jungfräulichkeit im Zentrum ihrer Gottesbeziehung steht.

Basis der Argumentation ist nicht eine leibfeindliche Askese, sondern der Gedanke der ganzheitlichen Inanspruchnahme Marias für das Reich Gottes. Die christliche Gestalt jungfräulichen Lebens steht nicht im Gegensatz zum christlichen Verständnis der Ehe. Sie ist schon gar nicht einer schöpfungsfeindlichen gnostisch-manichäischen Askese verfallen. Christliche Jungfräulichkeit erwächst vielmehr aus einem ganzheitlich personalen Akt des Glaubens und der Liebe sowie der Hingabebereitschaft zum Dienst. So ist die sexuelle Enthaltsamkeit nicht ein Wert in sich. Sie ist nur ein Mittel, das Charisma eines spezifischen Dienstes in einer ganzheitlich prägenden Weise anzunehmen.

Auch im Hinblick auf das christliche Ideal der Jungfräulichkeit um des Himmelreiches willen (Mt 19,12) und des evangelischen Rates zu dieser christlichen Lebensform „um der Sache des Herrn willen“ (1 Kor 7,25–38) bildeten sich mariologische Ideen der Kirchenväter.[29] Im Mittelpunkt stand dabei die ganzheitliche Indienstnahme Marias für ihre besondere heilsgeschichtliche Aufgabe. Die Ehe Marias mit Josef ist – in diesem einmaligen Fall – so zu verstehen, dass sie mit der jungfräulichen Le-

[29] Auch die von Brown herausgegebene Studie (Maria [Anm. 26], 215) verweist auf die „wachsende Verehrung der Jungfrau als eines Prototyps für ein heiliges, jungfräuliches Leben in Vollkommenheit“.

bensform verbunden sein kann.[30] Die christliche Gestalt der Jungfräulichkeit entspringt nicht dem Gegensatz zur Ehe oder gar dem Motiv einer Befreiung des höheren geistigen Lebens aus niederen materiellen Bindungen, sondern einem inneren Akt des personalen Glaubens und Liebens, der sich freilich bis in die Leiblichkeit des Menschen hinein bewähren muss. Mit Recht weist Rahner darauf hin, dass die Glaubenslehre von der virginitas post partum mit einer Abwertung der Ehe oder einem grundsätzlichen Misstrauen gegen das Geschlechtliche „nichts zu tun" hat. Der Jesuitentheologe warnt in diesem Zusammenhang vor der heute weitverbreiteten Naivität, „die innere Zerrissenheit, die Fragwürdigkeit, das Gefährliche, das Finstere in all diesen menschlichen Wirklichkeiten zu übersehen, die es bei der Ehe wie hinsichtlich allem anderen menschlichen Leben eben gibt, und die erlöst werden müssen".[31] Gemäß dem Glauben der Alten Kirche ist die geist-leibliche Indienstnahme Marias für das Heilswirken Gottes in der Menschwerdung des Logos nicht einfach punktuell zu denken. Maria wurde nicht in einer dramatischen Ausnahmesituation Mutter des inkarnierten Logos, um später ein sog. „normales" Ehe- und Familienleben zu führen. Ihre Jungfräulichkeit steht zur Ehe mit Josef nicht in einem zeitlichen Abfolgeverhältnis. Marias glaubendes Ja-Wort bestimmt ihre ganze Lebensgeschichte. Ihre virginitas ist eine bleibende personale Bestimmung. Ihr Leben ist ganz auf Christus ausgerichtet und steht vollkommen in seinem Dienst.

Das Argument, dass zur Ehe – gerade auch im christlichen Verständnis – der leiblich-geschlechtliche Vollzug gehört, kann als Einwand gegen das semper virgo der Gottesmutter nicht überzeugen. Denn wie die Jungfräulichkeit Marias nicht von einem apriorischen Begriff von Jungfräulichkeit und nicht isoliert von der physiologischen Seite her gedacht werden darf, so kann auch der Inhalt der Ehe von Josef und Maria nicht von einem apriorischen Begriff von Ehe her bestimmt werden. Wie im

[30] Vgl. Thomas von Aquin: Summa theologiae III q. 29 a. 2; dazu auch Ziegenaus, Maria (Anm. 2), 267f. – A. Ziegenaus (Art. Ehe. III. Dogmatisch. In: R. Bäumer / L. Scheffczyk [Hg.]: Marienlexikon. Bd. 2. St. Ottilien 1989. 284–286, hier 286) bemerkt mit Recht: So ist Maria, „die Jungfrau-Mutter (bis ins Leibliche hinein) Symbol einer Konvergenz der beiden Stände (Ehe, Jungfräulichkeit) und Ideal, so dass das von Thomas zitierte Wort Augustins gilt: ‚Alle Güter der Ehe finden ihre Erfüllung in den Eltern Christi.'"

[31] Rahner, Bemerkungen (Anm. 7), 157.

einzigartigen, unvergleichlichen und unwiderholbaren Fall der Geburt Christi der menschgewordene Gott nicht aus den Möglichkeiten der Kreatur (in der geschlechtlichen Zeugung gemäß seiner eigenen Schöpfungsordnung) hervorgehen konnte, so ist Maria als die jungfräuliche Theotokos in eine einzigartige Relation zu Gott eingetreten. Deshalb ist von ihrer Ehe in einer Weise zu sprechen, die ihre personale Beziehung als Jungfrau und Gottesmutter nicht einschränkt oder gar aufhebt.[32] Der Gedanke, dass Maria nach der Geburt Christi ein normales Eheleben geführt hat, „hätte auch im Widerspruch zum tiefempfundenen Gehalt der Realsymbolik von Maria als dem Ur- und Inbild der Kirche gestanden. Diese Symbolik drängte ihrer Natur nach zu einem totalen Verständnis der Jungfräulichkeit der Gottesmutter."[33] Die Lehre von der virginitas post partum stellt die legitime Entfaltung des Geheimnisses der jungfräulichen Gottesmutterschaft dar, die die Virginität Marias zu einer vollkommenen Ganzheit integrierte. Die theologische und lehramtliche Tradition war sich stets bewusst, dass die Glaubenslehre von der virginitas post partum auf Konvenienzargumenten beruht, die durch rein historische Nachrichten nicht einfach gestützt, aber auch nicht entkräftet werden können. Die Historie kann die eigentliche Glaubensaussage weder bestätigen noch ihr den Boden entziehen. Der rein historische Nachweis, dass Maria von Josef keine Kinder hatte, wäre noch kein Nachweis für die leiblich nicht vollzogene Ehe. Insofern sind die historische und die den Glauben anzielende theologische Fragestellung nicht vollständig aufeinander zurückzuführen.

Glaube ist – theologisch betrachtet – mehr als die Überzeugung von „historisch" belegten oder wahrscheinlichen Fakten. Die Heilige Schrift will mehr als historische Quelle sein. Sie ist Glaubenszeugnis, das innerhalb der Glaubensgemeinschaft der Kirche entstanden und auch nur in dem vom Geist gewirkten Glauben auszulegen ist. Dass für die spätere Kirche die Schrift mit ihrem bezeugten Glaubensinhalt wahr ist, kann nicht Gegenstand eines historischen Beweises sein. Dies sagt uns nur der Glaube selbst. Glaube ist nämlich zu begreifen als die Wirkung des Heiligen Geistes in uns aufgrund des Glaubenszeugnisses der Apostel und

32 Vgl. A. Ziegenaus: Art. Jungfräulichkeit. II. Dogmatik. In: R. Bäumer / L. Scheffczyk (Hg.): Marienlexikon. Bd. 3. St. Ottilien 1991. 469–481, hier 474.479–481.

33 Scheffczyk, Exegese (Anm. 2), 297.

der mit ihnen beginnenden Kirche. Das Wirken des Heiligen Geistes ist nicht auf die Entstehung der Kirche beschränkt, sondern setzt sich in der weiteren Geschichte der Auslegung fort; es bezieht sich auch auf die Erhellung und Explikation bisher nur implizit mitgeglaubter Aspekte des Glaubens. Ob jemand der kirchlichen Überlieferung und dem definitiven Ausdruck des Glaubens im Bekenntnis der Kirche zur virginitas post partum zustimmt, hängt weniger von einer historischen Absicherung ab als vielmehr vom Begriff des Glaubens und der inneren Geschichtlichkeit seiner sprachlich-reflexen Vermittlung. Glaube beinhaltet nach katholischem Verständnis auch das Vertrauen, dass der Heilige Geist als das transzendente Prinzip des Glaubens die Kirche auf dem Weg zur Wahrheit ihres Bekenntnisses führt und die Kirche dort, wo sie im Konsens der Gläubigen und im lehramtlichen Urteil der Bischöfe und der Konzilien definitiv ihre Überzeugung zum Ausdruck bringt, nicht in die Irre gehen lässt. So ist das Bekenntnis zur virginitas post partum auch ein Bekenntnis zur inneren Einheit von Offenbarung und Kirche, von Schrift und Tradition, von Heiligem Geist und Glaubensbekenntnis.

Inkarnation bedeutet nicht nur ein geschichtliches Handeln Gottes *gegenüber* den Menschen, sondern ein Handeln Gottes *mit* den Menschen, indem der Mensch in Gottes Handeln hineinengagiert wird. Der Einzigartigkeit der Menschwerdung Gottes entspricht das einzigartige Ja der jungfräulichen Gottesmutter. Der Ganzheit des eschatologischen Wortes, das Mensch werden will, entspricht die Ganzheit der Antwort des Menschen, aus dem es das Menschsein annimmt, d. h. aus der Person Marias (in Glaube, Leiblichkeit und Lebensgeschichte). Der Glaube und die gesamte Existenz Marias sind im Hinblick auf die Menschwerdung Gottes keine akzidentiellen Momente. Sie sind vielmehr die von der Inkarnation getragene kreatürliche Realität, mit der sich Gott erlösend vereinigt hat. Deshalb steht Maria – wie es die Tradition ausdrückt – in einem ganzheitlichen Hingabe-Verhalten zu Gott als „Braut Christi“. Das ist der Grund, warum wir aus christologischer und in der Folge mariologischer Perspektive von einer bleibenden Jungfräulichkeit Marias sprechen müssen. Maria ist aufgrund ihres Glaubens Vorbild aller Glaubenden, ohne dass sie einfach nachgeahmt werden könnte. Die Unwiederholbarkeit des nur ihr zukommenden Charismas entrückt die jungfräuliche Gottesmutter aber keineswegs den sog. gewöhnlichen Christen.

Die Jungfräulichkeit Marias kann als „intensivste existentielle Form der

Totalhingabe verstanden werden, der freilich immer ... das leibliche Element beigegeben bleiben muss. ... [D]ieses Erfordernis kann vom modernen personalen Denken über die Leiblichkeit des Menschen neu aufgenommen und begründet werden. Insofern Leiblichkeit ... auch als Medium der Heilsverwirklichung ernst zu nehmen ist, kann gerade bei dem an der Heilsverwirklichung am intensivsten und bleibend beteiligten Menschen die Medialität des Leiblichen nicht ausgeschlossen werden, die in der dauernden Jungfräulichkeit ihren angemessensten Ausdruck gewinnt. So ... ist die ‚virginitas post partum' Mariens ... als sublime Form der Verleiblichung des Heils ... zu verstehen, die in einer Art von geistiger Reperkussion auch das ‚Primärgeheimnis' der ‚virginitas ante partum' beleuchtet, befestigt und sichert. Man sollte diese Folgewirkung des ‚Sekundärgeheimnisses' gerade im Hinblick auf die Dogmen- und Theologiegeschichte (zumal im Protestantismus) nicht übersehen. Die Leugnung der ‚virginitas post partum' hat sich meist als der erste Schritt zur Preisgabe des Virginitätsgeheimnisses überhaupt erwiesen und ... als der Ansatzpunkt einer adoptianischen Verfälschung des Christusgeheimnisses."[34]

[34] Scheffczyk, Exegese (Anm. 2), 298. – Der Kommentar von Pesch lässt – so Scheffczyk (ebd., 300) – „nicht erkennen, dass ... die tieferen hermeneutischen Probleme einer historisch-kritischen Exegese, die zugleich kirchliche Theologie bleiben will, erfasst sind." – Zu verweisen ist in diesem Zusammenhang auch auf die Warnung des evangelischen Exegeten P. Stuhlmacher (Schriftauslegung auf dem Weg zur biblischen Theologie. Göttingen 1975. 97): „... katholische Exegeten (übernehmen; J. K.) heute recht wahllos die ganz ungesicherten, kritischen Spitzenthesen der protestantischen Bibelwissenschaft und beginnen in einer derart waghalsigen Weise exegetisch zu experimentieren, dass nicht nur im eigenen Lager, sondern auch von protestantischer Seite aus warnender Einspruch erhoben werden muss." – L. Scheffczyk (Katholische Glaubenswelt. Wahrheit und Gestalt. Aschaffenburg 2. Aufl. 1978. 277–291, hier 286 f) macht darauf aufmerksam, dass sich – nach Augustinus – die marianische Jungfräulichkeit der Kirche im Stand der jungfräulich-ehelos lebenden Menschen leiblich-physisch konkretisiert.

Mariens Jungfräulichkeit als Urbild der Kirche

von Christian Schaller

Die christologische und anthropologische Dimension der Mariologie

Die Mariengestalt hat immer eine doppelte Verweisstruktur. Sie führt zum einen auf Jesus Christus – durch das Ereignis der Inkarnation, ihre biblische Handlungsweise, so etwa bei der Hochzeit von Kanaa, wo sie sozusagen den anderen Gästen den Anstoß gibt, die Person ihres Sohnes genauer anzuschauen oder denken wir an die großen Mariendogmen der jüngeren Geschichte: So ist das Dogma der Immaculata Conceptio in seinem Kern eine Schablone dafür, die Einzigkeit und Universalität Jesu Christi herauszustellen.

Das Schauen auf Christus ist dabei jedoch geprägt von der anthropologischen Dimension, die den Weg zur Erkenntnis der menschlichen Relation zum Erlöser und Vollender, vorgibt. Nicht nur ein rein äußerliches „Funktionieren" ist die dem Sohn Gottes gegenüber adäquate Form der Beziehung, sondern eine innere, verinnerlichte, die ganze Existenz umgreifende Annahme des in Jesus Christus grundgelegten Heils wird von Maria als die eigentliche Daseinsform des Menschen erschlossen. Er ist als Geschöpf nicht autonom in die amorphe Freiheit entlassen, sondern hinorientiert auf den Schöpfer und Vollender. An Maria und den an ihr wiederfahrenden Gnadenwirkungen kann unser eigenes Menschsein als in der Entscheidung für Gott stehend bereits prototypisch vorweggenommen werden.[1]

[1] Vgl. Gerhard Ludwig Müller, *Maria – Die Frau im Heilsplan Gottes* (= Mariologi-

Maria der vollkommen erlöste Mensch

Maria hat ein durch die Gnade bewirktes unzerbrüchliches Ja im Glauben an den Dreifaltigen Gott gesprochen. Diese Unbedingtheit war nur möglich, weil Gott selbst in einem Akt der Selbstmitteilung diese grundsätzliche Disposition angelegt hatte. Die aus dem schöpfungsmäßigen freien Akt der Zustimmung erwachsene Überantwortung im Glauben an den Heilswillen Gottes ist grundgelegt in der Gnade, die Maria in ihrer eigenen Empfängnis als Konstitutiv ihres Dasein mit in die Welt gebracht hat: „Diese Disposition wird im Akt der Selbstmitteilung Gottes von ihm selbst mitgesetzt. Darum ist Marias öffentliches Amt in der Heilsgeschichte, die Mutter Christi zu werden, von der Gnade getragen; und ihre Zustimmung bedeutet das Verfügenlassen ihrer Existenz in ihre Sendung.“[2]

Das Erlösungsgeschehen in und an Maria beruht auf dem einmaligen Vorgang, dass Glaube und Gnade in ihrer Person innerhalb der Geschichte eine einmalige und perfekte „Symbiose“ eingehen. Sie ist der Prototyp des glaubenden Menschen, der sich vollkommen und ohne Einschränkungen auf das Wagnis des Glaubens einlässt. Sie ist die Ersterlöste (Immaculata Conceptio) und die bereits Verherrlichte (Aufnahme Mariens in den Himmel) – und wird dadurch zum strahlenden Zeugen des Heil schaffenden Wirkens Gottes in der Geschichte.

Als vollkommen erlöster Mensch[3] ist Maria dann begreifbar, wenn zu ihrer eindeutig soteriologischen Funktion im Heilsplan ihre unbestreitbare persönliche Heiligkeit hinzutritt. Die Gnade würde in dieser Eindeutigkeit und Unhinterfragbarkeit – davon ist wohl auszugehen – nie einem Menschen in dieser Form zugestanden werden, wenn die persönliche In-

sche Studien XV), Regensburg ²2003, 116–225; Joseph Ratzinger, *Tochter Zion. Betrachtungen über den Marienglauben der Kirche,* Einsiedeln ³1978; Karl Heinz Menke, *Fleisch geworden aus Maria. Die Geschichte Israels und der Marienglaube der Kirche,* Regensburg 1999; Leo Scheffzcyk, *Die Mariengestalt im Gefüge der Theologie. Mariologische Beiträge* (= Mariologische Studien XIII), Regensburg 2000; Christian Schaller, *Von der Gnade Mensch zu sein. Anmerkungen zum Dogma der Immaculata Conceptio,* in: FKTh 20 (2004) 301–306.

2 Gerhard Ludwig Müller, *Gemeinschaft und Verehrung der Heiligen. Geschichtlich-systematische Grundlegung der Hagiologie*, Freiburg 1986, 327.

3 Vgl. ebd.

tegrität nicht gewährleistet wäre. Nicht ohne Grund nennt Cornelius a Lapide Maria das „Urbild der Heiligkeit“[4].

Maria – Urbild der Kirche

Jungfräulichkeit - Heiligkeit

Aus dieser inneren Vernetzung von Mariologie, Christologie und Anthropologie ist ein sinnvolles Weiterdenken nur dann gegeben, wenn die ekklesiologische Dimension der mariologisch-ekklesiologischen Verknüpfung angedacht wird. Einem Schaubild entsprechend würden vom Begriff Maria drei Pfeile sowohl ihre Zielrichtung als auch ihre Abhängigkeiten in einem wechselnden Bezugsrahmen verdeutlichen. Christologie (einschließlich Soteriologie), Anthropologie (auch hier nicht vom Erlösungsgeschehen zu trennen) und die Ekklesiologie (ebenfalls als Instrument des Heils in der Welt) sind die theologischen Implikationen der Mariologie.

Richten wir den Fokus nunmehr auf die Verknüpfung von Maria und Kirche. Sie ist als Jungfrau und Mutter zugleich Typus der Kirche. Im 63. Artikel der Dogmatischen Konstitution über die Kirche des Zweiten Vatikanischen Konzils „Lumen Gentium“ heißt es daher bezeichnend:

„Die selige Jungfrau ist aber durch das Geschenk und die Aufgabe der göttlichen Mutterschaft, durch die sie mit ihrem Sohn und Erlöser vereint ist, und durch ihre einzigartigen Gnaden und Gaben auch mit der Kirche auf das innigste verbunden. Die Gottesmutter ist, wie schon der heilige Ambrosius lehrte, der Typus der Kirche unter der Rücksicht des Glaubens, der Liebe und der vollkommenen Einheit mit Christus. Im Geheimnis der Kirche, die ja auch selbst mit Recht Mutter und Jungfrau genannt wird, ist die selige Jungfrau Maria vorangegangen, da sie in hervorragender und einzigartiger Weise das Urbild sowohl der Jungfrau wie der Mutter darstellt. Im Glauben und Gehorsam gebar sie den Sohn des Vaters auf Erden, und zwar ohne einen Mann zu erkennen, vom Heiligen Geist überschattet, als neue Eva, die nicht der alten Schlange, sondern dem Boten Gottes einen von keinem Zweifel verfälschten Glauben schenkte. Sie gebar aber einen Sohn, den Gott gesetzt hat zum Erstgeborenen unter vielen Brüdern (Röm 8, 29), den Gläubigen nämlich, bei deren Geburt und Erziehung sie in mütterlicher Liebe mitwirkt.“

4 Raymund Noll, *Die mariologischen Grundlinien im exegetischen Werk des Cornelius a Lapide SJ (1567–1637)* (= Mariologische Studien XVI), Regensburg 2003, 216.

Die Betonung der Jungfrauenschaft Marias, wie sie v.a. das zweite und dritte Jahrhundert vorantrieb und seinen festen Platz im christologischen Glaubensartikel („natus ex Maria virgine“) fand, wurde gleichzeitig begleitet von einer ekklesiologischen Interpretation der Bezeichnungen „Jungfrau“ und „Mutter“ sowie ihrer Inanspruchnahme für die Erklärung des Wesens der Kirche. Erst Ambrosius hat diese Linien zusammengeführt und für die Mariologie fruchtbar gemacht.

Im Mittelpunkt der Verbindung zwischen Maria und der Kirche stand dabei die Frage nach der ethischen Vorbildhaftigkeit Marias. Ihr ungetrübtes ethisches und moralisches Leben und ihre unbedingte Entscheidung sich glaubend dem Willen Gottes zu überantworten, sind die Eckdaten ihres makellosen – jungfräulichen – Lebens. Tertullian hat in der Erwiderung auf Markion die fundamentale Bedeutung der Eva-Maria-Antitypik herausgestellt und damit Maria als Überwinderin der Wirklichkeit des Todes und als das Eingangstor des Lebens in die Welt charakterisiert:

„Dieser ganz neue Hergang ist, wie in allen Fällen, so auch hier, im Alten vorgebildet, indem der Herr durch vernünftig motivierte Anordnung, von der Jungfrau als Mensch geboren wird. Die Erde war noch jungfräulich, noch nicht durch Bearbeitung gebändigt, noch nicht für die Einsaat urbar gemacht ... In eine Jungrau, was Eva nämlich noch war, hatte dass Wort, welches den Tod auferbaute, Eingang gefunden. In eine Jungfrau musste ebenfalls das Wort Gottes, welches das Leben aufrichten sollte, eingehen, damit, was durch das selbe Geschlecht verloren gegangen war, durch das selbe Geschlecht wieder zum Heile gebracht würde. Eva hatte der Schlange geglaubt, Maria glaubte dem Gabriel. Was jene durch ihren Glauben gesündigt hatte, hat diese durch ihren Glauben wieder gut gemacht.“[5]

Mit anderen Worten legt die Eva-Maria-Parallele folgende Kerninhalte frei: Maria ragt als Jungfrau mit ihrem unbedingten Glaubensgehorsam hervor. Ihre Überantwortung an den Willen Gottes ist nicht zuletzt mit ihrer ethischen Qualität begründbar. Dazu kam die bei den frühen Christen die für die persönliche Lebensführung hochgeschätzte Jungfräulichkeit hinzu, die stets ihre Begründbarkeit und Vorbildhaftigkeit im Neuen Testament grundgelegt sahen (vgl. Mk 10, 28ff. par., 1 Kor 7).

Wenn die Mutter des Herrn und Erlösers vorbildlich in ihrer Lebensführung als Jungfrau war, so ist der Schritt zur konkreten Übernahme dieses

5 De carne Chr. 17.

Lebensstils für die Christen nicht außergewöhnlich. Schließlich sind die Heiligen doch stets Vorbilder und Wegweiser für das eigene Leben.

Schauen wir uns die Aussagen des Heiligen Ambrosius noch genauer an, bevor wir zu einer systematischen Erschließung gelangen. Ambrosius führt die ekklesologische und die christologische Komponente zusammen, wenn er schreibt: Die Kirche ist

„reine, jungfräuliche Braut Christi, durch den Empfang des Taufsakraments von allen Makeln rein gewaschen, so dass sie nicht mehr aussätzig, sondern eine makellose Jungfrau ohne Runzeln ist.“[6]

Dabei ist zu erwähnen, dass Unversehrtheit, Reinheit und Jungfräulichkeit einmal die Freiheit von Sünde bedeutet und zum anderen das Freisein von falschen Lehren. Diese doppelte Linienführung der Unversehrtheit ist sicherlich ein Aspekt, mit dem sich die gegenwärtige Theologie schwer tut. Reinheit als Signatur der Rechtgläubigkeit, als Kennzeichen einer Theologie ohne Irrlehren – dass dies Konsequenzen für die Kirche hat, ist nicht noch eigens zu betonen.

Maria – Jungfräulichkeit – Eucharistie

Am Ende des „Jahres der Eucharistie“, das im Oktober vergangenen Jahres mit dem eucharistischen Weltkongress in Gujadalajara in Mexiko begann und mit der Weltbischofssynode in diesem Jahr seinen Abschluss fand, ergibt es sich auch, die Jungfräulichkeit Marias und die Feier der Eucharistie in den Blick zu nehmen.

Als der Engel Maria den Heil schaffenden Plan Gottes verkündet, sie werde die Mutter des Erlösers werden, beantwortet sie diese Ankündigung mit der Hingabe einer Jungfrau: „mir geschehe, wie Du gesagt hast“. In dieser kurzen und doch so folgenreichen Szene der Verkündigung wird die Besonderheit der einzigartigen Haltung der Jungfräulichkeit sichtbar. Das unerschütterliche Vertrauen auf Gott lässt keinen Zweifel am göttlichen Willen zu. Maria ist das Vorbild für all diejenigen, die in einer inneren Offenheit, verknüpft mit der Hingabe totaler Überantwortung an den Willen Gottes, sich von ihm beschenken lassen und

6 Expos. Ev. Luc IV, 50.

in einer inneren Annahme einen existentiellen Schritt vollziehen, der sich ausschließlich an Gott orientieren will.

Johannes Paul II. hat in seiner Enzyklika *Ecclesia de Eucharistia* Maria auch zum Urbild der eucharistischen Frau erklärt. Was in Nazareth in der Szene der Verkündigung begann, vollzieht sich in jeder Eucharistiefeier jedes Mal aufs Neue. Wir werden beschenkt von der Liturgie, von der sich sakramental immer wieder neu ereignenden Hingabe des Sohnes. Hierin besteht unsere jungfräuliche Haltung im Gottesdienst. Wie eine Braut, mit offenen Armen, dem Geschenk des großen Bräutigams – Jesus Christus – entgegenzugehen. Diese Beziehung Braut-Bräutigam / Maria-Wille Gottes ist nicht einforderbar, nicht konstruierbar und nicht machbar. Maria selbst lehrt uns dabei mit jungfräulicher Ergebenheit sich Gott zu überantworten. Vielleicht steckt auch hinter dem fast vollständigen Verzicht auf mariologische Elemente im gottesdienstlichen Angebot die Ursache für manchen liturgischen Irrweg, deren Protagonisten Liturgie als konstruierbare Unterhaltung verstehen.

Die Gnade des Empfangens[7]

Maria steht zu Gott durch ihren Glauben und ihre aktive Nachfolge in einem doppelten und doch innerlich zutiefst verbundenen Verhältnis. Auf der einen Seite steht sie in einem exemplarischen Verhältnis zum Empfang der Gnade (was sich letztlich im Dogma von der Immaculata Conceptio ablesen lässt) und auf der anderen Seite ist sie mit einem besonderen Verhältnis des Wirkens aus und mit der Gnade ausgestattet. Empfang der Gnade und Wirken aus der Gnade bedingen sich in ihrem Handeln gegenseitig. Die Gnade, die uns Gott schenkt, ist keine in sich abgeschlossene Größe, kein Geschenk, das wir nach der Überreichung wieder in die Ecke stellen können. Vielmehr ist die Gnade Auftrag, Aufgabe und Sendung. Der Mensch, der von Gott mit einer besonderen Gnade beschenkt und berufen wurde, mitzuarbeiten am Heil, wird erst dann der Gnade gerecht, wenn er sie innerlich akzeptiert, sie zum we-

[7] Vgl. Hans Urs von Balthasar/Joseph Ratzinger, *Maria – Kirche im Ursprung*, Freiburg ^{4}1997. Besonders Balthasar hat die marianische Prägung ausführlich in den Kategorien des Empfangens und des Schenkens herausgearbeitet, vgl. ebd. 112–130.

sentlichen Bestandteil seiner Existenz macht und diese willentlich und aus freien Stücken zur treibenden Kraft seines Handeln werden lässt.

In eben diesem doppelten Sinn des Empfangens der Gnade und des Weiterschenkens des Empfangenen wird Maria – wie auch die Kirche – als Jungfrau und Mutter bezeichnet. Greift das Alte Testament auf den Bildterminus von Bräutigam und Braut zurück, um das Bundesverhältnis Israels zu Jahwe zu beschreiben, so wird Maria durch ihr jungfräuliches Empfangen des Sohnes Gottes, des Sohnes, gesandt vom Vater, im Neuen Testament zum Urbild der Glaubenshaltung, die die adäquate Antwort des Menschen und des neuen von Gott gesammelten Bundesvolkes auf das Angesprochen-Sein von Gott ist und sein muss.

Aus der empfangenen Gnade ist die Fruchtbarkeit der Geburt des Gottes Sohnes geworden und so ist auch die Glaubenshaltung der Menschen kein inaktiver, passiver Besitzstand, sondern die Schablone, aus der wiederum – fruchtbar – das Heil in die Welt gelangt. Ganz konkret, geschichtlich und leiblich hat die Frucht der empfangenen Gnade in der Person des Erlösers Gestalt angenommen und auch die Kirche bringt vielfältige Frucht in den Herzen und Seelen der Menschen. Jungfrau und Mutter zugleich ist Maria und die Kirche. Aus dem Empfang der Gnade wird ein gnadenhafter Akt des Weiterschenkens und des Heils.

Die Gnade des Schenkens

Die Kirche ist gleichsam die Braut, die im Verhältnis zu Christus, ihrem Bräutigam, jedes mal aufs Neue das Wort Gottes im Glauben empfängt, es wie einen Schatz bewahrt und in der konkreten Erfüllung ihrer Sendung und ihres Auftrags als Nachfolge Christi wie einen Sohn wieder gebiert und in der Welt Gestalt gewinnen lässt. Christus hat die Kirche als ihr Haupt gestiftet, aber er selbst und seine Botschaft wird auch gleichsam im Zeugnis von Wort und Tat der Kirche, aller Glieder des Leibes Christi, den Menschen vorgestellt. So begleiten Maria und die Kirche die Menschen bei der Empfängnis, bei der Geburt und dem Hineinwachsen Aller in die von der Gnade bestimmte Wirklichkeit. Wie eine Jungfrau, die sich demütig von der Gnade leiten lässt und wie eine Mutter, die ihre Gnadengaben und ihre Liebe weiterschenkt.

Geboren aus der Taufe

Im Sakrament der Taufe zeigt sich für jeden Christen diese doppelte Struktur des Empfangens und des Weiterschenkens in besonderer Weise. In der Taufe empfängt er die Gnade, die in seinem Leben eine sichtbare Gestalt annimmt. Und wiederum in einem doppelten Verhältnis steht er zur Kirche und zu Maria, als das Urbild von individuellem Glauben, der als Frucht der existentiellen Entscheidung für Gott wiederum Frucht bringt. Die Taufe ist kein Ereignis, kein Ritus ohne Folgen, sondern die gnadenhafte Annahme des Menschen als Kind Gottes, hineingelegt in die Gemeinschaft der Kirche und stellt den Gläubigen in die Verantwortung sein Leben aus dieser Gnade heraus zu formieren. Er wird selbst zum Vorbild für ein Leben aus der Gnade und schenkt somit die empfangene Gnade auch weiter.

Die Sendung der Kirche

Das Zweite Vatikanische Konzil hat sich im 64. Artikel der Dogmatischen Konstitution über die Kirche „Lumen Gentium" intensiver mit der Bekenntnisaussage der Kirche als Jungfrau und Mutter auseinandergesetzt:

„Nun aber wird die Kirche, indem sie Marias geheimnisvolle Heiligkeit betrachtet, ihre Liebe nachahmt und den Willen des Vaters getreu erfüllt, durch die gläubige Annahme des Wortes Gottes auch selbst Mutter: Durch Predigt und Taufe nämlich gebiert sie die vom Heiligen Geist empfangenen und aus Gott geborenen Kinder zum neuen und unsterblichen Leben. Auch sie ist Jungfrau, da sie das Treuewort, das sie dem Bräutigam gegeben hat, unversehrt und rein bewahrt und in Nachahmung der Mutter ihres Herrn in der Kraft des Heiligen Geistes jungfräulich einen unversehrten Glauben, eine feste Hoffnung und eine aufrichtige Liebe bewahrt."

Unmittelbar werden hier die Reflexionen über die Prinzipien der im Vorangehenden erarbeiteten Marienlehre auf die Kirche angewendet. Aus dem Glauben heraus – aus der Mitte ihres Gottesverhältnisses - wurde Maria zugleich als Jungfrau und Mutter bezeichnet.

Zunächst wird deshalb die Relation des Menschen zu Gott unter dem Leitbegriff „Jungfrau" expliziert, weil die innige Gemeinschaft, die das Bundesvolk Israel und jeder Einzelne mit Gott eingehen, der persönlichen, vertrauenden, treuen und liebenden Hinwendung einer Braut zu ihrem Bräutigam entspricht. Gott steht in diesem Bundesverhältnis der Welt nicht äußerlich abgekoppelt gegenüber wie der Gesetzgeber seinem zuständigen eng begrenzten Bereich oder ein Architekt seinem Bau. Vielmehr entspringt der Mensch bereits als Geschöpf der sich selbstmitteilenden Offenbarung Gottes, die des Menschen Ursprung und sein Ziel ist. Maria weist uns den Weg zu dieser in ihrem Innersten angelegten personalen Beziehung zu Gott, weil sie jungfräulich dem Angesprochen-Sein Gottes Antwort gibt.

Das neue Bundesvolk

Die Kirche als das neue Volk Gottes vom Leibe Christi her[8] verwirklicht in ihrem Sein und in ihrer Sendung, was in Maria urbildlich, typologisch in ihrem Verhältnis zu Gott und zu ihrem Sohn, Jesus Christus, bereits Realität geworden ist. Die Gnade, die die Kirche kraft ihrer Herkunft und ihres Ursprungs aus der ureigenen Initiative Jesu Christi empfangen hat, lässt sie uns als „Jungfrau" erkennen.

Die Kinder, die aus der Kraft ihrer Verkündigung und ihres Glaubens neu zu Christus hinzutreten, heißen uns die Kirche auch zugleich „Mutter" zu nennen.

Am überzeugendsten ist die Kirche, wenn sie ihrer Sendung gerecht wird und damit zugleich ihr Wesen am deutlichsten ausdrückt, wenn sie dies tief verankert im Glauben, durchdrungen vom Gehorsam und ausgerichtet an der Liebe tut. Wenn sie bedingungslos den Heilswillen Gottes annimmt und in ihrer Sendung in der Welt und für die Welt zur Geltung bringt. Glaube, Gehorsam und Liebe – sind keine äußerlichen Faktoren, die ein bestimmtes Handlungsschema nach sich ziehen. Es sind innere Koordinaten für die persönliche Berufung. Gehorsam, Glaube und Liebe sind die tragenden Säulen, auf denen die entsprechende Antwort auf das Angebot Gottes steht, mit den Menschen einen Bund einzugehen.

Die Kirche ist sich bewusst, dass sie vom Vorbild Marias, ihres Glaubens, ihres Gehorsams und ihrer Liebe aufgerufen ist, sie nachzuahmen und den Willen Gottes zu erfüllen. Dadurch wird aus der Empfängerin der überreichen Gnaden selbst eine „Mutter", die sich den Gläubigen im Gehorsam, in der Liebe und im Glauben verschrieben hat. So wie Jesus

8 Vgl. die Ausführungen von J. Ratzinger, Art. Kirche III. Systematisch, in: LThK^2 Bd. 6, 173–183, bes. 176.

Christus das menschgewordene Wort Gottes selbst ist und aus dem Glauben der Jungfrau und Mutter Maria empfangen wurde und Mensch geworden ist, so bedeutet unser Christsein auch die Teilhabe am Sohnesverhältnis Jesu zu seinem Vater (vgl. Röm 8, 15: „Denn ihr habt nicht einen Geist empfangen, der euch zu Sklaven macht, so dass ihr euch immer noch fürchten müsstet, sondern ihr habt den Geist empfangen, der euch zu Söhnen macht, den Geist, in dem wir rufen: Abba, Vater!").

Jeder Gläubige wird aus dem Wasser und dem Heiligen Geist wiedergeboren (Joh 3, 5; Tit 3, 5) und so aus dem Wort der Selbstmitteilung Gottes als sein Kind vom Heiligen Geist empfangen. Sie sind „aus Gott geboren" (Joh 1, 13) und nicht die zusammengebauten und rein materiell konstruierten Produkte einer geistlosen Materie. Sondern personale Geschöpfe eines sich selbst in der Schöpfung mitteilenden Gottes.

Die Kirche als „Jungfrau" (Braut-Bräutigam) ist eben auch „Mutter" insofern sie durch ihre Predigt, ihre Lehre und ihren Dienst an den Menschen Vermittlerin seines unzerbrüchlichen Heilsangebotes im Sakrament der Taufe die Glieder des Leibes Christi hervorbringt und sie in ihre Gemeinschaft aufnimmt. Eine Gemeinschaft, die nicht nach innerweltlichen, soziologischen oder anderen äußeren Gesichtspunkten erklärt und erfasst werden kann. Die Kirche ist eine Glaubensgemeinschaft, von Jesus Christus gegründet und von der Gegenwart des Heiligen Geistes geleitet und auch nur unter diesem Gesichtspunkt adäquat verstanden werden kann.[9]

Zusammenschau und Ausblick

Jungfräulichkeit ist kein reines theologisches Axiom. Dahinter steht eine willentlich freigesetzte existentielle und personal gestaltete Entscheidung. Maria hat sich für die ihr auferlegte Aufgabe im Heilsplan Gottes entschieden, sie angenommen und konsequent gelebt. Vorbereitet wurde der Weg durch die Gnade, die Maria seit ihrer eigenen Empfängnis ausgezeichnet hat.[10] In Maria hat die Kirche ein Gesicht bekommen und Gestalt ange-

9 Vgl. LG 4; Gerhard Ludwig Müller, *Trinitarisches Grundverständnis der Kirche nach „Lumen Gentium"*, in: Ders., *Mit der Kirche denken. Bausteine und Skizzen zu einer Ekklesiologie der Gegenwart,* Würzburg ^{2}2002, 13–31.

10 Vgl. Christian Schaller, *Von der Gnade Mensch zu sein. Anmerkungen zum Dogma der Immaculata Conceptio,* in: FKTh 20 (2004) 301–306.

nommen. Sie wurde zum Urbild der Kirche, weil sie die Gnade und den Willen Gottes als Jungfrau – jungfräulich – angenommen hat. Dankbar und ohne Zögern ließ sie sich zum Instrument seiner geoffenbarten Heilszusage an uns Menschen formen. Die demütige Haltung der beschenkten Jungfrau ist der Anspruch der an uns herangetragen wird, selbst jungfräulich und mit ausgebreiteten Armen aktive Hörer des Wortes Gottes zu sein und sein Vertrauen bedingungslos auf Gott zu setzen.

Damit ist jedem kirchlichen Aktionismus, dessen Ziele oft verborgen bleiben und die eher unmotiviert daherkommen, eine Absage erteilt. Es ist nicht das „Machen“, sondern das „Empfangen“, das uns als Geschöpfe Gottes auszeichnet. Selbst der Akt der Schöpfung als die Ur-Relation zwischen Gott und Mensch ist ein Akt des Empfangens, ebenso wie die Erlösung, die wir uns nicht selber schenken können, ebenso wie die Eucharistiefeier und alle anderen Sakramente usw. Wer die Reinheit und die Freude des Beschenkt-Seins von Gott an den Anfang seiner Existenz stellt, ist Zeuge der vertrauensvollen Überantwortung an Gott.

Noch einmal sei der Gedanke der reinen Lehre aufgegriffen. Die demütige Haltung der Jungfrau und Gottesmutter Maria grenzt nichts aus, vielmehr umschließt sie neben der persönlichen Lebensführung auch die geistige Auseinandersetzung mit dem Glauben. Irrige theologische Konzepte und die „Kritikfreudigkeit“ mancher Zeitgenossen sind stets Ausdruck eigener Eitelkeiten oder überzogener Vorstellungen. Der jungfräuliche Mensch hingegen bewahrt die von der Kirche vorgegebenen Lehren in ihrer Reinheit und versucht sie demütig anzunehmen und seinen Beitrag zur Vertiefung zu leisten.

Für die Kirche ist die Durchdringung der Gedanken einer Jungfrau und Mutter zugleich ein heilsames Zeichen. Glaube, Gehorsam und Liebe als Ausdruck des neuen Bundesvolkes hat nichts mit sklavischer Unterwürfigkeit zu tun, sondern sie formulieren die Bereitschaft zum Dienst an der geschichtlichen Umsetzung und Auferbauung des in Christus Jesus endgültig offenbar gewordenen Heilswillen Gottes. Vor dieser Größe und dem dahinterliegenden Willen einer Neukonzeption der Schöpfung – ausgedrückt in der Verkündigung des Reiches Gottes – ist das demütige, jungfräuliche Antworten Marias auf den Anruf Gottes, unbedingtes Vorbild für die Glaubenshaltung aller Glieder des Leibes Christi.

Maria als Jungfrau gibt auch die Vorgabe für den persönlichen Lebensstil. In besonderer Weise für diejenigen, deren Berufung sie in die Gemeinschaften des gottgeweihten Lebens geführt hat. Als „Mutter der Kirche"[11] steht Maria im Dienst des Heils ebenso wie die Kirche. Sie vermittelt als konkrete Gestalt der Geschichte mit den an ihr widerfahrenden Heilstaten und Gnadenwirkungen den konkreten Heilswillen Gottes an uns Menschen. Wenn wir auf dieses Vorbild schauen, so wird Maria wiederum konkret zu unserer Mutter. So kann sie als Jungfrau zugleich Mutter sein. Hier liegt auch die Befähigung der Berufungen zur Jungfräulichkeit. Vorbildhaft im Schauen auf Gott werden auch sie zu Vätern und Mütter all derer, deren Blick ebenfalls auf Christus ausgerichtet werden will:

„Denn auch die Kirche ist (wie Maria) Mutter und Jungfrau zugleich. Ist sie nämlich keine Jungfrau, für wessen Unversehrtheit sollten wir Sorge tragen? – Ist sie nicht Mutter, wessen Nachkommenschaft sollten wir dann anreden? – Maria hat im Fleisch das Haupt dieses Leibes geboren, die Kirche gebiert geistigerweise die Glieder dieses Hauptes. In beiden hindert die Jungfräulichkeit nicht die Fruchtbarkeit. In beiden raubt die Fruchtbarkeit nicht die Jungfräulichkeit...die Geburt aus der einen heiligen Jungfrau gereicht allen heiligen Jungfrauen zum Ruhm. Mit Maria sind auch sie Mutter Christi, wenn sie den Willen des Vaters tun... und weiter „sie ist vielmehr die Mutter seiner Glieder, und das sind wir, denn sie hat durch die Liebe mitgewirkt an der Geburt der Gläubigen in der Kirche, welches die Glieder jenes Hauptes sind."[12]

Und schließen möchte ich mit einem Zitat des Hl. Ambrosius, der unsere eigene Glaubensentscheidung mit Maria in Verbindung bringt und aussagekräftig alles zusammenfasst:

„Eine gläubige Seele ist zur Maria geworden, im Glauben empfängt sie Christus, geistig gebiert sie Christus, so wie einst Magdalena, bevor sie sich zum Herrn umwandte, mit Weib, nachher mit dem Namen Maria von dem Herrn angeredet wurde ... Zur Zeit, da sie nicht glaubt, ist sie Weib; als sie sich nach ihm umzuwenden beginnt, wird sie Maria genannt, d.h. sie empfängt den Namen jener, die Christus gebiert, denn sie ist eine Seele, die geistig Christus gebiert."[13]

11 Papst Paul VI., *Ansprache zum Abschluß der 3. Konzilsperiode am 21. 11. 1964,* AAS 56 (1964) 1007–1018.

12 Augustinus, *Virg 2.5.6.*

13 Ambrosius, *Virg. 20.*

Die Jungfrau Maria in ökumenischen Konsenspapieren

von Joachim Schmiedl

In LG 57 spricht das Zweite Vatikanische Konzil von der besonderen Verbindung Marias mit ihrem Sohn während des ganzen Heilswerks. Zweimal ist in diesem Abschnitt von der Jungfräulichkeit Marias die Rede. Sie ist mit Christus verbunden „von der Zeit der jungfräulichen Empfängnis Christi bis zu seinem Tod" (a tempore virginalis conceptione Christi ad Eius usque mortem). Darin spielt die Geburt Jesu, „der ihre jungfräuliche Unversehrtheit nicht minderte, sondern heiligte" (qui virginalem eius integritatem non minuit sed sacravit), eine wichtige Rolle. Es ist der Beginn des irdischen Mitgehens Marias mit ihrem Sohn, dem Messias. Auffallend ist, mit welcher Ehrfurcht und Behutsamkeit das Konzil die Jungfrauschaft Marias anspricht. Auffallend ist auch, dass es sich nicht auf die kontrovers diskutierte Frage einlässt, ob Jesus eventuell noch andere Brüder und Schwestern gehabt habe; die entsprechenden Stellen aus den Evangelien werden vom Konzil nicht zitiert. LG konzentriert sich auf die heilsgeschichtliche Aufgabe Marias, für die ihre Jungfräulichkeit als eine angemessene Vorbereitung erachtet wurde.

Bei diesem wie bei den übrigen Dokumenten des Zweiten Vatikanums ist deutlich, dass sie auch unter ökumenischer Perspektive verfasst wurden. Die Ökumenizität des Konzils zeigt sich nicht in erster Linie in der Gültigkeit der Dokumente, wiewohl diese über die römisch-katholische Kirche hinaus reicht und auch die unierten Kirchen ostsyrischer und orthodoxer Tradition mit einschließt. Die katholische Kirche machte in den Jahren 1959 bis 1965 einen Lernprozess durch, ihre eigene theologische Sprache so zu gebrauchen, dass sie für andere Denk- und Lehrtraditionen verständlich und annehmbar ist. Diese Einübung in ökumenisches Sprechen, geübt etwa an den Konstitutionen über die Kirche und die Offenbarung, befähigte am Ende das Konzil, sich in den Dialog mit der Welt von heute zu begeben.

Für die ökumenische Behandlung der Frage nach der Jungfrauschaft Marias spielte dieser Prozess eine entscheidende Rolle. Denn hier handelte es sich um eine äußerst kontroverse Thematik. Die Reformatoren des 16. Jahrhunderts – Martin Luther, Huldrych Zwingli und Johannes Calvin – bekannten sich zwar sämtlich zur immerwährenden Jungfräulichkeit Marias. Luther nennt Maria „reinste Anbeterin Gottes", „würdigste Jungfrau", „heiligste, der Ehre würdigste Jungfrau". Auch Zwingli sieht in Maria die „heilige, unbefleckte", die „unversehrte reine" Frau. In die Katechismen Luthers und die reformatorischen Bekenntnisschriften findet dieses Marienbekenntnis ebenfalls Eingang. Die gleichzeitige Einschärfung des Sola-scriptura-Prinzips führte jedoch in den folgenden Jahrhunderten dazu, sich von der Jungfräulichkeit Marias zu distanzieren. Seit der Aufklärung des 18. Jahrhunderts schweigt die protestantische Theologie weitgehend von Maria.

Kontroversen um die Jungfräulichkeit Marias entstanden im 19. Jahrhundert vor allem im Zusammenhang der Leben-Jesu-Forschung. Die Jungfrauengeburt sei mythologisch zu erklären (L.G. Bauer 1802). Sie sei „die auffallendste Abweichung von allen Naturgesetzen", so David Friedrich Strauß, zudem theologisch nicht notwendig und exegetisch nicht haltbar. Im Glaubensbekenntnis für Ordinanden der Preußischen Generalsynode von 1846 wurde die Jungfrauengeburt nicht mehr erwähnt. Der protestantischen Verschweigung folgte auf katholischer Seite eine ebenfalls kritischere Haltung zur Jungfräulichkeit Marias. Religionsgeschichtliche Befunde beeinflussten die exegetische Diskussion und deren Niederschlag in dogmatischen Lehrbüchern. Es geht dabei um die Jungfräulichkeit Marias vor Jesu Geburt, um die von Mt bezeugte Jungfrauengeburt und um die Deutung der „Brüder und Schwestern" Jesu. Im folgenden soll diesen Themen an Hand von zwei ökumenischen Konvergenzpapieren nachgegangen werden.

1. Groupe des Dombes

1937 gründeten etwa 40 katholische und protestantische Theologen ein ökumenisches Gesprächsforum. Benannt nach ihrem Treffpunkt, der ehemaligen Abtei Notre-Dame des Dombes zwischen Lyon und Bourg-en-Bresse, hielt die auf Initiative des Ökumene-Pioniers Paul Couturier entstandene Gruppe jährliche Herbstversammlungen ab. Die Gründung fiel in eine Zeit ökumenischer Hoffnungen. In Oxford fand die zweite Weltversammlung für praktisches Christentum statt, in Edinburgh die zweite Weltkonferenz für Glaube und Kirchenverfassung. Im selben Jahr publizierte Yves Congar sein Buch „Chrétiens désunis“. Seit Anfang der 1970er Jahre legte die Groupe des Dombes regelmäßig ökumenische Konsenspapiere vor, etwa zum eucharistischen Glauben und zur Ämterfrage. Die konfessionellen Gräben zu überwinden suchte das 1997/1998 vorgelegte Papier zu Maria, dessen Beratung Gegenstand der Tagungen zwischen 1991 und 1997 gewesen war[1].

Die vier Kapitel des umfangreichen Dokuments werden in zwei Teilen vorgelegt. Der erste Teil bietet eine „ökumenische Lektüre der Geschichte und der Heiligen Schrift“. Wenn das erste Kapitel betitelt ist mit „Lektionen der Geschichte“, so gibt das den behutsamen Versuch wieder, das wachsende Interesse an der Mariengestalt im ersten Jahrtausend, die theologische Reflexion über sie in der mittelalterlichen Kirche sowie die seit der Reformation unterschiedlich gezogenen Konsequenzen aus dem bis dahin erhobenen, geglaubten und gefeierten Bestand des christlichen Glaubens darzulegen. Der enge Zusammenhang zwischen Marienlehre und Marienverehrung zeigt dabei, wie sehr in allen Konfessionen und zu allen Zeiten die Verwiesenheit von Glaube und Leben aufeinander an der Beziehung zur Gottesmutter Maria exemplarisch deutlich wird. Im zweiten Kapitel wird das Zeugnis der Schrift analysiert. Der originelle

1 Vgl. Groupe des Dombes, Maria in Gottes Heilsplan und in der Gemeinschaft der Heiligen, Frankfurt am Main – Paderborn 1999. Kommentare zu diesem Dokument siehe u.a. in: BLANCY, Alain, *Marie et la Réforme. Les Protestants et le document du Groupe des Dombes sur Marie*, in: Nouvelle Revue théologique 121 (1999), 23–40; HENNAUX, Jean-Marie, *Le Document du Groupe des Dombes sur la Vierge Marie*, in: Nouvelle Revue théologique 121 (1999), 41–58; GRELOT, Pierre, *Marie Mère de Jésus dans les Écritures*, in: Nouvelle Revue théologique 121 (1999), 59–71.

Zugang besteht hier darin, dass diese Untersuchung in der Brechung der drei Artikel des Glaubensbekenntnisses geschieht. Maria ist deshalb „Geschöpf, Frau, Tochter Israels“; sie ist „Mutter Jesu, des Christus, Herrn und Sohnes Gottes“ und sie steht in der Gemeinschaft der Heiligen. Das Dokument geht den Weg Marias nach „von der bescheidenen jungen Jüdin aus Nazareth bis zu derjenigen, die uns in der Gemeinschaft der Heiligen vorausgeht, weil sie von Gott auserwählt worden ist, um die Mutter des Messias zu werden“ (Nr. 203).

Im zweiten Teil behandelt die „Groupe des Dombes“ die umstrittenen mariologischen Fragen. Das dritte Kapitel benennt ihrer vier: Es geht um die Mitwirkung Marias am Heilswerk (katholisch gesehen), also um die Beziehung zwischen Gnade und Freiheit (protestantisch betrachtet). Es geht um die Jungfräulichkeit Marias. Es geht um die beiden neueren Mariendogmen und schließlich um die Anrufung Marias und der Heiligen. Aus den bestehenden Unterschieden zieht Kapitel IV die Folgerung, dass beide Konfessionen zu einer Umkehr in Haltung, Doktrin und Kult aufgerufen seien. Das Dokument schließt mit dem Text der beiden Mariendogmen von 1854 und 1950 sowie einer Auswahl von Mariengebeten aus verschiedenen kirchlichen Traditionen.

Die Jungfräulichkeit Marias wird in verschiedenen Zusammenhängen des Dokuments thematisiert. Die nachapostolische Kirche habe, „auch wenn sich einige dazu eher zurückhaltend äußerten, die jungfräuliche Empfängnis Jesu als Berufung Marias zu einer immerwährenden Jungfrauschaft verstanden“ (Nr. 19). Deshalb sei Maria bereits im vierten Jahrhundert zu einem „Modell der Jungfrauen“, einer „Art erster Ordensfrau“ geworden (Nr. 21), wie Hinweise auf Athanasius und Augustinus belegen. Von der mittelalterlichen Mariologie wird gesagt, sie fasse „in der Person Marias die Dualität der himmlischen und irdischen Realitäten in Begriffen und Titeln zusammen“ – vielleicht wäre es besser, von einem elliptischen Denken zu sprechen, weil es sich um ein Zusammendenken, nicht um eine Trennung beider Wirklichkeiten handelt. Die Theologie muss sich deshalb der Frage stellen, wie Maria „gleichzeitig Jungfrau und theotokos, Schwester und Mutter, Mutter und Tochter, Gebärerin und vom Erlöser gezeugt“ sein könne (Nr. 39).

Dieses duale Denken führt bei Martin Luther zu einer christologischen Konzentration. Er verteidigt die immerwährende Jungfräulichkeit Marias, sieht diese aber in ihrer Hinordnung auf Christus: „Diese Jungfräulichkeit verleiht Maria keinen besonderen Platz, im Gegenteil: sie ist nur aufgrund der durch Christus bewirkten Erlösung ‚Jungfrau Maria'." (Nr. 55) Luther lehnt deshalb jede Überordnung der jungfräulichen vor der ehelichen Lebensform unter Berufung auf die Jungfrauschaft Marias ab – womit er sich auf der Linie der katholischen Doktrin nach dem Zweiten Vatikanischen Konzil befindet. Die christozentrische Orientierung kommt in der Analyse der „Groupe des Dombes" noch stärker bei Zwingli zum Ausdruck, über den es heißt: „Der Züricher Reformator weist im Rahmen seiner Christologie der Jungfräulichkeit Marias, vor allem ihrer immerwährenden Jungfräulichkeit, mehr Bedeutung zu als Luther. Alle anderen marianischen Tugenden hängen davon ab; ohne sie würde Maria ihren Rang verlieren. Das ganze Geheimnis der Inkarnation ist an diese immerwährende Jungfräulichkeit gebunden." (Nr. 62) Auch für Calvin ist selbstverständlich, dass Maria jungfräulich war vor, in und nach der Geburt, doch geht es bei ihm in erster Linie um das „Handeln des Heiligen Geistes in ihr" (Nr. 65).

In den letzten 500 Jahren wurde die Jungfrauschaft Marias weniger thematisiert. In den protestantischen Kirchen wuchs die Distanz zu Maria, in der katholischen Kirche kehrte nach dem barocken Überschwang, der aufgeklärten Nüchternheit und der Restauration einer marianischen Begeisterung eine biblische Neubesinnung ein. Dadurch wurde auch auf protestantischer Seite eine Neubesinnung auf Maria ermöglicht. Auf jeden Fall, so das Dokument, ist Maria „heute vielleicht der empfindlichste Kristallisationspunkt aller unterschwelligen konfessionellen Auseinandersetzungen [...], insbesondere hinsichtlich der Soteriologie, der Anthropologie, der Ekklesiologie, der Hermeneutik" (Nr. 119).

Ähnlich abgewogen wie der historische Befund wird von der „Groupe des Dombes" auch das biblische Fundament diskutiert. Maria dürfe weder idealisiert noch sublimiert werden. Gerade die Meditation ihrer biblischen Gestalt habe „zu einer Aufwertung der Frau und ihrer Rolle in der Gesellschaft" (Nr. 125) beigetragen. Am Beispiel der Verwendung der Bezeichnung „Jungfrau" zeigt das Dokument in Nr. 127 die Vielschichtigkeit biblischen Denkens auf. So kennt das AT eine Hochschätzung der Jungfräulichkeit vor der Ehe und verwende das Wort als Epitheton für Israel und andere Völker. Aber Jungfräulichkeit konnte auch zum Stigma für eine Frau werden, deren Fluch darin bestand, menschliches Leben nicht weitergeben zu können. Für die alttestamentliche Tradition ist der Blick auf Maria deshalb vor allem von ihrer Mutterschaft bestimmt: „Sie macht die Erfahrung des Gebärens, die das Leben einer Frau krönen und zum Fortbestand des erwählten Volkes beitragen sollte." (Nr. 127)

Die von Mt und Lk ins Spiel gebrachte Bezeichnung Marias als Jungfrau kennt zunächst eine grundlegende Aussage: „die Zeugung Jesu ist ohne männliche Intervention geschehen" (Nr. 146). Als Konsens wird formuliert, dass Maria Jungfrau und Mutter ist. Nr. 151 ist ein schönes Zeugnis für die elliptische Betrachtungsweise der heilsgeschichtlichen Stellung Marias. Nicht das „entweder – oder", sondern das „sowohl – als auch" gelten, wenn ausgehend vom Lukas-Evangelium, gesagt wird:

„Maria reiht sich, als Jungfrau *und* Mutter, nicht nur in die Reihe der vom Alten Testament erwähnten Frauen ein. Sie unterscheidet sich von ihnen durch das Ereignis der jungfräulichen Empfängnis, die sowohl den Sinn der Jungfräulichkeit als auch den der Mutterschaft verändert. Einerseits ist die Jungfräulichkeit Marias nicht die einfache Voraussetzung ihrer Heirat mit Josef: Maria bleibt Jungfrau, obwohl sie empfangen hat. Anderseits kann die Mutterschaft Marias nicht mit der wunderbaren Erfahrung der Unfruchtbaren, die gebärt, assimiliert werden; das Wunder besteht hier darin, daß Maria ein Kind zur Welt bringt, ohne einen Mann gekannt zu haben. So hindert die Jungfräulichkeit Maria nicht, Mutter zu sein, ebensowenig wie die Tatsache, die Mutter Jesu zu sein, ihre Jungfräulichkeit in Frage stellt. Diese einzigartige Situation hängt mit dem Heilsplan Gottes zusammen, der durch Maria Fleisch in unserer menschlichen Geschichte annehmen wollte. Die Tatsache, daß die Frau, auf die der Schöpfergeist herabgekommen ist, Jungfrau ist, ist ein Zeichen dafür. Sobald sie vom Schatten des Allerhöchsten berührt worden ist, ist sie zum Tempel dessen geworden, der durch sie auf die Welt kommen sollte. Jungfrau und Mutter, diese Neuheit bezeichnet das Geheimnis, das Gott bewirkt, indem er Maria, Frau unter den Frauen, zur Mutter seines eigenen Sohnes macht." (Nr. 151)

Kontroverse Deutungen zwischen den christlichen Konfessionen beziehen sich auf das Verhältnis von leiblicher Verwandtschaft mit Jesus und Nachfolgegemeinschaft. Geht es der Heiligen Schrift um Aussagen über mögliche leibliche Kinder Marias (oder Josefs), oder geht es um „Brüder und Schwestern im Glauben" (Nr. 187), um einen beispielhaften „Weg, den Maria im Glauben und den die Brüder und Schwestern Jesu in ihrer

Umkehr zum Glauben zurückgelegt haben“ (Nr. 188)? Exegetischer Konsens ist auf jeden Fall, dass die Familie Jesu ihm nicht gefolgt ist. Erst nach Tod und Auferstehung hätten sie sich seiner Jüngergruppe angeschlossen. Wer mit den „Brüdern und Schwestern Jesu“ gemeint ist, entzieht sich unserem Zugriff: „Wir müssen akzeptieren, daß die Texte des Neuen Testaments keine ausreichenden Elemente für eine Lösung dieses Problems geben. Die von den jeweiligen Verfechtern verwendeten Argumente sind Mutmaßungen, die sich leicht ins Gegenteil verkehren lassen.“ (Nr. 230) Doch gerade die exegetischen Deutungen werden auf dem Hintergrund von Glaubensüberzeugungen zu kontroversen Positionen. Die Überzeugung von katholischen und orthodoxen Christen führt zur Deutung, dass Jesus den Rahmen seiner leiblichen Familie gesprengt habe und dass Maria „auf jede fleischliche Beziehung verzichtet hat, um einzig und allein die Mutter ihres Sohnes Jesus zu sein“ (Nr. 231). Auf protestantischer Seite werde die noch von den Reformatoren vertretene Ansicht der immerwährenden Jungfräulichkeit Marias aus exegetischen Gründen kaum mehr vertreten: „Andere sind der Ansicht, daß man eine sichere Glaubensaussage nicht auf ein unsicheres Zeugnis der Hl. Schrift gründen kann.“ (Nr. 232) Als Vermittlungsposition scheint für die Gruppe auf, „daß die Behauptung der immerwährenden Jungfräulichkeit Marias eine unbestrittene spirituelle Bedeutung behalten könnte. Auf jeden Fall muß die Unterscheidung zwischen geschichtlichen Gegebenheiten und der Überzeugung des Glaubens respektiert werden.“ (Nr. 233)

Für das ökumenische Gespräch, das für die „Groupe des Dombes“ immer von der Haltung der Umkehr geprägt sein muss, empfiehlt das Dokument die Anwendung des Prinzips der „Hierarchie der Wahrheiten“. Der wesentliche Punkt bei der Frage nach der Jungfrauschaft Marias sei der Glaube an die Göttlichkeit Jesu Christi. Dennoch könne man die Jungfräulichkeit Marias nicht einfach leugnen, weil die Tradition der Kirche und auch das Zeugnis der Reformatoren dagegen stehen. Das Fazit der Gruppe für die katholische Seite: „Damit stellt sich die Frage, ob die Tatsache, daß viele Protestanten die immerwährende Jungfräulichkeit Marias nicht anerkennen, ein Hindernis für die durch die Taufe und die Eucharistie begründete Zugehörigkeit zur selben Kirche darstellt oder nicht. Obwohl wir zur zweiten Hypothese neigen, erkennen wir an, daß der interkonfessionelle Dialog in dieser Hinsicht noch vertieft werden muß.“ (Nr. 302) Und für die protestantische Sicht lautete der Appell:

„Was den Titel Marias als ‚immerwährende Jungfrau' betrifft, so respektieren die Protestanten eine Beteuerung, die vor der Trennung Teil unseres gemeinsamen Glaubens war, die im Augenblick dieser Trennung nicht in Frage gestellt worden ist und die zum Glauben einer großen Anzahl ihrer christlichen Brüder gehört. Welches auch immer die Schwierigkeiten sein mögen, sie verzichten nicht darauf, Maria als Jungfrau schlechthin zu sehen, ein Titel, der ihr immer aufgrund der jungfräulichen Empfängnis Jesu zukommt." (Nr. 327)

2. ARCIC-Dokument 2005

Das zweite hier zu untersuchende Dokument entstammt dem katholisch-anglikanischen Dialog[2]. Im Frühjahr 2005 verabschiedete die ARCIC (Anglican – Roman Catholic International Commission) ein englischsprachiges Papier mit dem Titel „Mary: Grace and Hope in Christ". Das als „Seattle Statement" untertitelte Dokument sollte besonders die lehramtlichen Differenzen durch die beiden Mariendogmen von 1854 und 1950 in den Blick nehmen.

Das Dokument ist in vier Hauptteile gegliedert. Der erste Teil (A) beschreibt das biblische Marienbild. Er geht von den marianischen Typologien des AT aus, bevor die Kindheitsgeschichten von Mt und Lk analysiert werden. Sich aus diesen beiden Evangelien ergebende Probleme beziehen sich auf die jungfräuliche Empfängnis Marias und die Frage nach der „wahren Familie Jesu". Eine ausführliche Behandlung erfahren die marianischen Stellen aus dem Johannes-Evangelium sowie die Deutung von Offb 12 als Zeichen des eschatologischen Messias-Sieges. Teil B geht auf die christliche Tradition ein. Der dogmen- und frömmigkeitsgeschichtliche Überblick bezieht sich zunächst auf die Zeit der Antike und das Mittelalter, bevor er die getrennten Entwicklungen in der angli-

2 Der englischsprachige Text ist zu finden bei: http://www.vatican.va/roman_curia/pontifical_councils/chrstuni/angl-comm-docs/rc_pc_chrstuni_doc_20050516_mary-grace-hope-christ_en.html.
Ein Kommentar zu diesem Dokument aus der Feder von Jared Wicks SJ: http://www.vatican.va/roman_curia/pontifical_councils/chrstuni/angl-comm-docs/rc_pc_chrstuni_doc_20050516_commentary-wicks_en.html.

kanischen und der römisch-katholischen Kirche aufzeigt, wobei in beiden Kirchen die Akzentsetzungen der letzten Jahrzehnte ein neues Verständnis füreinander ermöglichen. Unter dem Muster von Gnade und Hoffnung hebt Teil C den besonderen Platz heraus, den Maria in der Gnadenökonomie einnimmt. Hierfür werden die beiden Mariendogmen der letzten Jahrhunderte als Beispiel angeführt, die dann als gemeinsames Erbe aufgefasst werden können, wenn sie in diesem biblischen Bezugssystem von göttlicher Gnade und menschlicher Erlösungshoffnung verstanden sind. Verschiedene strittige Einzelfragen diskutiert Teil D. Maria im Leben der Kirche bezieht sich zunächst auf die vermittelnde Stellung Marias in der Gemeinschaft der Heiligen und ihr besonderes Dienstamt. Dabei wird die Praxis der Anrufung Marias und der Heiligen als nicht gemeinschaftstrennend bezeichnet.

Die Jungfrauschaft Marias wird im ARCIC-Dokument an vielen Stellen indirekt thematisiert. Das hängt in erster Linie mit der im Englischen gebräuchlichen marianischen Titulierung als „Virgin Mary“ zusammen. Doch sind es gerade die biblischen Bezüge, die Marias Jungfrauschaft ins Spiel bringen. Die alttestamentliche Metapher von Jungfrau und Braut findet ihre Erfüllung im Kommen Christi durch Maria (Nr. 9). Der Bericht über die Geburt Jesu wird von Mt in der Perspektive der jesajanischen Prophezeiung (Jes 7,14) geschildert, in Kontinuität mit Israels Messiaserwartung und gleichzeitig unter dem Vorzeichen der Neuheit der Geburt des Erlösers (Nr. 13). Reiche biblische Querverweise bietet das Dokument in Nr. 15. Verkündigung und Besuch bei Elisabeth akzentuieren Maria „in einzigartiger Weise als Empfängerin von Gottes Erwählung und Gnade“. Lk 1,35 deutet der Text folgendermaßen: „Die jungfräuliche Empfängnis weist hin auf die göttliche Sohnschaft des Erlösers, der von Maria geboren wird.“ (Nr. 16)

Zusammenfassend heißt es über die jungfräuliche Empfängnis Jesu durch Maria, dass es eine „göttliche Initiative in menschlicher Geschichte“ (Nr. 18) sei. Auch wenn sie auf den ersten Blick als Abwesenheit eines menschlichen Vaters interpretiert werden könne, sei sie in Wahrheit „ein Zeichen der Gegenwart und Tätigkeit des Geistes“, „ein sprechendes Zeichen der göttlichen Sohnschaft Christi und neuen Lebens durch den Geist“ (Nr. 18). Unter Verweis auf Joh 3,3–5 kann die Jungfrauschaft Marias in der Empfängnis ihres Sohnes sogar als Hinweis auf die Neugeburt jedes Christen als Adoptivkind Gottes gedeutet werden:

„In diesem Licht ist die jungfräuliche Empfängnis, weit davon entfernt ein isoliertes Wunder zu sein, ein machtvoller Ausdruck dessen, was die Kirche über ihren Herrn glaubt, und über unsere Erlösung." (Nr. 18)

Dass die synoptischen Evangelien nach den Kindheitsgeschichten auf die Frage nach der wahren Familie Jesu zu sprechen kommen, bezeichnet das Dokument als überraschend. Bei Mk steht der Kontrast zwischen der natürlichen und der eschatologischen Familie Jesu im Vordergrund, wobei auch letztere erst in der Begegnung mit dem Kreuz und dem leeren Grab zum Glauben kommen wird. Die Seligpreisung der Frau bei Lk 11,27–28 kennt diese Entgegensetzung nicht, sondern schließt Maria mit ein. Die Anwesenheit Marias im Pfingstsaal zeigt sie in ähnlicher Weise rezeptiv für das Wirken des Gottesgeistes wie bei der Verkündigung. Die jungfräuliche Empfängnis Jesu diente in der frühen Kirche der Verteidigung seiner wahren Gottheit. Sein göttlicher Ursprung und seine göttliche Identität waren für die Kirchenväter gleichzeitig die Möglichkeit, die Gottheit Jesu und die Ehre Marias zu verteidigen. Anglikaner und Katholiken, so die Schlussfolgerung, stimmen in der Formulierung des Apostolischen Glaubensbekenntnisses überein: „empfangen durch den Heiligen Geist, geboren von der Jungfrau Maria" (Nr. 33).

Im weiteren Verlauf des Dokuments wird neben der Eva-Maria-Parallele die immerwährende Jungfräulichkeit Marias thematisiert. Maria, die von den Kirchenvätern als Modell der Heiligkeit für geweihte Jungfrauen empfohlen wird, habe diese Qualität allerdings nicht allein in Bezug auf ihre physische Unversehrtheit, sondern „als innere Disposition der Offenheit, des Gehorsams und der Treue des ganzen Herzens zu Christus". So werde christliche Jüngerschaft zu geistlicher Fruchtbarkeit (Nr. 37). Im patristischen Verständnis war Marias Jungfräulichkeit immer eng mit ihrer Heiligkeit verbunden, wofür Augustinus als Kronzeuge herangezogen wird (Nr. 38). Dieses Zögern des Augustinus, Maria als Sünderin zu sehen, war bei den englischen Reformatoren (Latimer, Cranmer und Jewel) Grund für die Akzeptanz der Lehre von der immerwährenden Jungfräulichkeit Marias, wie es auch im „Book of Common Prayer" für die Weihnachtsgebete festgehalten wird (Nr. 45, 46). Gerade die liturgische Feier Marias bleibt bis heute ein wichtiger Ansatzpunkt für eine ökumenische Verständigung zwischen der römisch-katholischen und der anglikanischen Kirche. Nachdem hervorgehoben wurde, wie sehr Maria in die christliche Hoffnung im allgemeinen und die Gnadenökonomie im besonderen eingebunden ist, zieht es die Schlussfolgerung: „Wir stimmen gemeinsam darin überein, Maria als das vollständigste menschliche Beispiel des Lebens aus der Gnade zu verstehen, wir sind gerufen über die Lektionen ihres Lebens nachzudenken, die in der Schrift aufgezeichnet sind, und uns ihr anzuschließen, die sie wahrhaftig nicht tot, sondern wirklich lebendig in Christus ist.“ (Nr. 65)

3. Ein Fazit

Versuchen wir diese beiden ökumenischen Konsenspapiere zusammen zu sehen, so kann zunächst einmal die Wahrnehmung des marianischen Reichtums der christlichen Tradition konstatiert werden. Beide Dokumente konzentrieren sich nicht auf Kontroversthemen, sondern gehen der Entwicklung der Mariologie und der Marienverehrung nach und fundieren sie in einer soliden Exegese der Heiligen Schrift. Daraus ergibt sich für beide Dokumente, dass die Jungfräulichkeit Marias von Mt und Lk klar bezeugt ist und bis zur Reformation einschließlich kaum Anlass theologischer Dispute war. Die Bezugnahme auf alttestamentliche Typologien und die Kindheitsgeschichten von Mt und Lk stellen Maria vielmehr in den Kontext der Messiaserwartung des Volkes Israel und des Heilswerkes, das durch die Menschwerdung Gottes in Jesus von Nazaret einen neuen Anfang und eine neue Perspektive bekam. Der Jungfräulichkeit Marias nach Jesu Geburt scheinen die Perikopen zunächst entgegen zu stehen, die von den „Brüdern und Schwestern Jesu“ berichten. Doch auch hier werden die unterschiedlichen exegetischen Verständnishorizonte referiert, aufgrund derer eine dauernde Jungfräulichkeit Marias zumindest nicht auszuschließen ist. Es ist bezeichnend, dass sowohl für Calvin als auch für die ersten anglikanischen Theologen die Jungfräulichkeit Marias vor, in und nach der Geburt zu den selbstverständlichen Glaubenswahrheiten gehörte.

Hier zeigen sich die Vorteile des in beiden Dokumenten gewählten historisch-genetischen Ansatzes. Deutlich wird die Kontinuität des biblischen Marienbildes in der Theologie der Kirchenväter. Ebenfalls klar sichtbar ist die Entfaltung dieser Mariologie in der Frömmigkeit des Mittelalters. Kontinuitäten zur Alten Kirche bleiben selbst bei den Reformatoren des 16. Jahrhunderts erhalten. Der Bruch in der Mariologie zwischen der römisch-katholischen und den reformatorischen Kirchen geschah weitgehend erst in der Theologie des späten 16. und 17. Jahrhunderts. Für weitere Gespräche scheint es deshalb sinnvoll zu sein, sich über die gemeinsamen theologischen Fundamente näher zu verständigen. Die neue Betonung der Theologie der Kirchenväter durch Papst Benedikt XVI. kann hier für beide Seiten einen Zugang eröffnen.

Die von „Groupe des Dombes" ins Spiel gebrachte „Hierarchie der Wahrheiten" wurde in beiden Dokumenten angewandt. Sie zeigt sich im konsequenten Rückbezug der Mariologie auf die Bibel, in der Darstellung der dogmengeschichtlichen Entfaltung und in der theologischen Reflexion über Maria in der Rückbindung an das Heilswerk der Erlösung. Der Gewinn beider Dokumente besteht deshalb vor allem darin, in der Jungfräulichkeit Marias kein isoliertes Privileg zu sehen. Im Gegenteil: Auch die Jungfräulichkeit Marias ist nur zu verstehen – um die Worte Pius' IX. bei der Dogmatisierung der Unbefleckten Empfängnis zu gebrauchen – „im Hinblick auf die Verdienste ihres Sohnes Jesus Christus, des Erlösers des Menschengeschlechtes". Mutterschaft und Jungfräulichkeit Marias hängen eng zusammen, weil beide Teil ihrer Erwählung zu einer heilsgeschichtlichen Aufgabe sind.

Für das weitere ökumenische Gespräch ist zu hoffen, dass über ein ähnlich gegliedertes Konsenspapier mit den orthodoxen Kirchen der Aspekt der Verehrung Marias noch stärker aufgearbeitet wird. Bei allem erzielten Konsens in theologischen Fragen bleibt nach wie vor offen, welche Lebensrelevanz eine solche Mariologie hat. In der katholischen Tradition diente die Vergewisserung über Maria immer auch dazu, die Beziehung zu ihr zu vertiefen, sie als Fürsprecherin anzurufen, am Vorbild ihrer Christusnachfolge die eigene Nachfolgebereitschaft zu vertiefen und im Gebet mit ihr und zu ihr den persönlichen Weg der Ganzhingabe zu gehen. Dieser weiterführende Schritt bedarf noch weiterer Gespräche.

Frau – Jungfrau – Mutter

Maria im Verständnis von Edith Stein (1891–1942)

von Klaus Guth

1. Gedanken zum Bild der Frau in Familie, Wissenschaft und Beruf

Von Maria im Denken, Wirken und Beten Edith Steins zu sprechen, setzt voraus, ihre Einstellung zur Frauenfrage am Ende der Weimarer Republik zu skizzieren. Ihr Ansatz und ihr Anliegen waren anders akzentuiert als das Problem der Emanzipation der Frau in der Gesellschaft des 21. Jahrhunderts. Ihr ging es in ihrem Leben und Werk „um die Würde der Frau auf politischem, gesellschaftlichem und kirchlichem Gebiet ..."[1] Als Sproß einer deutschen jüdischen Familie um die Wende des 19./20. Jahrhunderts geboren (1891–1942) erlebte sie in ihrer Jugend die starke Stellung der Frau als Mittelpunkt der jüdischen Familie in der Gestalt ihrer Mutter. Sie war umso prägender, da diese nach dem frühen Tod des Vaters und Ehepartners (1893) dessen Handelsgeschäfte zur wirtschaftlichen Absicherung der sieben-köpfigen Familie[2] übernahm und damit den inneren Zusammenhalt in Familie und Verwandtschaft sicherte.

[1] Edith Stein: Die Frau. Fragestellungen und Reflexionen. Einleitung von Sophie Binggeli, bearb. von Marie Amata Neyer OCD, in: Edith Stein. Gesamtausgabe, Bd. 13: Die Frau. Fragestellung und Reflexionen, Freiburg/Br. 2000. Künftig ESGA Bd. 13 (2000), hier: ESGA Bd. 13 (2000), S. IX: Einleitung.

[2] Mutter Auguste Stein hatte 11 Kinder geboren; 4 starben im Kindesalter. Vgl. ESGA Bd. 1 (2002): Aus dem Leben einer jüdischen Familie, S. 16.

Edith Stein, die jüngste der Familie Stein in Breslau, hatte später im Rückblick auf ihr Leben als Jüdin, Studentin der Germanistik, Geschichte und Philosophie in Breslau, Göttingen und Freiburg, als Konvertitin, Lehrerin in Speyer, Dozentin für Philosophie am Deutschen Institut für wissenschaftliche Pädagogik und Mitglied des Karmel in Köln-Lindenthal das Leben einer jüdischen Familie geschildert (ab 1933 geschrieben). In diesen Erinnerungen, „Aus dem Leben einer jüdischen Familie"[3] betitelt, wird auch die zentrale Bedeutung der Frau und Mutter für die jüdische Familie deutlich. Sie war das Herz der Familie.

Auch in der Familie Stein hielt Auguste Stein, geb. Courant (1849–1936), das „häusliche Leben" lebendig, ob durch Familienfeste, die Feier der jüdischen hohen Jahresfeste oder die des Sabbats. Für Mutter Stein war der Gang in die Synagoge an den Festtagen zusammen mit den (jüngeren) Kindern eine Selbstverständlichkeit.[4] Sie war es auch, die den Kontakt zur großen Verwandtschaft pflegte. Deren Sorgen und die wirtschaftlichen der Familie waren oft das Gespräch in der vaterlosen Familie Stein. Das Älterwerden der Mutter, und die Mitarbeit der verheirateten Kinder im Geschäft und Haushalt, brachten Störungen und „zehrte oft am häuslichen Frieden".[5]

Vor dem Erfahrungshintergrund des eigenen Familienlebens in Breslau sind Edith Steins Vorträge und Niederschriften zum Thema „Frau", die zwischen 1928 und 1933 entstanden sind, zu analysieren. Ablösung vom Elternhaus, Verweigerung der Habilitation, Konversion und persönliche Entwicklung, Eintritt ins Berufsleben als Lehrerin in Speyer (1923–1931) für Deutsch und Geschichte am Mädchengymnasium und der Lehrerinnenbildungsanstalt St. Magdalene und als Dozentin in Münster am Deutschen Institut für Wissenschaftliche Pädagogik (ab April 1932) gaben Freiräume und brachten neue wissenschaftlich-praktische Aufgaben. Die wissenschafts-theoretischen Voraussetzungen dokumentieren eigene Pub-

3 ESGA Bd. 1 (2002), S. 1–343.

4 Ebenda bes. S. 43–46.

5 Ebenda S. 79. Zum Ganzen: Klaus Guth: Eingewurzelt und verwandelt. Das jüdische Erbe bei Edith Stein (1891–1942). In: Donum veritatis. Theologie im Dienst an der Kirche. Festschrift Anton Ziegenaus, hg. von Manfred Hauke und Michael Stückelbroeck, Regensburg 2006. – Rachel Monika Herweg: Die jüdische Mutter. Das verborgene Matriarchat, Darmstadt 1995.

likationen zur Anthropologie, Ontologie/Metaphysik und Theologie bereits vor 1934 nachhaltig.[6]

Im Vergleich mit den großen Werken Edith Steins, wie „Endliches und Ewiges Sein“, „Kreuzeswissenschaft“ oder andere rein philosophische Studien erscheinen die Äußerungen zur Frauenfrage zweitrangig. Als Hintergrund unseres Themas: „Frau, Jungfrau, Mutter – Maria“ begründen ihre einschlägigen Schriften die Würde der Frau und deren Recht auf Bildung mit Nachdruck. Dabei sieht Edith Stein keinen Unterschied zwischen Mann und Frau bei der Ausübung eines Berufs: „... Es gibt keinen Beruf, der nicht [auch] von einer Frau ausgeübt werden könnte.“[7] Daher verlange die moderne Gesellschaft nach Frauen, die „einem Haushalt vorstehen“[8] können und entsprechend ihren individuellen Gaben für einen Beruf ausgebildet werden. Der Wirkungskreis der Frauen habe sich so „in wenigen Jahrzehnten vom Heim zur Welt erweitert“.[9] In der Frage der Berufung der Frau zum Priestertum in der Kirche erkennt sie die eigentümlichen Aufgaben der Männer und Frauen im Ordensstand auf Grund ihrer Berufung, „aber das Priestertum hat er (Christus) ihnen (den Frauen) nicht verliehen, auch nicht seiner Mutter, der Königin der Apostel, die an menschlicher Vollkommenheit und Gnadenfülle über die gesamte Menschheit erhoben war.“[10] Edith Stein erkannte aber realistisch den wachsenden Bedarf an „weiblichen Kräften für kirchlich-carita-

6 Edith Stein: Der Aufbau der menschlichen Person (1932/33), Mskr.; dies.: Des Hl. Thomas von Aquino Untersuchungen über die Wahrheit, 2 Bde., Breslau 1931–32; dies.: Über Glauben, Wissen und Erkennen (ca. 1932), Mskr.; dies.: Newman John, Henry Cardinal: Briefe und Tagebücher 1801–1845. Übertragen von Edith Stein, hg. von Erich Przywara, München 1928; dies.: Potenz und Akt (1931), Mskr.; dies.: Zum Problem der Einfühlung, Halle 1917; dies.: Eine Untersuchung über den Staat, in: JPP 7 (1925), Tübingen ^{2}1970, S. 1–123. Vorliegend wurden nur längere Manuskripte mit monographisch ausgearbeiteten Themen chronologisch bis zum Eintritt in den Karmel (1934) aufgelistet.

7 ESGA Bd. 13 (2000): Das Ethos der Frauenberufe, S. 22.

8 Ebenda: Grundlagen der Frauenbildung, S. 40.

9 Ebenda: Probleme der neueren Mädchenbildung, S. 134.

10 ESGA Bd. 13 (2000): Beruf des Mannes und der Frau nach Natur- und Gnadenordnung, S. 76.

tive Arbeit und Seelsorgshilfe".[11] Ob dies der erste Schritt auf dem Weg zum Priestertum der Frau sei, ist die Frage. Dogmatisch stehe dem in Edith Steins Augen nichts im Weg. Dagegen sprächen aber die ganze Tradition der Kirche und „die geheimnisvolle Tatsache, daß Christus als Menschensohn auf die Erde kam, daß darum das erste Geschöpf auf Erden, das in einem ausgezeichneten Sinn nach Gottes Bild geschaffen wurde, ein Mann war – das scheint mir darauf hinzuweisen, daß er zu seinen amtlichen Stellvertretern auf Erden nur Männer einsetzen wollte."[12] Die Berufung der Frau zum Dienst in der Kirche sei aber deswegen nicht geringer einzuschätzen. Die Menschwerdung Gottes durch eine Frau und die unvergleichlich enge Verbindung mit ihr (der Mutter Maria), habe ihr „für alle Ewigkeit eine Stellung in der Kirche gegeben wie keinem anderen Menschen ..." So habe Gott auch zu „allen Zeiten Frauen zur innigsten Vereinigung mit sich berufen, als Sendboten seiner Liebe ..."[13]

Sophie Binggeli[14] und Hanna Barbara Gerl[15] haben in ihren einschlägigen Untersuchungen Leitgedanken Edith Steins zur Frauenfrage herausgestellt. In ihrer philosophischen Geschlechteranthropologie werden einige Aussagen zu beachten sein, die als Folie ihrer Marienverehrung gelten können. Sicher sind ihre Gedanken zur Geschlechterdifferenzierung auch zeitbedingt. Edith Stein schreibt zu Recht: „Als Gymnasiastin und junge Studentin bin ich Frauenrechtlerin gewesen. Dann verlor ich das Interesse an der ganzen Frage. Jetzt suche ich, weil ich muß, nach rein sachlichen Lösungen."[16] Mit „jetzt" meint sie Aufgaben, die durch die reiche Vortragstätigkeit zur Frauenfrage und Mädchenbildung in den letzten Jahren der Weimarer Republik auf sie zugekommen waren. Die „Doppellast von Berufs- oder oft nur Erwerbsarbeit und Familienpflich-

[11] Ebenda S. 77.

[12] ESGA Bd. 13, ebenda S. 77.

[13] Ebenda.

[14] ESGA Bd. 13 (2000, 2. Aufl.): bes. S. XV–XXI: Einleitung.

[15] Hanna-Barbara Gerl: Unerbittliches Licht. Edith Stein – Philosophie, Mystik, Leben, Mainz 1991, bes. S. 43–77: Im Spannungsfeld der Frauenfrage.

[16] ESGA Bd. 2 (2000), Nr. 169, S. 185: Brief vom 8. August 1931 an Callista Kopf.

ten"[17] war für Edith Stein eine geläufige Lebensform, die Forderung nach Mitsprache der Frau im öffentlichen Leben selbstverständlich. Doch ohne eine Zentrierung der weiblichen Lebensform nach Innen, ohne eine Stütze gegen Überforderung durch ein praktiziertes religiöses Leben, wird die Frau in den Augen Edith Steins sich selbst entfremdet.[18] Daher suchte sie als Phänomenologin und bewusst lebende Katholikin nach Grundlagen des Frauenbildes. Ein wesentliches Fundament dafür sind in ihren Augen Hl. Schrift und die Tradition der Kirche (Erlösungsordnung). Sie werden durch Aussagen phänomenologisch vorgehender Philosophie ergänzt. Daraus ergeben sich in ihrem Denken die Unterschiede in der Geschlechter-Anthropologie wie die spezifische Bestimmung[19] der Frau. Letztere entspringt der dynamischen Einheit der Natur als Welt/Kosmos. Mann und Frau besitzen ihre je eigene Natur. Auf Grund der Offenbarung unterscheidet Edith Stein eine dreifache Bestimmung der weiblichen Natur: als

- Gattin,
- Mutter und
- Jungfrau.

Die Mutterschaft ist dabei die wesentliche. Sie kennzeichnet das eigentliche Sein der Frau, ob sie nun wirklich Mutter wird oder nicht. Die Mutterschaft bestimmt wesentlich das Sein der Frau. In ihr liegt der „spezifische Unterschied zwischen der weiblichen und männlichen Natur."[20] „,... Die Aufgabe, ein werdendes und wachsendes Lebewesen in sich aufzunehmen, zu bergen und zu nähren, bedingt eine gewisse Beschließung in sich selbst, und der geheimnisvolle Prozeß der Bildung eines neuen Geschöpfs im mütterlichen Organismus ist eine so intime Einheit von Seelischem und Leiblichem, daß man wohl versteht, daß diese Einheit zum Gepräge der gesamten weiblichen Natur gehört" (Edith Stein).[21] Die Frau umhegt das werdende Leben mit ihrem ganzen „Gemütsleben". „Das Organ für die Erfassung des Seienden in seiner Ganzheit

17 ESGA Bd. 13 (2000),: Die Bestimmung der Frau, S. 48 oben.

18 Gerl: Unerbittliches Licht (wie Anm. 15), S. 76.

19 Dazu Edith Stein: Die Bestimmung der Frau. In: ESGA Bd. 13 (2000), S. 49–55, hier: S. 49f.

20 ESGA Bd. 13 (2000): Einleitung S. XVI.

21 ESGA Bd. 13 (2000): Christliches Frauenleben, S. 86.

und in seiner Eigenart ist in das Zentrum ihres (d.h. der Frau) Seins gesetzt und bedingt jenes Streben, sich zum Ganzen zu entfalten und anderen zu einer entsprechenden Entfaltung zu verhelfen ... Dadurch ist sie (die Frau, d.Verf.) besser als der Mann von Natur aus gegen einseitige Betätigung und Entfaltung ihrer Kräfte geschützt, andererseits weniger geeignet für Höchstleistungen auf einem Sachgebiet, die immer mit einseitiger Konzentration aller seelischen Kraft erkauft sind ...“[22]

Edith Stein warnt aber auch vor der Einseitigkeit des Gemüts. Zusammen mit Verstand und Willen erst kann das Gemüt „wahres Menschentum in sich und in anderen zur Entfaltung bringen.“[23] Dazu bedarf es einer echten „Mütterlichkeit, die nicht bei dem engen Kreis der Blutsverwandten oder der persönlichen Freunde stehen bleibt, sondern nach dem Vorbild der ‚Mutter der Barmherzigkeit‘ (Maria) für alle da ist, die mühselig und beladen sind; sie (die Mütterlichkeit) muß ihre Wurzel haben in der weltweiten göttlichen Liebe.“[24]

Es fällt auf, dass Edith Stein zum Thema „Frau, Jungfrau, Mutter: Maria“ sich vor allem in den Vortragstexten zur Frauenfrage und Frauenbildung äußert. Die pädagogischen Schriften[25] zu Bildung, Erziehung, Jugendarbeit, Lehrerbildung u.a.m. wie ihre grundlegende philosophische Anthropologie „Der Aufbau der menschlichen Person“ enthalten nur am Rande Äußerungen zu ihrem Verständnis von Maria. Sie sind indirekt in Hinweisen zu Glaube, Gott, Mensch, Christentum, Kirche, Mutter, Menschenbild u.a.m. enthalten. Die Defizite einer rein philosophischen Betrachtung des Menschen werden in der philosophischen Anthropologie „Der Aufbau der menschlichen Person“ gegen Ende genau umrissen[26] und verweisen auf die Offenbarungswahrheiten über den Menschen. Da Edith Stein kein eigenes Werk zu Maria verfasst hat, werden ihre Äußerungen zum genannten Thema vor allem Texten zur Frauenfrage und ihrem meditativen Schrifttum entnommen.

22 Ebenda S. 87.

23 ESGA Bd. 13 (2000): Der Eigenwert der Frau, S. 11f.

24 Ebenda S. 11.

25 ESGA Bd. 16 (2001): Bildung und Entfaltung der Individualität, Freiburg/Br. 2001.

26 ESGA Bd. 14 (2004): Der Aufbau der menschlichen Person, S. 156–166.

2. Maria: Jungfrau und Mutter

„Im Angelpunkt der Geschichte der Menschheit steht die Frau, in der die Mutterschaft ihre Verklärung und zugleich – als leibliche Mutterschaft – ihre Überwindung fand“[27] Für Edith Stein ist Maria die „Idee des vollendeten Frauentums“. In der Mädchenbildung der 30er Jahre des 20. Jahrhunderts zwar ein utopisches Bildungsziel, erfasst sie jedoch aus der Perspektive und Typologie der Heilsgeschichte Maria als Urbild der Frau. Sie ist Jungfrau und „Mutter der Lebendigen“. Im Rückgriff auf Eva erinnert Stein an die alttestamentliche Tradition der jüdischen Familie. In ihr hat die Frau noch eine königliche Stellung. Sie bringt nicht nur die Kinder zur Welt, sondern hat auch die Sorge, sie in der Furcht des Herrn zu erziehen. Die Hochschätzung der Mutterschaft der Frau im Ersten Testament ruht auf der Verheißung, dass in Eva und ihrer Nachkommenschaft dem Bösen im Bild der Schlange der Kopf zertreten wird (Gen 3,15). Aus dem Schoße Mariens, der Magd des Herrn, wird der Erlöser hervorgehen.

In einem ersten Schritt wird daher nach den Gedanken und einer nicht ausgeführten Gliederung[28] Edith Steins Maria als

1. Urbild der Mutterschaft, als
2. Urbild der Jungfräulichkeit und der damit angezielten unterschiedlichen Verwirklichungen im weiblichen Sein, schließlich
3. Maria als ‚Bild der Gottheit‘, genauer des Wirkens des Hl. Geistes im Leben Mariens im folgenden vorgestellt.

Maria – Urbild der Mutterschaft

Edith Stein sieht, wie bereits angedeutet, die menschliche Größe und Bestimmung der Frau in der Mutterschaft. „In der Möglichkeit, Mutter zu werden, liegt zweifelsohne der spezifische Unterschied zwischen der weiblichen und männlichen Natur.“[29] Diese Hauptbestimmung des Wesens der Frau schließt jedoch nicht aus, dass Mann und Frau sich natür-

[27] ESGA Bd. 13 (2000): Probleme der neueren Mädchenbildung, S. 176.

[28] ESGA Bd. 13 (2000): Probleme der neueren Mädchenbildung, S. 170 f.

[29] ESGA Bd. 13 (2000): Einleitung (Sophie Binggeli), S. XVI.

lich ergänzen und wie im Spiegel ihre je eigentümliche Natur einander offenbaren. In der Bestimmung der Frau, Gattin und Mutter werden zu können, wird die Frau als Beziehungswesen gekennzeichnet. Sie ist nicht nur aus der Seite des Mannes geschaffen, sondern geht nach dem Schöpfungsbericht (Gen 2,21–25) als erstes Menschenpaar aus Gottes Liebe hervor.[30] Diese *metaphysische Relationalität* zwischen Mann und Frau durch Liebe wertet im marianischen Zusammenhang die „jungfräuliche Mutterschaft" Mariens nicht ab, sondern sieht im Titel der „virgo et mater" die heilsgeschichtliche Bedeutung. Maria ist für Edith Stein die „Idee, besser: die Ikone (d. Verf.) des vollendeten Frauentums."[31]

Zitat:

„Gott wählte für seine Inkarnation als Weg die Geburt aus einer menschlichen Mutter und stellt uns in ihr das vollendete Bild der Mutter vor Augen. Seit sie weiß, daß sie einen Sohn gebären wird, steht sie ganz im Dienste dieser Sendung. Von Gott ist er ihr gegeben, für Gott muß sie ihn behüten. Gesammelte Erwartung ist ihr Leben bis zur Stunde der Geburt, dann hingebender Dienst, zugleich Lauschen auf alle Worte und Zeichen, die etwas von seinem künftigen Weg erraten lassen. ... Anteil an seinem Werk in treuem Ausharren bis zu seinem Tod und über den Tod hinaus'[32] ist ihr Leben.

Und weiter:

„Aber diese Frau, die zur höchsten Mutterschaft berufen war, hatte vor Verkündigung dieser Erwählung, entgegen allen Traditionen ihres Volkes, nicht Ehe und Mutterschaft für sich gewollt. Sie war entschlossen, frei von geschlechtlicher Bindung zu leben. Als ‚Magd des Herrn' gebar sie Gottes Sohn und gehorchte dem Mann, der ihr zu ihrem und des Kindes Schutz zur Seit gestellt wurde. Sie wurde nicht mit ihm ‚ein Fleisch'; diese Ehe hatte nicht den Sinn, sein Geschlecht ... fortzupflanzen. In Maria tritt uns das Bild jungfräulicher Reinheit entgegen.'[33]

Im Motiv der Ausschließlichkeit, ganz als „Magd des Herrn" Gott allein zu gehören und zur Verfügung zu stehen, sieht Edith Stein die individuelle Berufung Mariens, Mutter Gottes zu werden. Damit tritt Maria aus

30 ESGA Bd. 13 (2000): Beruf des Mannes und der Frau, S. 59; Probleme der Mädchenbildung, S. 175.

31 ESGA Bd. 13 (2000): Probleme ebenda S. 174. Das Zweite Vatikanische Konzil: Lumen gentium, Kap. 8, Art. 55.

32 ESGA Bd. 13 (2000): Bildungsziel, S. 177.

33 Ebenda. Vgl. Lumen gentium (wie Anm. 31), Kap. 8, Art. 57–60.

der natürlichen Ordnung heraus, wird zur Miterlöserin des Erlösers und Mutter in der Ordnung der Gnade (LG, Kap. 8, Art. 61).

Maria – Urbild der Jungfräulichkeit

Für Edith Stein sind Maria und ihr Sohn Jesus frei von „jener Bindung, die einem Menschen die Erfüllung seines Lebenssinnes nur in der Vereinigung mit einem anderen und durch sie möglich macht; bei beiden tritt an Stelle dieser Bindung die Vereinigung mit der Gottheit (Gott, d. Verf.), bei Christus durch die hypostatische Union, bei Maria durch die Hingabe ihres ganzen Seins an den Dienst des Herrn."[34]

In der Ausschließlichkeit der Berufung, nur für den Herrn zu leben, sieht Edith Stein in Maria das Vorbild, den geistlich-personalen Impuls, jungfräulich zu leben. Diese „frei gewählte gottgeweihte Jungfräulichkeit"[35] um des Himmelreiches willen gilt nicht als Lebensentwurf für Maria allein. Er kann von jedem Berufenen gewählt werden. In der Ehe mit Josef sind beide, Maria und Josef, diesem Aufruf Gottes gefolgt. Der Witwer Josef wird durch Gottes Anruf im Traum, Maria zu sich zu nehmen, zum Paradigma frei gewählter männlicher Jungfräulichkeit[36], die auch als freiwillige Enthaltsamkeit in der Ehe gekennzeichnet werden kann. Zu dieser außergewöhnlichen Lebensform in Gemeinschaft hatte Gott die heilige Familie berufen und mit seinem Beistand begleitet.

Edith Stein nimmt in ihrer Abhandlung zur Mädchenbildung (1932) nicht die heilsgeschichtliche Funktion der Hl. Familie in den Blick, sondern die Darstellung der Jungfräulichkeit im Leben Jesu und seiner Mutter. Von dort her bewertet sie mögliche Positionen des Virgo-Ideals im Leben der Menschen. Ihr christologischer Zugang zum Ideal der Jungfräulichkeit ist einsichtig. Dieses gilt für Mann und Frau. „In Christus tritt uns Gott der Herr selbst entgegen." Er ist über jede Natur erhaben. Weil er aber über alle Natur erhaben ist, bleibt der Mensch Christus „für jede Bindung an ein einzelnes Geschöpf" unzugänglich. „... Seine Jung-

[34] Ebenda S. 177 f. Vgl. dazu: Joseph Ratzinger: Einführung in das Christentum, München 1968, S. 222–230.

[35] Ebenda Bd. 13 (2000), S. 177.

[36] Ebenda S. 178.

fräulichkeit ist eine konstitutive. Das heißt nicht, daß er nicht die Freiheit hatte, anders zu wählen, sondern daß gar keine Wahl in Frage kommen konnte. Darin ist er über alle anderen Menschen erhaben.“[37]

Maria dagegen hat in freier Wahl das Angebot Gottes, Mutter des Erlösers zu werden, angenommen. So wird sie zum Vorbild für Männer und Frauen, ähnlich zu handeln und zu leben. Doch wird im Verständnis von Edith Stein an Maria noch eine spezifische Seite ihres Frau-Seins sichtbar: Es ist „die Dienstbereitschaft für den Herrn“. Dies schließt „jede andere Bindung aus“[38]: „Siehe, ich bin die Magd des Herrn“. Im Unterschied zum Priester, der den Herrn in der Liturgie vertritt und im Zölibat „die ungeteilte Bereitschaft für den Dienst des Herren“ sichtbar macht, ist die Bereitschaft Mariens zum Dienst eine andere: „Sie repräsentiert nicht den Herrn, sondern sie sekundiert ihm.“ Sie ist immer an der Seite des Herrn. „Ihr Dienst ist Dienst, den sie unmittelbar ihm leistet“: bei der Fürbitte oder bei der Gnadenspendung, indem sie weiterleitet, „was sie aus seiner Hand empfängt.“[39] Zusammenfassend stellt Edith Stein in ihrem christologischen Ansatz Maria als „reines Urbild des Frauentums“ in ihrer Jungfräulichkeit vor. Maria steht an der Seite dessen, „der Urbild allen Mannestums ist“ und führt ihm „die ganze Menschheit“ zu.

Frauenberufe in Auseinandersetzung mit dem Ideal der Jungfräulichkeit

Einem Frauentum der „dienenden Liebe“, das gerade Maria „als Gottes Braut und aller Menschen Mutter“ vorlebte, stehen die „gottgeweihten Jungfrauen, die den Ehrentitel ‚sponsa Christi‘ tragen“, am nächsten ...; ihr [Mariens] Abbild sind aber auch die Frauen, die an der Seite eines Mannes stehen, der Christi Abbild ist (Priester) und durch leiblich-geistige Mutterschaft seinen Leib, die Kirche aufbauen helfen.“

Das Volk Gottes, die Gemeinden und die Dienste in den Gemeinden klammert Edith Stein in vorliegendem Zusammenhang aus. Den Beitrag

37 ESGA Bd. 13 (2000): Bildungsziel, S. 178.

38 ESGA Bd. 13 (2000) ebenda S. 178.

39 Ebenda.

der Laien im Dienst der Kirche betont sie an anderer Stelle. Die Christus-Nachfolge in Gemeinschaft mit Maria steht jedem Christen offen. Unterschiedliche Lebensentwürfe weiblicher Jungfräulichkeit und deren Dienste werden als selbstverständlich registriert. So stellt sie im Zusammenhang der Herbsttagung des katholischen Akademikerverbandes in Salzburg (30. August bis 3. September 1930)[40] die Frage nach dem Engagement der Frau in Familie und unterschiedlichen Berufen. Die Frau sei, wie es die Geschichte zeigt, offen für jede Berufstätigkeit. Doch gebe es „eine Reihe wirklicher Frauenberufe: so die erzieherischen, pflegerischen Frauenberufe. In der Wissenschaft zeigt sich die Frau namentlich dort am Platze, wo die lebendige Persönlichkeit das Ziel ist, so in Geschichte, Literatur, Kunst usw. „Weiblich" seien auch all jene Berufe, „wo eine dienende Aufgabe zu leisten ist",[41] ob als Übersetzerin, als Leiterin wissenschaftlicher Arbeit, auch in der akademischen Lehrtätigkeit. In den Augen Edith Steins sind „auch eigentlich männliche Berufe weiblicher Gestaltung fähig". Die Frau hat bei scheinbar rein sachlicher Arbeit leichter das Ziel der Arbeit im Auge, „daß im Grunde jede Sache einer Person dient."[42]

Die Vortragende kennt die Schwierigkeiten der berufstätigen Frau ohne Familie. Die Berufsarbeit könne zum Ersatz für häusliches Glück werden. Das gelte aber nicht für alle berufstätigen Frauen. Es gebe wenige, die im Beruf „echte Frauen bleiben und es fertig bringen, in ihrem Beruf der Bestimmung der Frau zu genügen."[43] Oft führe die Berufsarbeit zu Krankheiten bis zur Neurose. Die Verbindung von Beruf und Familie scheine im Beruf der Lehrerin möglich. Doch bleibe dies die Ausnahme, da es auf beiden Seiten eine außergewöhnliche Persönlichkeit zur Bewältigung der Doppelaufgabe erfordere.

Der Situation der unverheirateten Frau im Beruf, erzwungen durch Lebensumstände, geht Edith Stein mit großer Sorgfalt an anderer Stelle nach. Für Ordens- und Ehefrauen stelle die Kirche zur Aufrechterhaltung

40 Thema: Christus und das Berufsleben des modernen Menschen. Bericht von Dr. E. Vierneisel, Heidelberg. In: ESGA Bd. 13 (2000), S. 227–232.

41 Ebenda Bd. 13 (2000), S. 228.

42 ESGA Bd. 13 (2000): Besprechung der Salzburger Veranstaltung, S. 228/229.

43 ESGA Bd. 13 (2000): Die Bestimmung der Frau, S. 51.

ihres Standeslebens in Jungfräulichkeit Hilfen und Gnadenmittel bereit.[44] Aber wie können unverheiratete Frauen außerhalb der Orden ihre Bestimmung erfüllen? „In Zeiten äußerster wirtschaftlicher Not wie der unseren, wo jeder zugreifen muß, sobald sich ihm eine Erwerbsmöglichkeit bietet – Edith Stein spielt hier auf die Notverordnungen des Reichskanzlers Brüning zwischen 1930 und 1932 und auf die deutsche Wirtschaftskrise an – wäre es fast ein Glücksfall, einen angemessenen und der eigenen Natur entsprechenden Beruf zu finden.

Für Frauen die in solcher Situation auf „Ehe- und Mutterschaft" verzichten müssen, wird ein Beruf, der nur zum Zweck des Erwerbs übernommen wurde, diese kaum ganz ausfüllen können. In solcher Zwangslage kann der Mensch verbittern und verkümmern. „Einen Lebensweg zu gehen, der mit der eigenen Natur im Widerstreit ist – das ist etwas, was aus natürlicher Kraft kaum geleistet werden kann."[45] Eine solche Situation wird aus der Sicht Edith Steins nur *die* Frau akzeptieren und meistern können, die auch im Zwang der Verhältnisse den Willen Gottes zur erkennen vermag. Da die Stütze durch die „liturgisch geweihte Lebensform" hier fehle, bedarf ein solches Leben der „individuellen Führung" und der Annahme all der Gnadenmittel und Sakramente, die jedem Christen zu Verfügung stehen. Edith Stein sieht die individuellen menschlichen Schwierigkeiten situationsgegebener und erzwungener Ehelosigkeit, findet aber nur in der Annahme des eigenen Schicksals einen Weg zur Lösung. Das Ethos einer temporär gelebten Enthaltsamkeit in Treue zur Jungfräulichkeit wird bei Edith Stein in diesem Zusammenhang nicht dezidiert angesprochen. Doch scheint diese Lebensweise hier analog zur Ehe zu gelten.[46] Krankheit, Tod, Verlust des Partners im Krieg können zur temporären oder zum auf Dauer akzeptierten Ethos jungfräulichen Lebens in Enthaltsamkeit führen. Eine solche Entscheidung und ein solches Durchhalten bedarf göttlicher Gnade und menschlicher Führung. Edith Stein wurde die geistliche Führung durch unter-

44 ESGA Bd. 13 (2000): Frauenleben im Lichte der Ewigkeit, S. 105–114, hier: S. 109–114; ebenda Beruf des Mannes und der Frau nach Natur- und Gnadenordnung, bes. S. 70–78, hier: S. 75f., der Vortrag wurde im Oktober 1931 an verschiedenen Orten im Rheinland und in Westfalen gehalten. – Vgl. ESGA Bd. 13 (2000), S. 56.

45 ESGA Bd. 13 (2000): Frauenleben im Lichte der Ewigkeit, S. 111.

46 Darüber ebenda S. 111–113.

schiedliche Menschen geschenkt. Aus der Erfahrung ihrer Lebensgeschichte konnte sie „die Fragen des eigenen Lebens mit Gottes Augen sehen und in seinem Geist entscheiden.“[47] Sie bestimmen ihr Ethos vom christlichen Frauenleben im Geiste der Mutter und Jungfrau Maria, eine Lebensform, die sie bei vielen Vorträgen *vor* ihrem Eintritt ins Kloster begründete und in der Öffentlichkeit vertrat.

3. Ethos der Jungfräulichkeit

Aus den bisherigen Ausführungen wurde deutlich, dass das Ideal der Jungfräulichkeit in Maria ontisch vorgebildet ist und ihrem Auftrag, Mutter des Herrn zu werden, als einzigartige Lebensform nach dem Zeugnis der Hl. Schrift allein entsprach.[48] Auf dieser Grundeinsicht hat Edith Stein das *Ethos der freiwilligen Jungfräulichkeit für alle Stände* als temporäre oder als dauerhafte ehelose Lebensform der dazu mit Beistand des Hl. Geistes in der Kirche Berufenen begründet: „... die frei gewählte Jungfräulichkeit Mariens [ist] Vorbild für alle Menschen, Männer und Frauen.“[49] Die zu diesem (marianischen) Ethos Berufenen sind nach Edith Stein die Ordensleute, also im weiblichen Bereich die ‚gottgeweihten Jungfrauen‘, dann die Ehefrauen. Die aus irgendwelchen anderen Gründen ehelos Lebenden werden in diesem Zusammenhang nicht genannt. Doch gelte das Postulat, jungfräulich zu leben, auch für die „Menschen in der Welt“, so an anderer Stelle. Edith Steins Vorstellung von Jungfräulichkeit umgreift das Leben aller Christen, der Laien und Ordensleute. Sie beinhaltet die temporäre geschlechtliche Enthaltsamkeit vor und in der Ehe aus unterschiedlichen Gründen ebenso wie den Stand der Ehelosigkeit, den Gelübde oder Versprechen der Berufenen gegenüber dem kirchlichen Amt konstituieren. Das freiwillige Versprechen gegenüber dem Bischof in der Priesterweihe[50] oder die Ordensprofess in einer männlichen oder weiblichen geistlichen Gemeinschaft realisieren die Aufnahme in den neuen Stand. Die temporäre

[47] ESGA Bd. 13 (2000): Christliches Frauenleben. 4 Vorträge gehalten in Zürich im Januar 1932, S. 79–114, hier: S. 111.

[48] Ebenda Bd. 13 (2000): Beruf des Mannes und der Frau, S. 62.

[49] ESGA Bd. 13 (2000): Probleme der neuen Mädchenbildung, S. 178; 202.

[50] Ebenda Bildungsziel, S. 178. Vgl. Lumen gentium (wie Anm. 31), Kap. 5, Art. 42, S. 301.

Aufnahme in den neuen Stand. Die temporäre geschlechtliche Enthaltsamkeit als Sonderform von Jungfräulichkeit in der Ehe kann durch Krankheit, Fehlen eines Partners durch Einsatz im Krieg oder Tod eines Partners vorgegeben oder im gegenseitigen freien partnerschaftlichen Übereinkommen kontinuierlich in Treue gelebt werden. Im Zusammenhang der Frauenbildung stellt Edith Stein dem Bild der „mütterlichen Frau" das „volle Ideal der Virgo-Mater" gegenüber.[51]

In katholischen Bildungsstätten, also in Klosterschulen und Internaten, aber ebenso in der (katholischen) Familie wie in weltlichen Anstalten, sollte die Erziehung das Ideal der Jungfräulichkeit einschließen; denn das jungfräuliche Leben bedeutet in den Augen Edith Steins „keineswegs nur klösterliches Leben".[52] Im Vorbild gelebter Virginität[53] der Erzieherin wird den jungen Menschen eine Lebensform aufleuchten, deren überzeugende Kraft echter Virginität als Habitus sie in Ehe und Beruf ebenso leben können wie in der Berufung zum geistlichen ehelosen Lebens in Gemeinschaft oder im Kloster. Virginität bedeutet „keine biologische Beschaffenheit, sondern einen geistigen Habitus."

Nach diesem Exkurs zum Ideal der Jungfräulichkeit in unterschiedlichen Lebensumständen und Lebensformen, die am Maßstab Christi und seiner Mutter ausgerichtet sind, wird im Folgenden ein Rückblick auf Maria als Mutter der Kirche und Braut des Hl. Geistes die Funktion Mariens in der Kirche aus der Perspektive Edith Steins vorstellen. Dabei erscheint beachtenswert, dass ihre Einstellung zu Kirche, Hl. Geist und dessen Wirken durch Maria in der Kirche bereits *vor* ihrem Eintritt in den Karmel Köln-Lindenthal formuliert wurde.

51 Ebenda S. 201. Dazu: Bruno Reifenrath: Erziehung im Lichte des Ewigen. Die Pädagogik Edith Steins, Frankfurt/Main 1985, bes. S. 327–332.

52 Ebenda S. 201 unten. Dazu auch: Anton Ziegenaus: Urbild und Hilfe. Die Gestalt der Gottesmutter aus der Sicht Edith Steins (1891–1942). In: De cultu Mariano saeculis XIX–XX. Acta congressus Mariologici-Mariani Internationalis, vol. IV, Roma 1991, S. 355–374, hier: S. 366 f.

53 Edith Stein, ebenda S. 202: Mädchenbildung, S. 178. Zur klösterlichen Jungfräulichkeit vgl. Felix M. Schandl O.Carm.: Ich sah aus meinem Volk die Kirche wachsen! Jüdische Bezüge und Strukturen in Leben und Werk Edith Steins (1891–1942), Sinzing 1990, S. 65 f; Reifenrath (wie Anm. 51), S. 330.

Edith Stein sieht Maria in ihrer frei gewählten Jungfräulichkeit als „Magd des Herrn". „Darinnen ist Mariens ganzes Sein ausgesprochen. Es ist die Dienstbereitschaft für den Herrn und schließt darum jede andere Bindung aus."[54] Maria stehe an der Seite ihres Sohnes und führe ihm, der das „Urbild allen Mannestums ist",[55] die ganze Menschheit zu. Sie ist „Miterlöserin" an der Seite des Erlösers. So ist Maria für Edith Stein im Zusammenhang der Heilsaufgabe die Frau der „dienenden Liebe." In der kühnen Formulierung, dass dienende Liebe zugleich Abbild und Wirken des Hl. Geistes sei, der alle Geschöpfe zur Vollendung führe, werde der Geist Gottes, „der ausgegossen ist über alle Kreatur"[56], zum „Urbild weiblichen Seins". Der Hl. Geist, im Urbild der mater-virgo in Maria (exemplarisch) verkörpert, gestalte auch das Urbild der Frau, die in Treue an der Seite ihres Mannes stehe, doch ebenso aber das Urbild der „sponsa Christi". Darunter versteht Edith Stein nicht nur den Stand der gottgeweihten Frauen, sondern ebenso die ganze Kirche als Braut Christi und deren Mitglieder, eben die Christen.[57] Die dienende Liebe, die das Wesen der maternitas (Mutterschaft) ist, gelte für alle Menschen, für Mann und Frau.[58]

An anderer Stelle konkretisiert Edith Stein nochmals ihr Anliegen, indem sie schreibt: „Einführung in die Mariendogmatik ist zugleich Einführung in die Idee der ‚sponsa Christi'."[59] Dieses beinhaltet im Zusammenhang christlicher Bildung die Vermittlung eines Ideals, das das Geheimnis der Kirche umschreibt, eben jene Verbindung, „die Christus mit seiner Kirche, mit der erlösten Menschheit eingegangen ist."[60] Diese geheimnisvolle Verbindung Christi mit der Kirche kann in der Ehe, im Berufsleben der Unverheirateten wie in klösterlicher Gemeinschaft konkretisiert und individuell vollzogen werden. Edith Stein kennt die Widerstände praktischer Sozialarbeit in den Notjahren um 1930. „Millionen von

54 ESGA Bd. 13 (2000): Bildungsziel, S. 178.

55 Ebenda.

56 Ebenda S. 178/179.

57 ESGA Bd. 13 (2000): Bildungsziel, S. 180–183. Vgl. Lumen gentium (wie Anm. 31), Kap. 8, Art. 63.

58 Ebenda S. 181. Vgl. auch H.-B. Gerl: Unerbittliches Licht (wie Anm. 15), S. 68–71.

59 ESGA Bd. 13 (2000): Führung der Jugend zur Kirche, S. 219.

60 ESGA Bd. 13 (2000): Führung der Jugend zur Kirche, ebenda.

Kindern sind heute heimatlos und verwaist, auch wenn sie ein Elternhaus und eine Mutter haben. Sie hungern nach Liebe ..." schreibt sie 1932. Und weiter: „Im Namen der Kirche Arbeit an der Jugend ... zu leisten, das ist vielleicht die größte Aufgabe, die es gegenwärtig in Deutschland zu lösen gibt."[61] Ihr Ziel war es, ein „sittlich gesundes und christusgläubiges Volk" heranzubilden.

4. Marianische Spiritualität im Karmel

In ihren Vorträgen und Schriften zur Frauenfrage und Mädchenerziehung sah Edith Stein einen pastoralen Weg, Zuhörer und Leser zur Kirche zu führen. „Die religiöse Erziehung bezweckt die Eingliederung in den mystischen Leib Christi."[62] An anderer Stelle heißt es: „Des Christen Beruf ist Heiligkeit und seine Lebensaufgabe, sich aus den Tiefen der Sünde dazu emporzuarbeiten."[63] Im paulinischen Bild von Kirche als mystischem Leib Christi und in der Bezeichnung ‚sponsa Christi' werde die Frau „in besonderer Weise Sinnbild der Kirche."[64] Da aber die Gottesmutter am innigsten mit Christus verbunden sei, ist sie „das Herz der Kirche, deren Haupt Christus ist."

In solch dogmatisch missverständlicher Aussage über die Relation von Maria zur Kirche betont Edith Stein Maria als Mutter der Gnade und geistliche Mutter aller Getauften. Im Typus der „Virgo et mater" ist Maria zugleich „Urbild der Kirche, die Kirche ihr Nachbild."[65] Marias Jungfräulichkeit zeigt sich in der „totalen Hingabe (in Treue) an Gott".[66] Die Kirche lebt daher marianisch, wenn sie den in Christus sich mitteilenden Gott betrachtet und verkündet.

An keiner Stelle ihrer Werke hat Edith Stein eine systematische Mariologie entwickelt. In ihren verstreuten Aussagen zu Maria als Frau, Jungfrau und

61 Ebenda S. 221 (oben).

62 ESGA Bd. 13 (2000): Die Frau als Führerin zur Kirche, S. 221 f.

63 Ebenda S. 220 (Mitte).

64 Ebenda S. 221.

65 Das Zweite Vatikanische Konzil: Lumen gentium Nr. 53 ff, bes. Art. 60–68. – Michael Schmaus: Der Glaube der Kirche, Bd. 2, München 1970, S. 690–692.

66 Michael Schmaus ebenda S. 691.

Mutter steht sie in der Lehrtradition der Kirche. Die Zeit im Karmel von Köln-Lindenthal bestätigt die Praxis gelebter karmelitanischer Spiritualität, zu der auch die marianische Frömmigkeit des Ordens gehört. Diese spiegelt sich in der Liturgie, in Predigttexten, in Meditationen und Briefen der Heiligen.

Im Unterschied zu den großen Themen und Werken, die im Karmel zu Köln-Lindenthal aufgegriffen und bearbeitet wurden – erinnert sei an „Kreuzeswissenschaft"[67] und „Wege der Gotteserkenntnis"[68] – sind Schwester Teresia Benedictas Schriften zur Heiligenverehrung, ihre Meditationen und geistlichen Texte aus besonderen Anlässen entstanden. Sie wurden als hagiographische Arbeiten angefordert. Andere, wie Meditationen zu bestimmten Festen im Kirchenjahr, Ansprachen zu besonderen Anlässen im Kloster, Spiel- und Sprechstücke sowie Gedichte[69] entstammen den Bitten der klösterlichen Gemeinschaft oder der Initiative der Klosterfrau. Rein marianische Texte werden nicht überliefert. Das bedeutet in einem marianisch geprägten Orden wie dem der Karmeliter kein geistliches Defizit, sondern weist auf die Selbstverständlichkeit klösterlicher Marienverehrung hin. Der Gedenktag „Unserer Lieben Frau auf dem Berge Karmel" wird am 16. Juli in der ganzen Kirche gefeiert (sogenanntes Skapalierfest).[70] Der Karmeliterorden begeht den Festtag des Propheten Elias am 20. Juli. An diesem Tag besuchen Juden, Mohammedaner und Christen aller Konfessionen die Eliashöhle im Kloster auf dem Berg Karmel bei Jerusalem und verehren Maria und den großen Propheten. Nicht ohne Grund nennen sich die Mitglieder in der Anfangszeit des Ordens „Brüder der Allerseligsten Jungfrau".[71]

Schwester Teresia Benedicta a Cruce hat in ihrer Schrift „Das Gebet der Kirche" (von 1936) eine Einführung[72] in das innere Leben und damit in

67 Edith Stein: Kreuzeswissenschaft. Studien über Johannes a Cruce. In: ESW Bd. I, Druten/Freiburg ³1983 (Manuskript: 1942).

68 Edith Stein: Wege der Gotterkenntnis. Dionysius der Areopagit und seine symbolische Theologie. In: ESGA Bd. 17 (Manuskript: 1941)

69 ESW Bd. XI (1987): Verborgenes Leben, Druten/Freiburg, bes. S. IX–XXVII.

70 Dem Ordensgeneral Simon Stock († 1265) soll Maria nach legendärer Überlieferung 1251 das braune Skapulier übergeben haben.

71 Edith Stein/Theresia Benedicta a Cruce OCD: Heil im Unheil von Romaeus Leuven, Druten/ Freiburg 1983, S. 85–90 (ESW Bd. X).

72 ESW Bd. XI (1987): Das Gebet der Kirche, S. 10–25.

das Gebetsleben des Karmels und in ihr eigenes gegeben. In einem ersten Punkt behandelt sie dabei „Das Gebet der Kirche in Liturgie und Eucharistie“, dann „Die einsame Zwiesprache mit Gott als Gebet der Kirche“, schließlich „Inneres Leben und äußere Form und Tat“. Für sie ist das Gebet der Kirche „Ehre und Verherrlichung des Dreifaltigen Gottes durch mit und in Christus“.[73] Sie erschließt das eucharistische Beten aus den Vorgaben des Alten Bundes: Bundeszelt und Tempel sind Abbild der ganzen Schöpfung (Ps 25,8) und beschreibt die Liturgie der Eucharistiefeier mit ihren Einzelteilen auch als „Eucharistie der Schöpfung“[74]; in ihr kommen Dank und liturgische Einheit der irdischen und himmlischen Kirche durch Christus in Präfation und Sanctus zum Ausdruck. Das Geheimnis des „inneren Lebens“ aber sieht Schwester Teresia Benedicta im hohepriesterlichen Gebet des Herrn: [es bezeugt] „das Ineinander der göttlichen Personen und das Innewohnen Gottes in der Seele.“[75] Das Werk der Erlösung wird im Schweigen vorbereitet, vollzogen und fortgesetzt, bis es am Ende der Zeiten im Einssein vollendet ist. Und weiter meditiert Edith Stein: Im Werk der Erlösung wecken das stille Gemach von Nazareth, das Ja Mariens im Heiligen Geist, Menschwerdung und das Warten auf die verheißene Geist-Ausgießung unser Staunen und offenbaren Stationen einer „werdenden Kirche“. „Die Jungfrau, die jedes gottgesandte Wort in ihrem Herzen bewahrte, ist das Vorbild jener lauschenden Seelen, in denen das hohepriesterliche Gebet Jesu immer wieder auflebt. Die Gebete jener marienähnlichen Frauen in der Kirchengeschichte, die gleich ihr sich selbst vergaßen wie Birgitta von Schweden, Katharina von Siena, die heilige Teresa, wurden zu seinen Werkzeugen, „um Großes in der Kirche zu vollbringen.“[76] Im Dank über die überreichen Gnadengeschenke singt die Jungfrau Maria das Jubellied des „Magnifikat“. „Was wäre Gebet der Kirche wenn nicht die Hingabe der großen Liebenden an den Gott, der die Liebe ist?“[77]

[73] ESW Bd. XI (1987): Das Gebet, S. 10; Bd. VI (1962): Die Seelenburg, bes. S. 40–50.

[74] ESW Bd. XI (1987), S. 14.

[75] Ebenda S. 18.

[76] Ebenda Bd. XI, S. 18.

[77] Ebenda Bd. XI, S. 22; zum Ganzen S. 21–25. Vgl. dazu das Gedicht „Heilige Nacht“, das Edith Stein für Schwester Rosa schrieb (24.12.1936). In: Edith Stein: Heil im Unheil (wie Anm. 71), S. 118–119: ESW Bd. X.

Lassen wir es mit diesen Hinweisen zur marianischen Frömmigkeit Edith Steins im Karmel von Köln-Lindenthal und Echt bewenden. Anton Ziegenaus hat in seiner Studie zur Gestalt der Gottesmutter bei Edith Stein aus dogmatischer Sicht feststellen können, dass auf den ersten Blick „starke marianische bzw. mariologische Akzente" in ihren Schriften fehlen.[78] Doch kann er eine Reihe von Beispielen aus der Ordenszeit Edith Steins anführen, die eine marianische Ausrichtung bestätigen.[79]

Sicher hat Edith Stein kein systematisches Werk zur Mariologie geschrieben. Aus den Schriften zur Frauenfrage, Mädchenerziehung und Mädchenbildung, die alle *vor* ihrem Eintritt in den Karmel entstanden, lässt sich jedoch ihre Sicht vom Wesen der Frau ablesen und systematisieren. Dabei wird ein Bild von Maria entworfen, das in der Zusammenschau von Schöpfungs- und Heilsgeschichte Maria als Frau, Jungfrau und Mutter erfasst. Daraus formuliert Edith Stein ein Bildungsziel, das im Ideal von Mutter und Jungfrau über die reine Frauenfrage hinausreicht. Gedanken ihrer Anthropologie, Psychologie und Philosophie begründen ihr Ziel der Pädagogik und der Andragogik, nach dem Mann und Frau, Eltern und Kinder, Verheiratete und Nicht-Verheiratete, Geweihte und Gott-Versprochene mütterlich und väterlich, ehelich und jungfräulich, also jungfräulich wie Maria leben können. Gleichzeitig ist die Frau ein „Symbol der Kirche." Sie ist „Gottesbraut"[80], verbunden in Treue mit Christus wie Mann und Frau „in unlöslicher Lebens- und Liebesgemeinschaft"[81] miteinander zusammen verbunden sind oder als Gottgeweihte in Christus leben. Durch Maria erhalten alle Lebensalter und Stände ein Vorbild und Abbild dafür, was Gott aus dem Menschen macht, der sich auf ihn einlässt.

78 Anton Ziegenaus: Die Gestalt der Gottesmutter (wie Anm. 52), S. 370. Weitere Beispiele in: ESW Bd. X (1987): Heil und Unheil, S. 123–124; S. 139 (Gottesmutter und Jüdin); im Karmel von Echt, S. 145.

79 Anton Ziegenaus, ebenda S. 370–374.

80 ESGA Bd. 13 (2000): Einleitung mit Einzelbelegen, S. XIX–XXI.

81 ESGA Bd. 13 (2000): Aufgaben der Frau, S. 212 (oben).

DER PREIS DER JUNGFRAU IN DER AKTUELLEN RÖMISCHEN LITURGIE

Gesamtblick auf alle nichtbiblischen Texte der marianischen Formulare der Messe und des Stundengebetes

von P. Johannes Nebel FSO

Einleitung

Die Mariologie, die Rede ‚von' Maria, ist erst dann vollständig, wenn sie sich überbietet zu einer Rede ‚zu' Maria oder einer Rede zu Gott in Verehrung Mariens. Von daher stellt die Marienverehrung eine Sinnrichtung der Mariologie dar. Sofern es sich dabei aber um die liturgische Marienverehrung handelt, liegt eine ‚lex orandi' vor, der es zukommt, theologische Fundgrube oder Bestätigung der ‚lex credendi' zu sein. Von daher ist es wertvoll für die Mariologie, die Liturgie nach dem Zeugnis über Maria zu befragen. Die Jungfräulichkeit Mariens ist neben ihrer Gottesmutterschaft eine Grundsäule der Mariologie. Es muss daher nachgewiesen werden, inwiefern sich dieser Stellenwert im liturgischen Zeugnis widerspiegelt.

Dieses Vorhaben kann verschieden angegangen werden. Entweder man nimmt die Perspektive des Dogmatikers ein, der die Lehre von der Jungfräulichkeit Mariens vor Augen hat und nun nach besonders ergiebigen oder kennzeichnenden liturgischen Texten Ausschau hält. Vom Standpunkt des Liturgikers aus liegt hingegen der Ausgangspunkt nicht bei der dogmatisch vorliegenden Entfaltung der Jungfräulichkeit, sondern beim liturgischen Zeugnis selbst. Dies soll in den folgenden Ausführungen die Richtschnur sein.

Das bringt freilich die Schwierigkeit mit sich, dass nicht von jener methodischen Eingrenzung ausgegangen werden kann, die eine fest umrissene dogmatische Lehrgestalt bereitstellen könnte. Der Liturgiker hat hier verschiedene Möglichkeiten: Er kann entweder den liturgischen Gebrauch bestimmter charakteristischer Begriffe nachgehen – in unserem Falle etwa „virgo" oder „virginitas" –, um so das Augenmerk auf besonders wichtige Textbelege zu richten und diese dann in ihrer historischen Genese zu untersuchen, was dann zu Erkenntnissen über die Wechselwirkung zwischen historischer Entwicklung und aktuellem Wortgebrauch kommt. Da diese Art der Erforschung des liturgischen Zeugnisses über Mariens Jungfräulichkeit bereits in einer ausgezeichneten und eingehenden Studie vorliegt,[1] soll hier ein anderer Weg beschritten werden: Ausgangspunkt der Untersuchung bildet nicht eine Gruppe an Begriffen, sondern ein Gesamtblick auf liturgische Texte, was dazu führt, dass das liturgische Zeugnis über die Jungfräulichkeit der Gottesmutter auf einem statistischen Weg ermittelt wird. An Texten gibt es freilich eine solche Fülle, dass von vorneherein eine Beschränkung auf ein Teilgebiet nötig ist. Dies soll im Folgenden die aktuelle römische Liturgie in ihrer amtlichen lateinischen Textgrundlage sein, wobei auch im zweiten Teil dieser Studie die offiziellen deutschen Texte mitberücksichtigt werden. Aber auch hierin ist für den Rahmen eines einzelnen Fachbeitrages ein noch zu großes Einzugsfeld gegeben, so dass es ratsam ist, den Blick nur auf jene Formulare der Messfeier und des Stundengebetes zu richten, die der Gottesmutter Maria gewidmet sind.[2] Das marianische Zeug-

[1] MAGGIONI, C., *„Intemerata virginitas edidit Salvatorem". La verginità di Maria nel Missale Romanum*, in: Marianum LV (1993), 99–181. Vgl. weitere Literatur ebd., 100, Anm. 2. Der Verfasser geht aber – im Unterschied zur hier vorliegenden Darstellung – nicht auf das Marienmessbuch und auch nicht auf das Stundengebet ein.

[2] So können folgende Fundorte aufgezählt werden: Hochfest der ohne Erbsünde empfangenen Gottesmutter (8. Dezember), Hochfest der Gottesmutter (1. Januar), Gedenktag Unserer Lieben Frau von Lourdes (11. Februar), Gedenktag der Muttergottes von Fatima (13. Mai), Fest Mariä Heimsuchung (31. Mai), Gedenktag des Unbefleckten Herzens Mariens (Samstag nach dem Herz-Jesu-Fest), Gedenktag Unserer Lieben Frau vom Berge Karmel (16. Juli), Weihetag der Basilika Santa Maria Maggiore zu Rom (5. August), Hochfest Mariä Himmelfahrt (15. August), Gedenktag Mariä Königin (22. August), Fest Mariä Geburt (8. September), Gedenktag Mariä Namen (12. September), Gedenktag Mariä Schmerzen (15. September), Gedenktag Unserer

nis anderer liturgischer Feiern wie Weihehandlungen, Segnungen und andere mitzuberücksichtigen würde den Rahmen einer solchen Abhandlung sprengen.

Um dabei aber die Grenzen weder zur Exegese noch zur Patristik zu überschreiten, können alle biblischen und patristischen Texte, also auch alle zweiten Lesungen der Lesehore, ausgeklammert bleiben. Dann ergeben sich folgende zu berücksichtigende liturgische ‚Gattungen': für die Messliturgie die Tagesgebete, die Gabengebete, die Präfationen, die Schlussgebete und die Formulare für den feierlichen Schlusssegen;[3] für das Stundengebet die Hymnen, die Bitten und die (mit den Tagesgebeten der Messe identischen) Orationen.[4]

Lieben Frau vom Rosenkranz (7. Oktober), Gedenktag Unserer Lieben Frau in Jerusalem (21. November). Dazu können angemessenerweise noch die Texte des Hochfestes der Verkündigung des Herrn (25. März) genommen werden, weil dieses Fest, obwohl Herrenfest, in besonderer Weise mit der Person Mariens in Verbindung steht. Hingegen zeigen die Texte vom Fest der Darstellung des Herrn (2. Februar), dass die Liturgie den Charakter dieses Tages entschieden und ausschließlich als Herrenfest fasst, so dass für die Erhellung des Mariengeheimnisses daraus nicht viel zu entnehmen ist. – Zu den hiermit genannten Marientagen des Kirchenjahres treten desweiteren die 46 Messformulare des 1986 approbierten Marienmessbuches (CONGREGATIO PRO CULTU DIVINO, *Collectio Missarum de Beata Maria Virgine*, editio typica, Vatikanische Druckerei 1987; die deutschen Texte werden zitiert aus: *Schott-Messbuch Marienmessen. Originaltexte der authentischen deutschen Ausgabe des Messbuches und des Messlektionars*, mit Einführungen zu den Messformularen hrsg. von den Benediktinern der Erzabtei Beuron, Freiburg-Basel-Wien 1994) sowie die Commune-Texte des allgemeinen Messbuches (*Missale Romanum*, editio typica tertia vom 20. 4. 2000, Vatikanische Druckerei 2002) und des Stundengebetes (*Liturgia Horarum*, editio typica altera, Vatikanische Druckerei 1987), das Votivoffizium des Gedächtnisses Mariens am Samstag aus dem Stundengebet, sowie – nochmals aus der Messliturgie – die beiden Marienpräfationen im allgemeinen Messbuch und die Maria gewidmeten Formulare für den feierlichen Schlusssegen sowohl im allgemeinen als auch im Marienmessbuch.

3 Die gleichbleibenden Teile der Messfeier und die Hochgebete werden in den folgenden Ausführungen nicht berücksichtigt.

4 Eine Grenzfrage bilden die Antiphonen und Responsorien, unter welchen sich zweifellos herrliche marianische Zeugnisse finden. Diese Texte werden in der folgenden Betrachtung aber nicht herangezogen, weil ein erheblicher Prozentsatz aus Bibelversen oder direkten Abwandlungen derselben besteht,

1. Statistische Aspekte

Haben wir nun eine klare Vorstellung vom Feld unserer Untersuchung gewonnen, können wir nun dazu übergehen, im Hinblick auf die Jungfräulichkeit eine Bestandsaufnahme für die aktuelle römische Liturgie vorzunehmen. Dies soll nun zunächst statistisch erfolgen durch die Nennung konkreter Zahlen. Gezählt wird im Folgenden jedes der genannten Elemente als solches, also nicht gemäß der Häufigkeit seines Vorkommens in der Liturgie. Eine beträchtliche Menge an Texten wird nämlich an verschiedenen Stellen verwendet. Nur wenn die Abwandlungen dabei größer sind als einzelne kleine Formulierungen, muss ein Element in der Zählung mehrfach berücksichtigt werden. Im Hinblick auf die Zählbarkeit gibt es nur ein Problem, und zwar bei den Fürbitten des Stundengebetes. Hier kann man nämlich die Fürbittformulare als ganze zählen, um dabei aber festzustellen, dass deren Bestandteile, also die einzelnen Einleitungen, Bitten und Akklamationen, sich vielfach wiederholen und in verschiedenen Formularen nur anders zusammengestellt sind. Daher bietet es sich darüber hinaus an, die einzelnen Bitten, Fürbitteinleitungen und Akklamationen ebenfalls der Zählung zu unterziehen.[5] Dies führt zu folgender Übersicht, auf deren Numerierung in den folgenden Ausführungen zurückgegriffen wird:

und zwar so, dass eine klare Trennung zwischen biblischen oder nichtbiblischen Texten Gegenstand einer eigenen Untersuchung wäre.

[5] Dies steht insofern nicht im Widerspruch zum Umgang mit den Hymnen, weil die Ordnung des Stundengebetes bei den Hymnen mit den einzelnen Strophen keineswegs so verfährt wie bei den Fürbittformularen mit den einzelnen Bitten. Entsprechend ist es für die mehrgliedrigen Schlusssegensformulare nicht nötig, die einzelnen Bestandteile für sich zu zählen.

1.1. Gesamtindex[6]

1.1.1. Tagesgebete

1. Adiuvet nos, quaesumus, Domine, gloriosae Virginis (16.7.; CM 32)
2. Adiuvet nos, quaesumus, Domine, beatae Mariae (MR/Comm.BMV,6; LH III+IV/Comm.BMV,4; LH III+IV/Mem.s.M.Sabbato,4)
3. Aures tuae pietatis inclina, sancte Pater (CM 39/2)
4. Concede nos famulos tuos (MR/Comm.BMV,1; CM 44; LH III+IV/Comm.BMV,1; LH III+IV/Mem.s.M.Sabbato,1)
5. Concede, misericors Deus, fragilitati nostrae (11.2.; MR/Comm.BMV,2; LH III+IV/Comm.BMV,3; LH III+IV/Mem.s.M.Sabbato,3)
6. Concede, quaesumus, omnipotens Deus, ut cunctis (12.9.)
7. Concede, quaesumus, omnipotens Deus, ut fideles (MR/Comm.BMV,8; LH III+IV/Comm.BMV,6; LH III+IV/Mem.s.M.Sabbato,6)
8. Deus, cuius Filium e caelo egressum (CM 4)
9. Deus, cuius Filius in ara crucis exspirans (CM 21)
10. Deus, cuius mirando consilio e virgineo thalamo (CM 36)
11. Deus, cuius misericordiae non est numerus (CM 39)
12. Deus, cuius potentia et bonitate (CM 27)
13. Deus, cuius providentia in sui dispositione non fallitur (CM 40)
14. Deus, cuius Verbum ab aeterno genitum (MR/Comm.BMV,Nativ.,2)
15. Deus, misericordiarum Pater (CM 25)
16. Deus, Pater misericordiarum, qui Filium tuum (CM 43)
17. Deus, qui ad humanam substantiam diabolica fraude (CM 12)

[6] Abkürzungen der folgenden Auflistung: (1) Wird nur ein Datum angegeben, bezieht sich dies auf auf den betreffenden Fest- bzw. Gedenktag. Bei dem 15.8. wird z.T. unterschieden zwischen „Vig.“ (= der Vigilmesse vom Vorabend) und „die“ (= der Tagesmesse); (2) MR = Missale Romanum der editio typica tertia; (3) CM = Collectio Missarum de Beata Maria Virgine (die Ziffer danach bezieht sich auf die Nummer der Marienmesse; eine etwaige durch einen Schrägstrich noch hinzugefügte Ziffer erfolgt, wenn für ein Gebet mehrere Alternativen gegeben werden); (4) LH = Liturgia Horarum (römische Ziffern danach bezeichnen einzelne Bände derselben); (5) Comm. BMV = Commune beatae Mariae Virginis; (6) Mem.s.M.Sabbato = Memoria sanctae Mariae in sabbato; (7) ad Vesp. = ad Vesperas; (8) ad Off.Lect. = ad Officium Lectionis; (9) Nativ. = Nativitate (zu Weihnachten); (10) Quadr. = Quadragesima (zur Fastenzeit); (11) Temp.Pasch. = Tempore Paschali (zur Osterzeit); (12) Immac.Cord.BMV = Immaculati Cordis beatae Mariae Virginis (Gedenktag am Samstag nach dem Herz-Jesu-Fest).

18. Deus, qui Apostolis tuis, cum Maria Matre Iesu orantibus (CM 18; Lit.Hor.II, Comm.BMV,4)
19. Deus, qui arcano providentiae consilio (CM 30)
20. Deus, qui beatam Virginem, a Spiritu Sancto plasmatam (CM 20)
21. Deus, qui beatam Virginem, humilem ancillam tuam (CM 22)
22. Deus, qui beatam Virginem Mariam inter humiles (MR/Comm.BMV,5; CM 1/1)
23. Deus, qui beatam Virginem Mariam Matrem sanctae spei (CM 37)
24. Deus, qui beatam Virginem Mariam, eius humilitatem respiciens (15.8.Vig.)
25. Deus, qui de beatae Mariae Virginis utero (MR/Comm.BMV,Adv./1; CM 2; LH/Comm.BMV, Adv.)
26. Deus, qui Filii tui Genetricem nostram constituisti Matrem atque Reginam (22.8.; CM 29)
27. Deus, qui Filii tui incarnatione (CM 34)
28. Deus, qui Filio tuo in cruce exaltato (15.9.)
29. Deus, qui Filio tuo pendenti in cruce (CM 12)
30. Deus, qui Filium tuum ostium salutis (CM 46)
31. Deus, qui Filium tuum, gloriam Israel et lumen gentium (CM 6)
32. Deus, qui Filium tuum, verbum salutis et panem vitae (CM 4)
33. Deus, qui Genetricem dilecti Filii tui (CM 42)
34. Deus, qui Genetricem Filii tui Matrem quoque nostram (13.5.)
35. Deus, qui in corde beatae Mariae Virginis (Immac.Cord.BMV)
36. Deus, qui in virginali beatae Mariae gremio (CM 23)
37. Deus, qui passionem Christi tui in eius membris (CM 11)
38. Deus, qui per immaculatam Virginis Conceptionem (8.12.)
39. Deus, qui, per resurrectionem (MR/Comm.BMV,Temp.pasch.; CM 15; Lit.Hor.II/Comm.BMV,3)
40. Deus, qui per Unigenitum tuum pacem hominibus (CM 45)
41. Deus, qui per Virginem Mariam, consolationem populo tuo (CM 41)
42. Deus, qui, pretioso sanguine Filii tui (CM 14)
43. Deus, qui promissa Patribus adimplens (CM 1/2; MR/Comm.BMV,Adv./2)
44. Deus, qui salutis aeternae, beatae Mariae virginitate (1.1.; MR/Comm.BMV,Nativ./1; CM 5; LH/Comm.BMV,Nativ.)
45. Deus, qui Verbum tuum in utero Virginis Mariae (25.3.)
46. Deus, qui virginalem aulam beatae Mariae (MR/Comm.BMV,7)
47. Domine Deus, ad cuius conspectum (CM 36)
48. Domine Deus noster, qui beatam Virginem cum Apostolis orantem (CM 17)

49. Domine Deus noster, qui immaculatum Cor (CM 28)
50. Domine Deus noster, qui in beata Virgine Maria exemplar nobis (CM 10)
51. Domine Deus, qui beatam Virginem Mariam nobis exemplar dedisti (CM 26)
52. Domine Deus, qui in Ecclesia tua (CM 37)
53. Domine, qui scis cogitationes mortalium timidas (CM 33)
54. Domine, sancte Pater, fons unitatis (CM 38)
55. Domine, sancte Pater, memoriam (CM 31)
56. Domine, sancte Pater, qui in paschali mysterio (CM 13)
57. Domine, sancte Pater, qui, mira dispensatione, beatam Virginem (CM 9)
58. Domine, sancte Pater, qui mira dispensatione voluisti Filium tuum (CM 8)
59. Famulis tuis, quaesumus, Domine, caelestis gratiae munus (8.9.)
60. Famulorum tuorum, quaesumus, Domine (5.8.; MR/Comm.BMV,4; LH III+IV/Comm.BMV,2; LH III+IV/Mem.s.M.Sabbato,2)
61. Gratiam tuam, quaesumus, Domine (7.10.; LH II/Comm.BMV,1)
62. Intercedat pro nobis, Domine, gloriosa Virgo Maria (CM 36)
63. Novum amoris foedus, Domine (CM 7)
64. Omnipotens aeterne Deus, qui beatam Virginem Mariam, gloriosam (CM 35)
65. Omnipotens sempiterne Deus, qui beatam Virginem Mariam, Filium tuum gestantem (31.5.)
66. Omnipotens sempiterne Deus, qui immaculatam Virginem Mariam (15.8.die)
67. Pater sancte, aeterne Deus, qui in beata Virgine Maria (CM 24)
68. Praesta, Domine, ut mater Ecclesia (CM 16)
69. Salvator hominum Deus, qui per beatam Virginem (CM 3)
70. Sanctissimae venerantibus Virginis Mariae (21.11.; MR/Comm.BMV,3; CM 19; LH III+IV/Comm.BMV,5; LH III+IV/Mem.s.M.Sabbato,5)
71. Sapientissime Deus (CM 24)

1.1.2. Gabengebete

72. Accepta sint tibi, Domine (MR/Comm.BMV,7; CM 4)
73. Acceptae sint tibi, Domine, preces et hostiae (CM 7)
74. Accipe, Domine, haec munera (MR/Comm.BMV,Adv.; CM 1)
75. Altari tuo, Domine, superposita munera (CM 2)
76. Ascendat ad te, Domine, nostrae devotionis oblatio (15.8.die)
77. Beata tempora celebrantes (MR/Comm.BMV,Nativ.)
78. Consecra, Domine, virtute Spiritus Sancti (CM 6)

79. Converte, Domine, in sacramentum salutis munera tibi laetanter oblata... quae Ecclesiae (CM 26)
80. Converte, Domine, in sacramentum salutis munera tibi laetanter oblata... cuius intercessione (CM 31)
81. Deus, qui bona cuncta inchoas (1.1.)
82. Dicatae tibi, Domine, quaesumus (CM 36)
83. Domine, sancte Pater, qui lumine fidei (CM 35)
84. Ecclesiae tuae munus, omnipotens Deus (25.3.)
85. Fac nos, quaesumus, Domine (7.10.)
86. Genetricis Filii tui memoriam venerantes (MR/Comm.BMV,2)
87. Haec munera tibi, Domine, laetanter oblata (CM 9)
88. Hostias tibi, Domine, placationis et laudis offerimus (CM 14)
89. Intercessio, quaesumus, Domine, beatae Mariae semper Virginis (12.9.)
90. Laudis tibi, Domine, hostias offerimus... praesta (MR/Comm.BMV,3; CM 19)
91. Laudis tibi, Domine, hostias offerimus... et concede (CM 42)
92. Maiestati tuae, Domine, hoc nostrum gratum sit sacrificium (31.5.)
93. Maiestati tuae, Domine, unitatis et pacis offerimus sacramentum (CM 46)
94. Memoriam celebrantes beatae Mariae Virginis, cuius in purissimo gremio (CM 38)
95. Memoriam recolentes beatae Virginis Mariae (22.8.; CM 15; CM 29)
96. Memoriam venerantes, Domine, beatae Mariae (CM 20)
97. Munera Ecclesiae tuae, Domine, propitiatus assume (CM 40)
98. Munera nostra, quaesumus, Domine, Sancti Spiritus igne (CM 12)
99. Munera nostra, quaesumus, Domine, Spiritus ille (CM 3)
100. Munera tibi placationis et laudis (CM 8)
101. Muneribus, Domine, oblatis intende (CM 21)
102. Nativitatem beatae Virginis Mariae cum gaudio (8.9.)
103. Oblatio nos, Domine, tuo nomini dicata purificet (CM 27)
104. Oblationes familiae tuae, Domine (CM 11)
105. Per haec munera quae tibi laetantes offerimus (CM 32)
106. Preces, Domine, tuorum respice oblationesque fidelium (Immac.Cord.BMV; MR/Comm.BMV,8; CM 44)
107. Propitius intuere, Domine, munera (CM 10)
108. Respice, Domine, ad munera (CM 28)
109. Sacrificium tibi, Domine, placationis offerimus (CM 45)
110. Salutarem hostiam, quam in sollemnitate (8.12.)
111. Sanctifica, quaesumus, Domine, haec munera tibi oblata (CM 24)

112. Spiritus consilii, Domine (CM 33)
113. Suscipe, Domine, haec munera laetanter oblata (CM 13)
114. Suscipe, Domine, haec nostrae devotionis munera (MR/Comm.BMV,5; CM 43)
115. Suscipe, Domine, hostias placationis et laudis (CM 30)
116. Suscipe, Domine, munera populi tui (CM 39)
117. Suscipe, Domine, munera quae tibi offerimus (MR/Comm.BMV,4; CM 5)
118. Suscipe, Domine, munera tibi laetanter oblata (CM 23)
119. Suscipe, Domine, oblationes nostras (CM 25)
120. Suscipe, misericors Deus, ad tui nominis laudem (15.9.)
121. Suscipe munera, Domine, exsultantis Ecclesiae (CM 34)
122. Suscipe, quaesumus, Domine, preces populi (MR/Comm.BMV,1; CM 37)
123. Suscipe, quaesumus, Domine, sacrificium placationis et laudis (15.8.Vig.)
124. Suscipe, sancte Pater, haec munera tibi laetanter oblata (CM 17)
125. Suscipe, sancte Pater, hanc oblationem (CM 16)
126. Suscipe, sancte Pater, oblationem humilitatis nostrae (MR/Comm.BMV,Temp.pasch.; CM 41)
127. Suscipe, sancte Pater, oblationes et munera (CM 22)
128. Tua, Domine, propitiatione (CM 18)
129. Unigeniti tui, Domine, nobis succurrat humanitas (MR/ed. typica altera: 8.9.; MR/ed. typica altera: Comm.BMV,1)

1.1.3. Präfationen[7]

130. Beata Virgo enim, umbra Sancti Spiritus tecta (CM 31)
131. Cuius beatus ortus gaudium (CM 34)
132. Cuius mater, gloriosa Virgo Maria (CM 10)
133. Haec est humilis ancilla tua (CM 45)
134. Haec est regina clemens (CM 39)
135. Haec est Virgo Filia Sion (CM 7)
136. Haec est Virgo Mater, figuram adimplens (CM 46)
137. Hoc praesertim tempore, quo ab uteri virginalis arcano (CM 5)
138. Humilis namque Ancilla tua totam spem (CM 37)
139. Illa enim nec de originali culpa (CM 35)
140. Illa enim, Spiritu Sancto ducta (CM 18)

[7] Die Präfationen werden hier aufgelistet, indem immer die ersten Worte der zweiten Strophe angeführt werden, mit der in der Regel der eigentliche spezifische inhaltliche Teil der Präfation beginnt.

141. Illa pulchra fuit in conceptione (CM 36)
142. Ille enim, integritatis auctor et unitatis amator (CM 38)
143. In cuius nomine tota est salus (CM 21)
144. Quae, de sponsis sollicita, Filium exorat (CM 9)
145. Quae mysterio Christi tui intime sociata (CM 32)
146. Quae Nazareth nuntium Gabrielis (CM 8)
147. Quae Verbum tuum immaculato corde (CM 25)
148. Quae et Unigenitum tuum Sancti Spiritus obumbratione concepit (1.1.; Praef.I de BMV; CM/OrdoMissae,I)
149. Quem inter homines et propter homines nasciturum (25.3.; CM 2)
150. Quem, mundi consolationem, beata Virgo (CM 41)
151. Quem, verum Deum et hominem verum (CM 30)
152. Qui beatam Virginem Mariam constituisti (CM 1)
153. Qui beatissimam Virginem Mariam ab omni originalis (8.12.)
154. Qui beatissimam Virginem Mariam Sancti Spiritus (CM 33)
155. Qui Ecclesiae tuae beatam Virginem (CM 27)
156. Qui in Filii tui Genetrice magna fecisti (CM 19)
157. Qui mirabili providentique consilio (CM 43)
158. Qui, propheticis Elisabeth verbis (CM 3)
159. Qui, propter nimiam bonitatem tuam (CM 14)
160. Quia beata Virgo Maria, doloris mysterii (CM 44)
161. Quia beatam Virginem Mariam Christo, novi foederis auctori (CM 20)
162. Quia, ex tua providenti dispensatione (CM 40)
163. Quia immaculatam Virginem Mariam, Filii tui Genetricem, matrem et auxilium (CM 42)
164. Quia immensa bonitate tua Virgini Ecclesiae (CM 26)
165. Quia in beata Virgine tibi singulariter complacuisti (CM 22)
166. Quia in Christi tui resurrectione (CM 15)
167. Quia in cordibus nostris mansionem tibi paras (CM 23)
168. Quia iuxta crucem Iesu (CM 13)
169. Quia mirabile concordiae et orationis nobis (CM 17)
170. Quia miro tuae pietatis dono statuisti (CM 16)
171. Quia per beatae Virginis ministerium ad fidem (CM 6)
172. Quia per mirabile mysterium et inenarrabile sacramentum (CM 4)
173. Quia providenti consilio statuisti (CM 11)
174. Quia sacramentum reconciliationis nostrae (CM 24)
175. Quoniam Virgo Deipara hodie in caelos assumpta est (15.8.)
176. Tu enim, ad humanam sobolem (CM 12)

177. Tu enim beatae Virgini Mariae cor sapiens (CM 28)
178. Tu enim misericors et iustus elatos (CM 29)
179. Vere namque in omnes terrae fines (Praef.II de BMV; CM/OrdoMissae,II)

1.1.4. Schlussgebete (Postcommunionen)

180. Benedictionis tuae, Domine, intercedente Dei Genetrice Maria (12.9.)
181. Caelesti alimonia nutritos (MR/Comm.BMV,6; CM 23)
182. Caelesti alimonia refectis (CM 39)
183. Caelesti, Domine, convivio satiati (CM 31)
184. Caelestis mensae virtus, misericors Deus (CM 40)
185. Celebrantes, Domine, memoriam (CM 33)
186. Concede, Domine, Ecclesiae tuae (MR/Comm.BMV,5; CM 27)
187. Corporis et sanguinis sacro repleti libamine (CM 9)
188. Deus, qui multis modis Ecclesiae tuae (CM 35)
189. Domine, sancte Pater, qui beatae Virgini cor novum (CM 20)
190. Ecclesia tua, Domine, divinis instructa (CM 3)
191. Exsultet Ecclesia tua, Domine, quam sacris mysteriis refecisti (8.9.)
192. Famulos tuos, Domine, quos eodem satiasti pane salutis (CM 17)
193. Filiorum amorem, Domine (CM 13)
194. In mentibus nostris, quaesumus, Domine (25.3.; CM 15; CM 34)
195. Incarnati Verbi tui Corpore et Sanguine refecti (MR/Comm.BMV,Nativ.; CM 5)
196. Largire nobis, quaesumus, Domine, spiritum caritatis (CM 45)
197. Libantes, Domine, mensae tuae sancta mysteria (CM 26)
198. Magnificet te, Deus, Ecclesia tua (31.5.)
199. Mensae caelestis participes effecti (15.8.Vig.)
200. Mysteria quae sumpsimus, Domine Deus noster (MR/Comm.BMV,Adv.; CM 2; CM 6)
201. Paschalibus sacramentis refecti (MR/Comm.BMV,Temp.pasch.; mit gewissen Abweichungen: CM 41)
202. Per haec sancta libamina (CM 24)
203. Per haec sancta quae sumpsimus, Domine (CM 38)
204. Percepti sacramenti virtute (CM 7)
205. Perpetuo, Domine, favore prosequere (CM 36)
206. Pretiosi corporis et sanguinis Filii tui (CM 32)
207. Quaesumus, Domine Deus noster, ut, qui (7.10.)
208. Quos caelestibus, Pater sancte, reficis sacramentis (CM 8)
209. Quos Christi corpore satiasti (CM 16)

210. Redemptionis aeternae participes effecti (Immac.Cord.BMV; MR/Comm.BMV,2; CM 28)
211. Refecti, Domine, caelestibus alimoniis (MR/Comm.BMV,3; CM 4)
212. Refecti, Domine, sacramentis et gaudiis (CM 46)
213. Refecti, Domine, vitalibus sacramentis (CM 1)
214. Repleti, Domine, sacramentis et gaudiis (CM 10)
215. Sacramenta, quae sumpsimus, Domine, Deus noster (8.12.)
216. Salutare sacramentum corporis et sanguinis (CM 44)
217. Salutaribus, Domine, fontibus recreati (CM 30)
218. Salutaribus refecti sacramentis (MR/Comm.BMV,8)
219. Spiritualis alimoniae participes effecti (MR/Comm.BMV,7; CM 22)
220. Sumentes, Domine, caelestia sacramenta (MR/Comm.BMV,1)
221. Sumpsimus, Domine, laeti sacramenta caelestia (1.1.)
222. Sumpsimus, Domine, sacramenta reconciliationis nostrae (CM 14)
223. Sumptis, Domine, caelestibus sacramentis (CM 42)
224. Sumptis, Domine, sacramentis caelestibus (22.8.; CM 19; CM 29)
225. Sumptis, Domine, sacramentis redemptionis aeternae (15.9.)
226. Sumptis, Domine, sacramentis redemptionis et vitae (CM 43)
227. Sumptis, Domine, salutaribus sacramentis (15.8.die)
228. Sumptis, Domine, salutis et fidei sacramentis (MR/Comm.BMV,4; CM 37)
229. Sumptis salutis nostrae subsidiis (CM 18)
230. Sumpto, Domine, pignore redemptionis et vitae (CM 25)
231. Sumpto salutis pignore (CM 11)
232. Tribue nobis, quaesumus, Domine, quos ad verbi et sacramenti (CM 21)
233. Tuere nos, Domine, famulos tuos (CM 12)

1.1.5. Formulare für den feierlichen Schlusssegen

234. Adveniat super vos gratia Patris (CM/Adv.)
235. Benedicat vos misericors Pater (CM/PerAnnum,III)
236. Deus Pater, qui Filii sui resurrectione (CM/Temp.Pasch.)
237. Deus, qui per beatae Mariae Virginis partum (CM/PerAnnum,II; MR 15)
238. Deus, qui per Filii sui immolationem (CM/Quadr.)
239. Deus, qui praeteritorum temporum caliginem (CM/Nativ.)
240. Misericors Pater, per illam caritatem (CM/PerAnnum,I)

1.1.6. Hymnen des Stundengebetes

241. Agnoscat omne saeculum (25.3., ad I.Vesp.)
242. Aurora velut fulgida (15.8., ad Off.Lect.)
243. Ave, maris stella (LH/Comm.BMV, ad II.Vesp.)
244. Beata Dei genetrix (8.9., ad Vesp.)
245. Concito gressu petis alta montis (31.5., ad Vesp.)
246. Corde natus ex Parentis (1.1., ad I.+II.Vesp.)
247. Eia, mater, fons amoris (15.8., ad Laudes)
248. Fit porta Christi pervia (1.1., ad Laudes)
249. Gaudium mundi, nova stella caeli (15.8., ad I.Vesp.)
250. Iam caeca vis mortalium (25.3., ad Off.Lect.)
251. In plausu grati carminis (8.12., ad Laudes)
252. Maria, quae mortalium (LH/Comm.BMV, ad I.Vesp.)
253. Maria, virgo regia (21.11., ad Laudes)
254. Mole gravati criminum (22.8., ad Vesp.)
255. O gloriosa domina (LH/Comm.BMV, ad Laudes; LH III+IV/Mem.s.M.Sabbato, ad Laudes/1)
256. O lux, salutis nuntia (25.3., ad Laudes)
257. O quam glorifica luce coruscas (22.8., ad Laudes)
258. O sancta mundi domina (8.9., ad Laudes)
259. O virgo mater, filia (LH III+IV/Mem.s.M.Sabbato, ad Off.Lect./2)
260. Praeclara custos virginum (8.12., ad I.Vesp.)
261. Quae caritatis fulgidum (LH III+IV/Mem.s.M.Sabbato, ad Laudes/2)
262. Quem terra, pontus, aethera (LH/Comm.BMV, ad Off.Lect.; LH III+IV/Mem.s.M.Sabbato, ad Off.Lect./1)
263. Radix Iesse floruit (1.1., ad Off.Lect.)
264. Rerum supremo in vertice (22.8., ad Off.Lect.)
265. Salve, mater misericordiae (21.11., ad Off.Lect.)
266. Solis, o Virgo, radiis amicta (15.8., ad Laudes)
267. Stabat mater dolorosa (15.9., ad Off.Lect.)
268. Te dicimus praeconio (8.12., ad Off.Lect.)
269. Te gestientem gaudiis (7.10., ad Laudes)
270. Veni, praecelsa Domina (31.5., ad Off.Lect.)
271. Veniens, mater inclita (31.5., ad Laudes)
272. Virgo virginum praeclara (15.8., ad Vesp.)

1.1.7. Fürbittformulare des Stundengebetes als ganze:[8]

273. Benedictus Dominus Iesus (1.1., ad I. Vesp.)
274. Christum glorificemus (1.1., ad Laudes)
275. Christum Emmanuelem (1.1., ad II. Vesp.)
276. Aeternum Patrem (25.3., ad I.+II. Vesp.)
277. Qui exordium hodie (25.3., ad Laudes)
278. Salvatorem nostrum ... O sol iustitiae ... Tribue nobis (31.5., ad Laudes)
279. Deum Patrem omnipotentem ... Qui Mariam dedisti (31.5., ad Vesp.)
280. Salvatorem nostrum ... Verbum aeternum (15.8., ad Laudes)
281. Deum Patrem omnipotentem ... Deus, mirabilium ... Qui Mariam matrem (8.12., ad I.+II. Vesp.)
282. Dum Salvatorem nostrum (8.12., ad Laudes)
283. Deum Patrem omnipotentem ... Deus, miribilium... Qui Mariam plenam (15.8., ad I.+II.Vesp.; Comm.BMV, ad I.+II.Vesp./1)
284. Deum Patrem omnipotentem ... Qui Mariam matrem (Comm.BMV, ad I.+II.Vesp./2)
285. Salvatorem nostrum ... O sol iustitiae ... Verbum aeternum (Comm.BMV, ad Laudes/1; Mem.s.M.Sabbato, ad Laudes/1)
286. Salvatorem nostrum ... Salvator mundi (Comm.BMV, ad Laudes/2; Mem.s.M.Sabbato, ad Laudes/2)

1.1.7.1. Einzelne Fürbitten des Stundengebetes

287. Benignissime Iesu, qui pendens in cruce (LH/Comm.BMV, ad Laudes/1,4; III+IV/Mem.s.M.Sabbato, ad Laudes/1,4)
288. Christe, qui de Virgine Maria natus es (1.1., ad Laudes,1)
289. Deus, cui nihil est impossibile (25.3., ad I.+II.Vesp.,5)
290. Deus, mirabilium patrator (8.12., ad I.+II.Vesp.,1; 15.8., ad I.+II.Vesp.,1; Comm.BMV, ad I.+II.Vesp./1,1)
291. Domine caeli et terrae, qui Mariam reginam (15.8., ad Laudes,4; Comm.BMV, ad Laudes/2,5; III+IV/Mem.s.M.Sabbato, ad Laudes/2,5)
292. Ecclesia tua sit cor unum (15.8., ad I.+II.Vesp.,4; Comm.BMV, ad I.+II.Vesp./1,4; mit gewissen Abweichungen 31.5., ad Vesp.,2)

[8] Die Formulare werden nach den ersten Worten ihrer jeweiligen Einleitung und ggf. zur weiteren Unterscheidung nach den ersten Worten der ersten (bzw. sogar einer weiteren) Bitte zitiert.

293. O sol iustitiae, quem immaculata Virgo (31.5., ad Laudes,1; 8.12., ad Laudes,1; Comm.BMV, ad Laudes/1,1; III+IV/Mem.s.M.Sabbato, ad Laudes/1,1)
294. Qui, ancilla tua annuente (25.3., ad I.+II.Vesp.,3)
295. Qui civis noster factus es (1.1., ad Laudes,4)
296. Qui Evangelium Dei venisti (1.1., ad I.Vesp.,3)
297. Qui frater noster de Maria Virgine (1.1., ad I.Vesp.,4)
298. Qui Gabrielis ore pacem (25.3., ad I.+II.Vesp.,2)
299. Qui Mariam caeli coronasti (31.5., ad Vesp.,5; 15.8., ad I.+II.Vesp.,5; 8.12., ad I.+II.Vesp.,5; Comm.BMV, ad I.+II.Vesp./1+2,5)
300. Qui Mariam dedisti nobis matrem (31.5., ad Vesp.,1; 15.8., ad I.+II.Vesp.,2; 8.12., ad I.+II.Vesp.,2; Comm.BMV, ad I.+II.Vesp./1,2)
301. Qui Mariam, in domo Iesu et Ioseph (31.5., ad Vesp.,4; 8.12., ad I.+II.Vesp.,4; Comm.BMV, ad I.+II.Vesp./2,2)
302. Qui Mariam iuxta crucem stantem (Comm.BMV, ad I.+II.Vesp./2,3)
303. Qui Mariam matrem misericordiae (31.5., ad Vesp.,3; 8.12., ad I.+II.Vesp.,3; Comm.BMV, ad I.+II.Vesp./2,1)
304. Qui Mariam plenam gratia fecisti (15.8., ad I.+II.Vesp.,3; Comm.BMV, ad I.+II.Vesp./1,3; ≈ 1.1., ad I.Vesp.,2)
305. Qui Mariam tuo intentam reddidisti verbo (Comm.BMV, ad I.+II.Vesp./2,4)
306. Qui Mariam Virginem elegisti (25.3., ad I.+II.Vesp.,1)
307. Qui nascendo vincula familiae (1.1., ad II.Vesp.,4)
308. Qui nascens, benignitatem et humanitatem (1.1., ad I.Vesp.,1)
309. Qui nasci diebus nostri temporis (1.1., ad II.Vesp.,5)
310. Qui nobis assimilatus es (1.1., ad Laudes,3)
311. Qui venisti ut humanum genus (1.1., ad II.Vesp.,3)
312. Qui respicis humiles et esurientes (25.3., ad I.+II.Vesp.,4)
313. Qui, ut sol oriens mundo apparuisti (1.1., ad I.Vesp.,5)
314. Redemptor noster, qui (immaculatam) Virginem (31.5., ad Laudes,4; 15.8., ad Laudes,2; 8.12., ad Laudes,3; Comm.BMV, ad Laudes/2,2; III+IV/Mem.s.M.Sabbato, ad Laudes/2,2)
315. Rex et Deus noster, qui veniens (1.1., ad Laudes,2)
316. Rex pacifice, cuius regnum iustitia et pax est (1.1., ad II.Vesp.,2)
317. Rex regum, qui matrem tuam corpore et anima (15.8., ad Laudes,3; 8.12., ad Laudes,4; Comm.BMV, ad Laudes/2,4; III+IV/Mem.s.M.Sabbato, ad Laudes/2,4)
318. Salvator mundi, qui redemptionis tuae (31.5., ad Laudes,3; 8.12.,

ad Laudes,2; Comm.BMV, ad Laudes/2,1; III+IV/Mem.s.M.Sabbato, ad Laudes/2,1)

319. Salvator noster, qui iuxta crucem matrem tuam (Comm.BMV, ad Laudes/1,3; III+IV/Mem.s.M.Sabbato, ad Laudes/1,3)
320. Sancta Maria succurrat (25.3., ad Laudes,4)
321. Sicut Maria Virgo nuntium ab Angelo (25.3., ad Laudes,1)
322. Sicut nova Eva oboedivit (25.3., ad Laudes,3)
323. Sicut respexisti humilitatem ancillae tuae (25.3., ad Laudes,2)
324. Tu, qui Mariae gaudia (1.1., ad II.Vesp.,1)
325. Verbum aeternum, qui matrem tuam docuisti (Comm.BMV, ad Laudes/2,3; III+IV/Mem.s.M.Sabbato, ad Laudes/2,3; mit gewissen Abweichungen 31.5., ad Laudes,2)
326. Verbum aeternum, quod Mariam habitationis tuae (15.8., ad Laudes,1; Comm.BMV, ad Laudes/1,2; III+IV/Mem.s.M.Sabbato, ad Laudes/1,2)

1.1.7.2. Einleitungen zu den Fürbitten des Stundengebetes:

327. Aeternum Patrem, qui hodie salutem nostram (25.3., ad I.+II.Vesp.)
328. Benedictus Dominus Iesus (1.1., ad I.Vesp.)
329. Christum Emmanuelem benedicamus (1.1., ad II.Vesp.)
330. Christum glorificemus, qui natus est de Maria Virgine (1.1., ad Laudes)
331. Deum Patrem omnipotentem magnis (31.5., ad Vesp.; 15.8., ad I.+II.Vesp.; 8.12., ad I.+II.Vesp.; Comm.BMV, ad I.+II.Vesp./1+2)
332. Dum Salvatorem nostrum celebramus, qui ex Maria (8.12., ad Laudes)
333. Qui exordium hodie salutis nostrae in Annuntiatione (25.3., ad Laudes)
334. Salvatorem nostrum celebrantes (31.5., ad Laudes; 15.8., ad Laudes; Comm.BMV, ad Laudes/1+2; III+IV/Mem.s.M.Sabbato, ad Laudes/1+2)

1.1.7.3. Akklamationen zu den Fürbitten des Stundengebetes:

335. Fili Virginis Mariae, exaudi nos (1.1., ad II.Vesp.)
336. Fili Virginis Mariae, miserere nobis (1.1., ad Laudes)
337. Gratiam tuam largire nobis, Domine (25.3., ad I.+II.Vesp.)
338. Intercedat pro nobis mater tua, Domine (8.12., ad Laudes; 31.5., ad Laudes; Comm.BMV, ad Laudes/1+2; Mem.s.M.Sabbato, ad Laudes)
339. Pacem tuam omnibus praesta, Domine (1.1., ad I.Vesp.)
340. Plena gratia intercedat pro nobis (31.5., ad Vesp./1; 8.12., ad I.+II.Vesp.; Comm.BMV, ad I.+II.Vesp./1+2)

341. Plenam gratia intuere, et exaudi nos (31.5., ad Vesp./2; 15.8., ad I.+II.Vesp.+ad Laudes; Comm.BMV, ad I.+II.Vesp./1+2)
342. Pro nobis intercedat sancta Dei Genetrix (25.3., ad Laudes)

1.1.8. Marianische Antiphonen

343. Alma Redemptoris Mater
344. Ave, Regina caelorum
345. Regina caeli
346. Salve, Regina
347. Sub tuum praesidium

Die der Gottesmutter Maria gewidmeten nicht gleichbleibenden liturgischen Texte der aktuellen römischen Mess- und Stundenliturgie bestehen demnach aus 71 Tagesorationen, 58 Gabengebeten, 50 Präfationen, 54 Schlussgebeten, 7 Schlusssegensformularen, 14 ganzen Fürbittformularen, darin 40 Brevierbitten, 8 Einleitungen zu den Brevierbitten und 8 Akklamationen, desweiteren 32 Hymnen, und zuguterletzt 5 Marianischen Antiphonen. Das ergibt als Summe genau 291 Texten; zählt man bei den Fürbittformularen die Einzelelemente, so kommt man auf 333 Elemente.[9]

1.2. Statistik der Bezeugung der Jungfräulichkeit

1.2.1. Methodologische Vorbemerkung

Die Durchsicht durch diese Fülle an Texten ergibt nun ein sehr differenziertes Bild, wie darin die Jungfräulichkeit Mariens zur Sprache kommt. Um hierbei zu einigermaßen tragfähigen Unterscheidungskriterien hinzufinden, ist wiederum eine methodologische Eingrenzung hilfreich, und zwar die Beschränkung auf die am Wortlaut des Textes selbst erkennbare Logik der Aussage.[10] Es wird also weder ein Textbezug in den Blick

9 Diese Zahl 291 ergibt sich, wenn man von der Zahl 347, mit der die Auflistung endet, die 56 Einzelelemente der Fürbitten, die Zahl 333 jedoch, wenn man stattdessen die 14 ganzen Fürbittformulare abzieht.

10 Es ist freilich richtig, dass die Liturgie nicht zur Aufgabe hat, in begrifflich-systematischer Exaktheit eine Thematik darzulegen (vgl. MAGGIONI, a.a.O., 99), aber deshalb sind ihre Aussagen nicht irrational, sondern in ihrer syntaktischen Logik erfassbar und relevant. Die Untersuchung MAGGIONIs baut auf diesem Tatbestand ebenfalls auf.

genommen, der erst aus dem Hintergrundwissen entfalteter Mariologie heraus mit ganz bestimmten Redewendungen etwas für die Lehre von der Jungfräulichkeit Mariens Bemerkenswertes assoziiert – was wiederum den Standpunkt des Dogmatikers oder Patristikers zumindest miteinschließen muss[11] –, noch ein Textbezug, der aus geistlichem Tiefenblick auf den Inhalt in einem spirituellen Schlussverfahren Wertvolles für die Jungfräulichkeit Mariens ermitteln kann.

Um Letzteres zu illustrieren, kann die Präfation der 44. Messe des Marienmessbuches – nun der Einfachheit halber in ihrer amtlichen deutschen Version – als Beispiel herangezogen werden. Dort heißt es:

„Denn Du, [Vater,] hast von Ewigkeit her beschlossen, die selige Jungfrau Maria aufs engste zu verbinden mit dem Heilswerk deines Sohnes. An der ärmlichen Krippe stand sie bei ihm als liebevolle Mutter, unter dem Kreuz teilte sie in unerschütterlicher Treue seine Leiden, und zum Himmel erhöht, wurde sie unsre Fürsprecherin und Dienerin der Erlösung. Darum steht sie in mütterlicher Sorge den bedrängten Brüdern und Schwestern deines Sohnes bei, bis diese, von allen Fesseln der Gefangenschaft befreit, sich an Leib und Seele der vollen Freiheit erfreuen."

Der eigentliche Aussagesinn dieser Präfation zu Ehren Mariens als des Heils der Kranken geht dahin, dass ihre Nähe zu den Leidenden und ihre wirkmächtige Sorge für dieselben grundgelegt ist in ihrer engen Verbindung zum Heilswerk ihres Sohnes. Darüber hinaus könnte nun ein geistlicher Sinn noch erkennen, dass die Formulierung „aufs engste mit dem Heilswerk des Sohnes verbunden" auch eine geistige Nähe zur Jungfräulichkeit hat und diese gewissermaßen inhaltlich in einer bestimmten Dimension beleuchtet. Wollte man in der Auswertung des Gesamtbefundes der liturgischen Texte diese geistliche Perspektive immer mitberücksichtigen, würde dies zu einem uferlosen und statistisch nicht auswertbaren Ergebnis führen. Wir wollen uns daher auf den direkt ausgesprochenen und zentralen Aussagesinn beschränken.

1.2.2. Unterscheidungskriterien

Das differenzierte Bild, welches die aktuelle römische Liturgie bietet, legt folgende Unterscheidungen nahe:

[11] Vgl. hierzu wertvolle Erkenntnisse bei MAGGIONI, a.a.O., passim.

a) Es gibt Texte, in welchen die Jungfräulichkeit Mariens überhaupt nicht erwähnt wird.[12]
b) Eine große Zahl an Texten enthält hingegen einfach das Wort „virgo“ – „Jungfrau“ als Beigabe zum Namen der Gottesmutter, etwa in dem Sinne, wie die Hochgebete von der „seligen Jungfrau und Gottesmutter Maria“ sprechen. Hier liegt eine bloße Bezeugung der Tatsache der Jungfräulichkeit Mariens vor, ohne dass näher darauf eingegangen wird.[13]
c) In ganz wenigen Fällen werden zwar die Wörter „virgo“, „virginitas“ oder „virginalis“ nicht gebraucht, dafür aber eine umschreibende Formulierung, die die Jungfräulichkeit eindeutig zum Ausdruck bringt.[14]

12 Dabei handelt es sich – gemäß der Numerierung des oben aufgeführten Index – um folgende Nummern; Tagesgebete: 3, 5, 8, 16, 17, 18, 26, 27, 28, 29, 33, 34, 60; Gabengebete: 75, 81, 83, 84, 85, 86, 87, 90, 91, 92, 97, 103, 106, 122, 123; Präfationen: 138, 156; Schlussgebete: 180, 183, 184, 190, 196, 198, 199, 200, 201, 203, 207, 210, 215, 231, 232; Hymnen: 247, 252, 254, 255, 267, 270; Fürbittformulare des Stundengebetes als ganze: 279, 284; einzelne Fürbitten des Stundengebetes: 287, 291, 292, 295, 296, 298, 299, 300, 301, 302, 303, 304, 305, 307, 308, 309, 310, 311, 312, 313, 315, 316, 317, 318, 319, 320, 322, 323, 324, 325, 326; Einleitungen zu den Fürbitten des Stundengebetes: 327, 328, 331, 333; Akklamationen zu den Fürbitten des Stundengebetes: 337, 338, 339, 340, 341, 342; Marianische Antiphonen: 345.

13 Dabei handelt es sich – gemäß der Numerierung des oben aufgeführten Index – um folgende Nummern; Tagesgebete: 1, 6, 7, 9, 11, 13, 19, 20, 21, 23, 24, 25, 30, 31, 37, 39, 41, 42, 43, 44, 45, 46, 48, 49, 50, 52, 53, 54, 55, 56, 57, 58, 61, 64, 65, 67, 69, 70; Gabengebete: 73, 76, 78, 80, 88, 93, 95, 98, 107, 108, 110, 111, 113, 114, 115, 116, 117, 118, 119, 120, 124, 126, 128; Präfationen: 134, 140, 143, 144, 151, 152, 157, 158, 159, 160, 161, 162, 166, 168, 169, 171, 175, 178, 179; Schlussgebete: 182, 185, 186, 187, 188, 189, 191, 192, 193, 194, 195, 197, 206, 208, 211, 212, 213, 216, 217, 218, 219, 220, 222, 223, 224, 225, 226, 227, 228, 229, 230, 233; Formulare für den feierlichen Schlusssegen: 234, 235, 237, 239, 240; Hymnen: 241, 244, 245, 249, 251, 253, 256, 261, 264, 266, 268, 269, 271; Fürbittformulare des Stundengebetes als ganze: 273, 274, 275, 276, 277, 278, 280, 281, 282, 283, 285, 286; einzelne Fürbitten des Stundengebetes: 288, 293, 297, 306, 321; Einleitungen zu den Fürbitten des Stundengebetes: 330, 332, 334; Akklamationen zu den Fürbitten des Stundengebetes: 335, 336; Marianische Antiphonen: 344, 346, 347.

14 Dabei handelt es sich – gemäß der Numerierung des oben aufgeführten Index – nur um folgende zwei Nummern; Präfationen: 176; Hymnen: 265.

d) Hingegen gibt es nicht wenige Erwähnungen der Jungfrauschaft, welche die Virginität irgendwie betonen, indem es z.B. heißt „semper virgo“ – „allzeit jungfräulich“, oder eine andere Beigabe gemacht wird, die Mariens Jungfräulichkeit unterstreicht und erläutert. In nicht wenigen Fällen bleibt es aber dabei und hat keine echte Auswirkung auf die Aussage des gesamten zur Untersuchung stehenden Textes.[15]
e) Schließlich aber kennt die Liturgie auch solche Texte, in denen die Jungfräulichkeit die eigentliche Textaussage prägt oder mitprägt. In vielen Fällen besteht diese Prägung in einem wie auch immer gearteten Vorbildcharakter der Jungfräulichkeit Mariens für das Leben der Gläubigen.[16]
f) Sofern die Durchprägung des Textes durch die Virginität nicht auf diese Weise erfolgt, liegt daher noch eine eigene Gruppe an Texten vor.[17]
g) Die Absicht, ein solch differenziertes Bild zu entwerfen, kann freilich um die Konstatierung einzelner Grenzfälle nicht herumkommen, die sozusagen eine letzte Gruppe an Texten bildet.[18]

Dies führt nun – wiederum in Zahlen ausgedrückt – zu folgendem Ergebnis:

15 Dabei handelt es sich – gemäß der Numerierung des oben aufgeführten Index – um folgende Nummern; Tagesgebete: 2, 4, 14, 40, 59, 66, 71; Gabengebete: 74, 77, 89, 102, 109, 121; Präfationen: 130, 131, 133, 135, 136, 141, 146, 147, 149, 150, 153, 154, 155, 163, 174, 177; Schlussgebete: 205, 221; Hymnen: 242, 246, 248, 250, 257, 258, 260, 262, 263, 272; Einleitungen zu den Fürbitten des Stundengebetes: 329.

16 Dabei handelt es sich – gemäß der Numerierung des oben aufgeführten Index – um folgende Nummern; Tagesgebete: 22, 32, 36; Gabengebete: 72, 99, 100, 101, 105, 112, 127, 129; Präfationen: 145, 167; Schlussgebete: 181, 202, 209, 214; Formulare für den feierlichen Schlusssegen: 236; einzelne Bitten des Stundengebetes: 294, 314.

17 Dabei handelt es sich – gemäß der Numerierung des oben aufgeführten Index – um folgende Nummern; Tagesgebete: 63, 68; Gabengebete: 94, 125; Präfationen: 132, 137, 139, 142, 148, 164, 165, 170, 172, 173; Schlussgebete: 204; Hymnen: 243, 248, 259; Marianische Antiphonen: 343.

18 Dabei handelt es sich – gemäß der Numerierung des oben aufgeführten Index – um folgende Nummern; Tagesgebete: 10, 12, 15, 35, 38, 47, 51, 62; Gabengebete: 79, 82, 96, 104; Formulare für den feierlichen Schlusssegen: 238; einzelne Fürbitten des Stundengebetes: 289, 290.

1.2.3. Statistik und Auswertung

Jungfräulichkeit Mariens	ohne Erwähnung	nur Erwähnung	umschriebene Erwähnung	betonte Erwähnung	Bedeutung als Vorbild	andere inhaltliche Bedeutung	Grenzfälle	Summe
Tagesgebete	13	38	0	7	3	2	8	71
Gabengebete	15	23	0	6	8	2	4	58
Präfationen	2	19	1	16	2	10	0	50
Schlussgebete	15	32	0	2	4	1	0	54
Schlusssegen	0	5	0	0	1	0	1	7
Hymnen	6	13	1	9	0	3	0	32
Fürbittformulare als ganze	2	12	0	0	0	0	0	14
einzelne Bitten	31	5	0	0	2	0	2	40
Einleitungen zu den Bitten	4	3	0	1	0	0	0	8
Akklamationen zu den Bitten	6	2	0	0	0	0	0	8
Marianische Antiphonen	1	3	0	0	0	1	0	5
Summe	93 (54)	143 (145)	2 (2)	41 (40)	20 (18)	19 (19)	15 (13)	333 (291)

Anmerkung zur Tabelle: Die Zahlen im Klammern ergeben sich, wenn man bei den Fürbitten anstelle der Einzelelemente die Fürbittformulare als ganze zählt.

Gut 28%[19] der Texte erwähnen die Jungfräulichkeit nicht. Ungefähr 43% begnügen sich damit, die Jungfräulichkeit Mariens bloß erwähnend mitzuführen. Etwas stärker betont, aber ohne größere Bedeutung für den Gesamttext wird die Jungfräulichkeit Mariens in gut 12% der Texte. Das macht, zusammengenommen, eine Zahl von etwa 83,5% an Texten, die auf die Jungfräulichkeit der Gottesmutter nicht bzw. so gut wie nicht inhaltlich eingehen. Dem stehen gegenüber 6% der Texte, die in irgendeiner Weise den exemplarischen Vorbildcharakter der Jungfräulichkeit für das Leben der Gläubigen herausstellen. Knapp 6% der Texte aber lässt die Jungfräulichkeit Mariens auf andere Weise die Textaussage mitprägen.

Nimmt man die beiden letzten Zahlen zusammen, so stehen etwa 12% an inhaltlich relevanteren Texten etwa 83,5% an inhaltlich kaum bedeutsamen Texten gegenüber.[20] Dazu kommen freilich 4,5% an Grenzfällen. Bedenkt man, dass die Jungfräulichkeit Mariens zusammen mit ihrer Gottesmutterschaft doch gewissermaßen die Grundsäule der Mariologie bildet, dass „gerade die immerwährende J[ungfräulichkeit] in ihren vielfältigen Aspekten der Grund für die besondere Verehrung der M[arien]gestalt [ist]“[21], ja dass der Titel „Jungfrau“ historisch dem der „Gottes-

19 Da ein Fürbittformular als ganzes im Unterschied zu sonstigen Textsorten weniger auf die einheitliche Prägung einer Gedankenlinie angelegt ist, darf bei ihnen nicht erwartet werden, dass die Jungfräulichkeit Mariens oder ein anderes theologisches Thema das Ganze so prägen kann. Für die Auswertung ist es daher sinnvoll, nur die Zahlen der Einzelelemente der Fürbitten in Betracht zu ziehen.

20 ‚Relevant‘ (bzw. ‚bedeutsam‘) heißt im Sinne dieser Untersuchung, dass die Jungfräulichkeit Mariens ‚relevant‘ ist für die Textaussage in ihrer logischen Struktur, also in ihrer am Textgefüge erkennbaren Aussageabsicht. Daher wird jede ‚Relevanz‘ im weiteren Sinne nicht berücksichtigt, die aus der je eigenen Einbindung der Begriffe ‚virgo‘ und ‚virginitas‘ in die Textaussage Erkenntnisse zu deren Verwendung bzw. zu der dadurch rein faktisch gegebenen Mitprägung des Textinhaltes gewinnt. – Doch gerade die Beschränkung auf die erstgenannte ‚Relevanz‘ im engeren Sinne scheint dem Verfasser dieser Studie sehr aussagekräftig zu sein.

21 ZIEGENAUS, A., Art. *„Jungfräulichkeit – II. Dogmatik“*, in: Bäumer, R., Scheffczyk, L. Card. (Hrsg.), Marienlexikon, Bd. 3: Greco – Laib, St. Ottilien 1991, 481.

mutter" vorausging,[22] so könnten diese Zahlen eher ernüchtern.[23] Es wäre von daher einmal interessant, eine ähnliche statistische Erhebung über die Gottesmutterschaft Mariens zu machen und dann die Zahlen miteinander zu vergleichen: Hier kann nur die Vermutung geäußert werden, dass die Gottesmutterschaft zu höheren Prozentsätzen inhaltlich relevanter Texte führen würde.

Interessant ist auch, dass unter den 46 Messen des Marienmessbuches zwar viele in der lateinischen Ausgabe das Wort „virgo" in ihrem Titel tragen, so dass es meist stereotyp heißt „Beata Maria Virgo ...", und es folgt das genaue Thema wie z.B. „Mater Salvatoris" oder „fons salutis". Diese Erwähnung der Muttergottes als Jungfrau fällt in den Titeln des deutschen Marienmessbuches weg. Es gibt nun aber auch im lateinischen Marienmessbuch keine einzige Messe, welche die Jungfräulichkeit Mariens in ihrem Titel als konkretes Thema angibt. So erscheint die Jungfräulichkeit stets als eine immer nur mitausgesagte Dimension.

Außerdem gilt es freilich dabei zu berücksichtigen, dass ein der Jungfräulichkeit sachlich sehr nahekommender Aspekt, nämlich jener der Sündenlosigkeit und Unbeflecktheit, in dieser statistischen Erhebung nicht mitberücksichtigt ist, so dass sich daran – je nachdem, wie man die Themen aneinander gewichtet und einander zuordnet – diese Prozentangaben etwas relativieren könnten. Zudem darf unbedingt betont werden, dass letztlich nicht die Zahl, sondern der Inhalt von Bedeutung ist. Andererseits aber legen diese Prozentzahlen die Annahme nahe, dass es in den liturgischen Texten nicht wenige marianische Betrachtungen gibt, die von der Jungfräulichkeit aus beleuchtet sein könnten, ohne dass dies de facto der Fall ist. Dies unterliegt freilich näherer theologischer Argu-

22 Vgl. MAGGIONI, a.a.O., 105; 154.

23 Dieser Eindruck kann noch durch folgende Einzelbeobachtungen erhärtet werden: Die theologisch zentrale Aussage der immerwährenden Jungfräulichkeit („semper virgo") findet sich, wie MAGGIONI (a.a.O., 112) feststellt, nur im ersten Hochgebet und wird in den Hochgebeten II-IV nicht übernommen. Außerdem stellt MAGGIONI stellt fest, dass – im Unterschied zur liturgischen Tradition – die aktuelle römische Liturgie beim Hochfest vom 25. 12. die jungfräuliche Mutterschaft Mariens nicht erwähnt (vgl. a.a.O., 148). Im Zusammenhang mit den hier vorgelegten statistischen Resultaten scheint mir daher die Aussage MAGGIONIs etwas zu stark zu sein: „Dove si celebra Maria, lì si celebra innanzitutto la sua verginità" (a.a.O., 154).

mentation und kann folglich statistisch nicht eingefangen werden. Als bloßes Beispiel darf aber hingewiesen werden auf die 20. Messe des Marienmessbuches, deren Thema Maria als „die neue Frau" ist. Die Kombination aus ‚Neuheit' und ‚Frau-Sein' könnte ein Eingehen auf die Jungfräulichkeit – jedenfalls in ihrer geistlichen Dimension – zumindest nahelegen. Die Tagesoration jedoch betont Maria als Anfang der neuen Schöpfung und spricht die Bitte aus, wir mögen „den alten Menschen der Sünde ablegen" und uns „von ganzem Herzen erneuern lassen durch das Evangelium".[24] Das Gabengebet betont die neue Wirklichkeit des Neuen Bundes, der Maria verbunden war; die Präfation geht auf unbefleckte Empfängnis, Dienstbereitschaft, Gläubigkeit und Seelenstärke der Gottesmutter ein. Auch im Schlussgebet wird das dort angesprochene „neue Herz" Mariens in keinen Zusammenhang mit ihrer Reinheit und Jungfräulichkeit gebracht.[25]

1.2.3.2. Einzelne Beobachtungen

Neben dem statistischen Gesamtblick sind aber noch einige Einzelergebnisse nicht uninteressant. Was die Tagesgebete betrifft, bezeugen mehr als die Hälfte, nämlich 38 von 71, also gut 53%, die Jungfräulichkeit nur durch bloße Erwähnung (bei den Gabengebeten gut 39%; bei den Schlussgebeten 59%). Dazu kommen gut 18% an Tagesgebeten (bei den Gabengebeten: gut 26%; bei den Schlussgebeten: knapp 28%), welche die Jungfräulichkeit nicht erwähnen. Damit gibt es bei den Gabengebeten etwa 10% weniger Texte, in denen die Jungfräulichkeit keine inhaltliche Relevanz hat, als in den Tagesgebeten, obwohl gerade die Tagesgebete nicht durch eine liturgische Funktion wie die Darbringung der Gaben geprägt, daher theologisch-thematisch ungebundener sind und mehr Entfaltungsmöglichkeiten hätten. Zu erwarten war hingegen, dass die Schlussgebete zur Danksagung nach dem Empfang der Kommunion

[24] Die hier zitierten amtlichen deutschen Texte weisen keinen für das hier Gemeinte inhaltlich relevanten Unterschied zu den lateinischen Originalen auf.

[25] Dass somit das Neu-Sein Mariens mit ihrer Jungfräulichkeit nicht verbunden wird, ist freilich nicht als inhaltlicher Mangel an den Texten misszuverstehen; keinesfalls darf man ein einzelnes Messformular anhand eines solchen Kriteriums beurteilen. Erst im Blick auf das Ganze kann hier ein tragfähiges Argument entwickelt werden. Der Blick in ein einzelnes Messformular diente nur der Veranschaulichung dessen, was hier gedanklich gemeint ist.

den höchsten Anteil an inhaltlich nicht relevanten Texten haben (mit knapp 87%).

Bei den Präfationen aber finden sich ganze 24%, die inhaltlich näher geprägt sind von der Jungfräulichkeit. Dies steht deutlich über dem Durchschnitt und ist wegen der größeren theologischen Entfaltungsmöglichkeit der Textgattung – verglichen z.B. mit einer einfachen Oration oder einer Brevierbitte – der Beachtung wert. Im Stundengebet wäre ein Text mit ähnlichen thematischen Entfaltungsmöglichkeiten etwa der Hymnus. Hier finden sich jedoch nur gut 9%, in denen die Jungfräulichkeit eine größere Bedeutung für den Text hat; ihnen stehen 62,5% an irrelevanten und gut 28% an kaum relevanten Texten gegenüber, also an solchen Texten, die die Jungfräulichkeit über die bloße Nennung hinaus etwas mehr betonen. Dies macht eine Summe von 90,5% an nicht oder kaum relevanten Hymnen, der bei den Präfationen wiederum eine Summe von 76% entspricht. Interessanterweise sind es wieder die Gabengebete, die den 24% an relevanteren Präfationen am nächsten stehen mit etwa 17%. Sowohl die Tages- als auch die Schlussgebete stehen hinter diesen Zahlen zurück.

2. Inhaltliche Aspekte

Nach diesen statistischen Beobachtungen wenden wir uns nun den konkreten Inhalten zu. Die Gruppe der Grenzfälle wollen wir hierbei nun außer Acht lassen, da die damit verbundenen Diskussionen der Textaussage weniger ergiebig sind.[26]

[26] Wen die Grenzfälle doch interessieren, kann folgendes zur Kenntnis nehmen: Das Tagesgebet „Deus, cuius mirando consilio e virgineo thalamo" (Gesamtindex Nr. 10) betont zwar die Jungfräulichkeit als „virgineus thalamus", dies wird aber nur sehr implizit über die Rede von Christus als dem „speciosus sponsus" auf die mit Gottes „splendor sanctitatis" zu erleuchtenden Gläubigen übertragen. – Das Tagesgebet „Deus, cuius potentia et bonitate" (Gesamtindex Nr. 12) nennt die Jungfrau „purissima imago Ecclesiae", insofern sie „praecellens redemptionis fructus" ist. Die Reinheit wird daher mehr von der Erlösung als von der Jungfräulichkeit her betrachtet. Der Bezug der Jungfräulichkeit zu den Gläubigen kommt mit „fideliter sequatur" als ein Aspekt unter anderen etwas zum Ausdruck. – Das Tagesgebet „Deus, misericordiarum Pater" (Gesamtindex Nr. 15) weist einen Chiasmus zwischen „Virginem-Genetricem" und „fecundior-sanctitate" auf; es fehlt aber

als gedankliches Bindeglied ein Hinweis auf Maria als Urbild der Kirche. – Das Tagesgebet „Deus, qui in corde beatae Mariae Virginis" (Gesamtindex Nr. 35) spricht von Maria als „virgo" zweimal; die Parallele zwischen „dignum habitaculum" für Maria und „tuae gloriae templum" für die Gläubigen ist aber nur sehr implizit auf die Jungfräulichkeit anwendbar. – Das Tagesgebet „Deus, qui per immaculatam Virginis Conceptionem" (Gesamtindex Nr. 38) ist insofern von der Jungfräulichkeit geprägt, als das Festgeheimnis der Immaculata Conceptio auf Maria als bloß mit ‚virgo' Bezeichnete bezogen ist. – Das Tagesgebet „Domine Deus, ad cuius conspectum" (Gesamtindex Nr. 47) lässt die Gottesmutter im Schmuck ihrer Tugenden („ornamento virtutum") glänzen; in dem, was für die Gläubigen erbeten wird, bieten die Formulierungen „quaecumque sunt vera et iusta sectantes" und „sanctae dilectionis auctorem" gewisse Bezüge zur geistlichen Dimension der Jungfräulichkeit. – Das Tagesgebet „Domine Deus, qui beatam Virginem Mariam nobis exemplar dedisti" (Gesamtindex Nr. 51) misst Maria eine „sublimis caritas" zu; die Kirche soll dem Beispiel Mariens folgen und sich der Herrlichkeit Gottes und dem Dienst der Menschen verschreiben („devoveat"). All dies sind Implikationen, die auf die Jungfräulichkeit hinweisen. – Das Tagesgebet „Intercedat pro nobis, Domine, gloriosa Virgo Maria" (Gesamtindex Nr. 62) schmückt die Jungfräulichkeit mit dem Beiwort „gloriosa"; auch die Formulierung „Sancti Spiritus decorata muneribus" bietet dem gläubigen Betrachter – neben anderen – auch Assoziationen zur Jungfräulichkeit. Mit diesem indirekten Ausdruck der Jungfräulichkeit („decorata") korrespondiert dann die Charakterisierung Christi als „speciosus" und die Bitte für die Gläubigen, zu „spiritalis pulchritudinis amatores" zu werden. – Bei dem Gabengebet „Converte, Domine, in sacramentum salutis munera tibi laetanter oblata ... quae Ecclesiae" (Gesamtindex Nr. 79) darf zwar nicht exklusiv, aber einschlussweise auch deren mit dem Beiwort „gloriosa" verstärkte Jungfräulichkeit als Fundament für die Charakterisierung Mariens als „spiritalis cultus exemplar" angenommen werden, so dass auch die „hostia sancta" der Gläubigen in diesem Licht gesehen werden darf. – Das Gabengebet „Dicatae tibi, Domine, quaesumus" (Gesamtindex Nr. 82) erwähnt Maria nur durch das Wort „virgo", weshalb vorzugsweise die „via pulchritudinis" der Gläubigen mit der Virginität in Beziehung gesetzt werden darf. – Sehr schwach ist ein durchgängiger Zug der Jungfräulichkeit Mariens erahnbar in dem Gabengebet „Memoriam venerantes, Domine, beatae Mariae" (Gesamtindex Nr. 96), da die geistige Haltung der Gottesmutter, dem Opfer Christi „pleno corde" anzuhangen, ungefähr darauf beziehbar ist; dem würden dann aufseiten der Gläubigen die Wendungen „reverenter offerimus" und „supplices exoramus" entsprechen. – In dem Gabengebet „Oblationes familiae tuae, Domine" (Gesamtindex Nr. 104) ist die „familia" der Kirche „administra" des Messopfers, wie Maria es unter dem Kreuz war; aber gerade Maria wird als „gloriosa Virgo" bezeichnet. Dieser Betonung der Jungfräulichkeit fehlt aber

2.1. Texte, die die Jungfräulichkeit ohne nennenswerte Mitprägung des Inhaltes betonen

2.1.1. Betonungen der Jungfräulichkeit ohne besondere Einkleidung in dogmatisch relevante Formulierungen

So wollen wir nun schrittweise vorgehen, angefangen bei jenen Texten, die eine stärkere Betonung der Jungfräulichkeit erkennen lassen, jedoch ohne dadurch den gesamten Aussageinhalt maßgeblich mitzuprägen. Innerhalb dieser Texte gibt es wiederum verschiedene Sorten, zunächst einmal eine Reihe, die dem Wort „virgo" schlicht ein „semper" hinzufügt; dies sind drei Tagesgebete[27], zwei Gabengebete[28] und ein Schluss-

aufseiten der opfernden Kirche ein entsprechender Ausdruck. – Das Schlusssegensformular „Deus, qui per Filii sui immolationem" (Gesamtindex Nr. 238) spricht in seiner zweiten Bitte das Verhältnis von Glaube und Liebe an. Dabei wird Maria betont nur als „virgo" erwähnt, und die Liebe wird in ihrer Vollendung in den Blick genommen. Von daher könnte man aus dem Text schließen, dass zumindest implizit die Jungfräulichkeit als Voraussetzung für das Wachstum in Glaube und Liebe ausgesagt ist, zunächst für Maria, wass dann aber entsprechend auch für die Gläubigen gelten muss. – Die fünfte Brevierbitte der ersten und zweiten Vesper zum 25. März (Gesamtindex Nr. 289) ist den Verstorbenen gewidmet und enthält die Formulierung „cui nihil est impossibile", was im Kontext des Festgeheimnisses im Zusammenhang steht mit dem Wort des Engels an Maria bei der Verkündigung „quia non erit impossibile apud Deum omne verbum" (Lk 1,37). Dies aber steht in gedanklichem Zusammenhang zur Jungfräulichkeit Mariens; die besagten Worte der Brevierbitte jedoch stehen in Parallele zu deren zweitem Teil „salva nos". Auch wenn diese Argumentation recht gewunden ist, kann man hier doch eine Entsprechung zwischen dem Wunder der Jungfrauengeburt und der Rettung zum ewigen Heil erkennen, die insofern ebenfalls ‚Wunder' ist, als es in Mt 19,26 heißt „Apud homines hoc impossibile est, apud Deum autem omnia possibilia sunt". – In der ersten Brevierbitte zur Vesper vom 8. 12. (Gesamtindex Nr. 290) wird für die Gläubigen erbeten, dass sie ihre Herzen zu der gleichen Herrlichkeit zu richten vermögen, in die Maria als „immaculata Virgo" eingegangen ist. Daraus ergibt sich ein gewisser Hinweis darauf, dass die Herzen der Gläubigen irgendwie der unbefleckten Virginität Mariens nachstreben sollen.

27 Vgl. im Gesamtindex Nrr. 2, 4 und 40.

28 Vgl. im Gesamtindex Nrr. 89 und 109.

gebet.[29] Freilich taucht die Formulierung „semper virgo“ noch viel öfter in der Liturgie auf, nicht aber in solchen Texten, die darüber hinaus nicht weiter auf die Jungfräulichkeit eingehen.

Andere Texte unterstreichen die Virginität Mariens durch die Hinzufügung eines anderen Attributes, wie z.B. „immaculata“, „intacta“, „ineffabiliter“, „purissima“ oder die Genetivwendung „virgo virginum“. Sofern darüber hinaus im Text wiederum keine besondere Aussage über die Jungfräulichkeit gemacht wird, handelt es sich um ein Tagesgebet[30], zwei Gabengebete[31], drei Präfationen[32] und drei Hymnen.[33] Eine weitere kleine Gruppe, nämlich ein Tagesgebet,[34] ein Gabengebet[35] und eine Präfation[36], betonen die Jungfräulichkeit, indem sie den Ausdruck „virgo“ prägnant wiederholen.

Eine andere Sorte an Texten kleidet die Jungfräulichkeit Mariens in eine ausschmückende Formulierung ein, wie z.B., dass Maria ihren Sohn in unbeflecktem Schoß liebevoll getragen hat, oder dass die selige Jungfrau Christus mit Freude empfing und aus unberührtem Schoß zur Welt brachte. Zwei Präfationen[37], ein Schlussgebet[38] und drei Hymnen[39] können zu dieser Gruppe gezählt werden.

[29] Vgl. im Gesamtindex Nr. 221.

[30] Vgl. im Gesamtindex Nr. 66 („immaculatam Virginem“).

[31] Vgl. im Gesamtindex Nrr. 74 („intacta Virgine ineffabiliter“) und 121 („de intacta Virgine“).

[32] Vgl. im Gesamtindex Nrr. 153 („purissima Virgo“, in gedanklicher Nähe zur unbefleckten Empfängnis), Nr. 154 („beatissimam Virginem Mariam“) und 163 („immaculatam Virginem“).

[33] Vgl. im Gesamtindex Nrr. 242 („virgo virginum“), 258 („virgo mater mirifica“) und 272 („virgo virginum praeclara“).

[34] Vgl. im Gesamtindex Nr. 71.

[35] Vgl. im Gesamtindex Nr. 102.

[36] Vgl. im Gesamtindex Nr. 135.

[37] Vgl. im Gesamtindex Nrr. 130 („umbra Sancti Spiritus tecta Verbum tuum ineffabiliter de se genuit incarnatum“, wobei sich „ineffabiliter“ hier weniger auf das eingeschobene „genuit“ als auf „verbum incarnatum“ beziehen dürfte), und 149 („immaculatis visceribus amanter portavit“).

[38] Vgl. im Gesamtindex Nr. 205 („quibus beatam Virginem Matrem dedisti speciosam ornamento virtutum“).

Weitere solcher eher beiläufiger Betonungen der Jungfräulichkeit Mariens in einem anders thematisierten Gesamtzusammenhang des jeweiligen Textes zeichnen sich dadurch aus, dass sie besondere Charakterisierungen Christi, der Frucht des jungfräulichen Mutterschoßes, enthalten. So wird Christus in der Präfation zur 34. Messe des Marienmessbuches – zu Ehren Mariens als der Ursache unserer Freude[40] – im Zusammenhang mit der ‚virginitas in partu' als „Lux hilaris", als „heiteres Licht" bezeichnet; die Präfation zur 45. Messe des Marienmessbuches – zu Ehren Mariens als der Königin des Friedens[41] – bringt Christus in Verbindung mit dem jungfräulichen Schoß Mariens als Fürst des Friedens zur Sprache. In dem Vesperhymnus zum ersten Januar, dem Hochfest der Gottesmutter,[42] wird Christus in der dritten Strophe schlicht als „unser Heil" bezeichnet, welches die Jungfrau, „feta Sancto Spiritu", hervorbringt. Die Verbindung der dogmatischen Relevanz dieser christologischen Kennzeichnungen mit der Jungfräulichkeit Mariens verbleibt freilich auf eher assoziativer Ebene.

Ein einziges Mal überhaupt wird in der dem Mariengeheimnis gewidmeten aktuellen römischen Liturgie die Jungfräulichkeit Mariens in ihrem Verhältnis zum hl. Josef beleuchtet, und zwar in der Präfation der achten Messe des Marienmessbuches[43] – zu Ehren Mariens von Nazareth:

„purissima Virgo, Ioseph viro iusto arctissimo virginalique amoris vinculo iuncta"	*„sie, die als reine Jungfrau dem gerechten Josef in Liebe (wörtlich muss es heißen: im engen und jungfräulichen Band der Liebe) verbunden war".*

39 Vgl. im Gesamtindex Nr. 250 („O quanta rerum gaudia alvus pudica continet"), Nr. 260 („Praeclara custos virginum Deique mater innuba"), und Nr. 262 („claustrum Mariae"; „puellae viscera"; „ventris sub arca clausus"; „qui natus es de Virgine").

40 Vgl. im Gesamtindex Nr. 131.

41 Vgl. im Gesamtindex Nr. 133.

42 Vgl. im Gesamtindex Nr. 246.

43 Vgl. im Gesamtindex Nr. 146. Die hier und in den folgenden Zitationen angeführten deutschen Versionen entstammen den offiziellen approbierten Texten. Nur jene deutschen Textbeispiele aus den Hymnen, die kein Versmaß aufweisen, sind Übersetzungen des Verfassers.

2.1.2. Bekräftigungen der hypostatischen Union

Mit der nächsten Reihe an Texten, die irgendwie die Jungfräulichkeit Mariens stärker hervorheben, nähern wir uns einer inhaltlichen Relevanz, die eingehender zu reflektieren ist. Immer noch wird hier nicht der Text in seiner Ganzheit geprägt, aber die Betonung der Jungfräulichkeit erfolgt auf eine Weise, die dogmatisch relevanter[44] wird. In einer ersten Untergruppe wird Mariens Virginität als Garant der wahren Gottheit und Menschheit Jesu Christi herausgestellt. So lesen wir im zweiten Tagesgebet der Weihnachtsmesse des Marien-Commune des allgemeinen Messbuches:[45]

„Deus, cuius Verbum ab aeterno genitum ex Virginis utero procedere voluisti".	*„Gott, dessen von Ewigkeit gezeugtes Wort du aus dem Schoß der Jungfrau hervorgehen lassen wolltest".*

Es kommt hierbei auf die Formulierungsweise an: Sie betont nämlich den totalen Primat des göttlichen Handelns; das Wort ‚geht hervor' aus dem Schoß der Jungfrau legt den chalkedonensischen Gedanken nahe, dass der Logos durch die Geburt aus Maria in seiner Göttlichkeit nicht gemindert wird.

Das Gabengebet des gleichen Messformulars[46] spricht in der Anrede an den Vater von der „temporalis Unigeniti tui nativitas", von der „Geburt deines Einziggezeugten in der Zeit", aber dies wird noch einmal anders ausgedrückt, indem der „partus Mariae Virginis" hinzugefügt wird. Damit wird das Geheimnis der Menschwerdung von göttlicher und menschlicher Seite her beleuchtet; die Jungfräulichkeit, hier als ‚virginitas in partu', ist sozusagen das gedankliche Bindeglied zwischen beidem.

[44] Eine hohe dogmatische Relevanz gilt freilich bereits für die Wendung „semper virgo" (vgl. MAGGIONI, a.a.O., 106–108; 145). Die uns hier interessierende Relevanz bezieht sich aber nicht auf den historischen Hintergrund einer Wendung, sondern auf die vorhandene Textaussage; vgl. hierzu Anm. 20 dieser Abhandlung.

[45] Vgl. im Gesamtindex Nr. 14.

[46] Vgl. im Gesamtindex Nr. 77.

Der Laudes-Hymnus des Stundengebetes vom Gedenktag Mariä Königin[47] geht in seiner zweiten Strophe folgendermaßen auf die Jungfräulichkeit Mariens ein:

„Tu, cum virgineo mater honore, caelorum Domino pectoris aulam sacris visceribus casta parasti; natus hinc Deus est corpore Christus."	*„Du hast als Mutter mit jungfräulicher Ehre dem Herrn der Himmel in heiligem Schoß den Hof der Brust keusch bereitet; so wurde Christus als Gott dem Leib nach geboren."*

Die starke Betonung der Jungfräulichkeit führt in der Strophe gleichsam in einem Atemzug zum Bekenntnis der Gottheit Christi hin, die einen menschlichen Leib annahm. So wird die Jungfräulichkeit zum Garanten für die gottmenschliche Wahrheit des Erlösers.

Auch eine Präfation – jene aus dem Marienmessbuch zu Ehren Mariens als des Sitzes der Weisheit[48] – enthält eine Formulierung, die für die hypostatische Union bedeutungsvoll ist:

„intra intemerata viscera, aedificante sibi Sapientia domum".	*„in ihrem unversehrten Schoß hat sich die Weisheit ein Haus gebaut".*

Die Einheit der hypostatischen Union kann nämlich dogmatisch nicht so gedacht werden, dass der Logos eine bestehende Menschennatur zur Vereinigung mit Gottheit erhöbe, was die Ungetrenntheit der beiden Naturen in Christus nicht hinreichend begründen könnte, sondern vielmehr nur dahingehend, dass der Logos sich für seine Menschwerdung eine menschliche Natur schafft.[49] Der in der Präfation ausgesagte ‚unversehrte Schoß' Mariens bekräftigt dies: Ein Schoß Mariens wird hier in einer Weise angesprochen, dass ein von Maria auszusagendes Mitwirken an der Inkarnation den schlechthinnigen Primat der Wirkung des Logos nicht trübt.

[47] Vgl. im Gesamtindex Nr. 257.

[48] Vgl. im Gesamtindex Nr. 174.

[49] Vgl. hierzu SCHEFFCZYK, Leo Card., *Die Heilsverwirklichung in der Gnade. Gnadenlehre*, Bd. VI der Katholischen Dogmatik, Aachen 1998, 407–412; v.a. 408.

2.1.3. Vorrang der geistigen vor der leiblichen Jungfräulichkeit

Eine weitere Gruppe von insgesamt drei Präfationen enthält eine Formulierung, in welcher der Vorrang der geistigen vor der leiblichen Jungfräulichkeit ausgesagt wird. So heißt es in der 25. Messe des Marienmessbuches – zu Ehren Mariens, des Urbildes und der Mutter der Kirche:[50]

„Verbum tuum immaculato corde suscipiens virgineo meruit sinu concipere".	*„In ihrem unbefleckten Herzen und ihrem jungfräulichen Schoß hat sie dein Wort empfangen".*

Der deutsche Text ist hier ungenau; wörtlich übersetzt heißt das lateinische Original nämlich: „Indem sie dein Wort mit unbeflecktem Herzen empfing, verdiente sie es, mit jungfräulichem Schoß zu empfangen." Dadurch kommt der konsekutive Zusammenhang zwischen der geistlichen und der leiblichen Jungfräulichkeit stärker zum Tragen.

Auch die Präfation der 27. Messe des Marienmessbuches – ebenfalls zu Ehren Mariens als des Urbildes und der Mutter der Kirche[51] – spricht von der „virgo fidei integritate conspicua", was ungeachtet der (hier zu freien) offiziellen deutschen Version wiedergegeben werden kann mit „Jungfrau, die durch die Unversehrtheit des Glaubens ausgezeichnet ist". Die Präfation der 28. Messe – zu Ehren des Unbefleckten Herzens Mariens[52] – betrachtet den Vorrang der geistigen vor der leiblichen Jungfräulichkeit ähnlich wie jene der 25. Messe, und zwar durch die Formulierung:

„cor simplex et mundum, quo mereretur Filium tuum virgo concipere et te in aeternum laeta videre".	*„ein schlichtes und reines Herz, mit dem sie als Jungfrau deinen Sohn empfing und mit dem sie dich schauen darf in ewiger Freude".*

Auch hier spricht der lateinische Text davon, dass Maria dank ihrer Herzensreinheit es ‚verdiente' („mereretur"), als Jungfrau den Sohn zu emp-

50 Vgl. im Gesamtindex Nr. 147.

51 Vgl. im Gesamtindex Nr. 155.

52 Vgl. im Gesamtindex Nr. 177.

fangen, so dass die Jungfräulichkeit des Herzens als Vorraussetzung für die Jungfräulichkeit des Leibes noch deutlicher zum Ausdruck kommt.

2.1.4. Jungfräulichkeit vor, in und nach der Geburt

Es gibt nun auch einzelne Formulierungen, welche konkretere Dimensionen der Jungfräulichkeit Mariens, sprich ihre Virginität vor, in und nach der Geburt, beleuchten. Das Tagesgebet zum Fest Mariä Geburt[53] enthält z.B. die Wendung

„beatae Virginis partus exstitit salutis exordium".	*„Die Geburt des Erlösers aus Maria war für uns der Anfang des Heiles".*

Im lateinischen Original drückt sich hier die ‚virginitas in partu' aus, was der deutsche Text durch Wegfall der „virgo" unterschlägt.

Indem die Präfation zur 36. Messe des Marienmessbuches[54] – zu Ehren Mariens als der Mutter der schönen Liebe – die Formulierung enthält

„Illa pulchra fuit in conceptione ... pulchra in partu virginali",	*„Sie war schön bei der Empfängnis ... schön bei der jungfräulichen Geburt",*

wird eine Relation zwischen der ‚virginitas in partu' und der Schönheit hergestellt.

Auch die Präfation der 41. Messe des Marienmessbuches[55] – zu Ehren Mariens als Mutter des Trostes – verleiht der Jungfräulichkeit vor und in der Geburt Ausdruck in der Formulierung

„Quem, mundi consolationem, beata Virgo cum gaudio suscepit et intemeratis genuit visceribus".	*„Den Trost der Welt hat sie mit Freude empfangen und in unversehrter Jungfräulichkeit geboren".*

Gleiches wird ausgedrückt in der Einleitung zu den Fürbitten der zweiten Vesper dieses Hochfestes,[56] wo es heißt:

53 Vgl. im Gesamtindex Nr. 59.

54 Vgl. im Gesamtindex Nr. 141.

55 Vgl. im Gesamtindex Nr. 150.

56 Vgl. im Gesamtindex Nr. 329.

„Christum Emmanuelem benedicamus, quem Virgo concepit et peperit. Eum supplices exoremus."

„Lasst uns zu Jesus Christus beten, den die Jungfrau Maria empfangen und geboren hat".

In der Präfation zur 46. Messe des Marienmessbuches – zu Ehren Mariens als der Pforte des Himmels[57] – wird Maria mit dem Osttor des Tempels verglichen, das

„ipsi soli patuit et clausa mansit".

„ihm allein sich öffnete und immer verschlossen bleibt".

Hier wird die ‚virginitas ante partum et post partum' eingefangen.

Der Hymnus zur Lesehore vom 1. Januar, dem Hochfest der Gottesmutter[58] bezeugt in seiner ersten Strophe die Jungfräulichkeit Mariens nach der Geburt in der Formulierung:

„et virgo mater permanet".

„und die Mutter bleibt Jungfrau".

2.2. Die Jungfräulichkeit als Teil der inhaltlichen Gesamtaussage

Wenden wir uns nun endlich jenen Texten zu, in welchen die Jungfräulichkeit Mariens nicht nur im Rahmen eines anders thematisierten Gesamtkontextes stärker betont wird, sondern die eigentliche Textaussage mitprägt.

2.2.1. Die Jungfräulichkeit Mariens als Vorbild für die Gläubigen

Wie bereits weiter oben angesprochen, leistet dies eine nicht geringe Zahl an Texten dadurch, dass die Jungfräulichkeit Mariens mit der Beispielhaftigkeit oder Vorbildhaftigkeit für das Leben der Gläubigen verbunden wird. Was dabei freilich von Maria auf die Gläubigen übertragen werden kann, betrifft stets nur die geistigen Dimensionen der Virginität.

57 Vgl. im Gesamtindex Nr. 136.

58 Vgl. im Gesamtindex Nr. 263.

2.2.1.1. Vorbildhaftigkeit aufgrund einer Gemeinsamkeit in der Gnade

Unter diesen Texten fallen zunächst ein Tagesgebet, eine Präfation, zwei Schlussgebete, ein Schlusssegensformular und eine Bitte aus dem Stundengebet auf, die in ihrem gedanklichen Duktus von einer Gnade ausgehen, die für die Jungfrau Maria und für die Gläubigen gemeinsam ist. Beginnen wir mit dem Tagesgebet aus der vierten Messe des Marienmessbuches – zu Ehren der Gottesmutter Maria:[59]

„Deus, qui Filium tuum, verbum salutis et panem vitae, e caelo in alvum sanctae Virginis misisti, concede ut Christum sicut ipsa accipiamus, eius verba corde retinentes et salutis mysteria fide celebrantes."

„Herr, unser Gott, du hast deinen Sohn vom Himmel in den Schoß der heiligen Jungfrau gesandt. Er ist das Wort des Heiles und das Brot des Lebens. Gib, dass wir Christus aufnehmen wie Maria, indem wir seine Worte im Herzen bewahren und gläubig das Heilswerk feiern."

Die Menschwerdung wird in diesem Gebet in betonten Bezug zum Schoß der heiligen Jungfrau gebracht, um daran für das Leben der Gläubigen anzuknüpfen: Die Gläubigen sollen „Christus aufnehmen wie Maria", also in einer ihrer Jungräulichkeit entsprechenden Haltung, da es beide Male derselbe Christus ist.

Die folgende Präfation aus der 23. Marienmesse – zu Ehren Mariens als des Tempels des Herrn[60] – stellt einen Vergleich an zwischen den Gläubigen als Tempeln des Heiligen Geistes und Maria als Tempel des Sohnes:

„Quia in cordibus nostris mansionem tibi paras, quam, Spiritus Sancti gratia, illuminando purificas et inhabitando sanctificas; sed, propter fidei oboedientiam et incarnationis mysterium, beata Virgo singulare facta est templum tuae gloriae, domus aurea a Spiritu ornata copia virtutum, aula regalis fulgens splendore Veritatis, civitas sancta, quam flumina gratiae laetificant,

„Denn du bereitest dir in unseren Herzen eine Wohnung, die du durch die Gnade des Heiligen Geistes erleuchtest und reinigst und durch deine Gegenwart heiligst. Die selige Jungfrau Maria hast du erwählt zu einem einzigartigen Tempel deiner Herrlichkeit. Durch ihren Gehorsam im Glauben und durch die Menschwerdung deines Sohnes ist sie das goldene Haus, das vom Geist mit al-

59 Vgl. im Gesamtindex Nr. 32.

60 Vgl. im Gesamtindex Nr. 167.

arca novi foederis continens novae legis Auctorem, Iesum Christum Dominum nostrum."

ler Tugend geschmückt ist, die königliche Halle, im Glanz der Wahrheit erstrahlend. Sie ist die heilige Stadt, die der Strom der Gnade erfreut, die Lade des Neuen Bundes, die in sich den Urheber des neuen Gesetzes birgt, unsern Herrn Jesus Christus."

Für die Gläubigen ist hier die Rede von „illuminando purificas et inhabitando sanctificas", also von einer Reinigung und Heiligung. Indem danach von Maria als einem „singulare templum", einem „einzigartigen Tempel deiner Herrlichkeit" die Rede ist, gilt diese Reinheit und Heiligkeit für sie umso mehr, und mit der Beifügung „singulare – einzigartig" zu „templum – Tempel" wird genau jene Dimension der Reinheit Mariens angesprochen, die sie aus jeder sonstigen Heiligkeit heraushebt, nämlich ihre jungfräuliche Mutterschaft. Daher sind alle anschließenden Bilder für Maria in diesem Licht zu verstehen.

Eine Brevierbitte zum Hochfest Mariä Himmelfahrt[61] baut auf dem gleichen Grundgedanken auf:

„Redemptor noster, qui Virginem Mariam thalamum purissimum habitationis tuae et Spiritus Sancti fecisti sacrarium, nos templum fac perenne tui Spiritus."

„Sohn des lebendigen Gottes, du hast dir die Jungfrau Maria als reine Wohnung erwählt: Mache auch uns zu einem Tempel deines Geistes."

Die deutsche Formulierung ist wesentlich vereinfacht und bringt die Jungfräulichkeit weit weniger intensiv zum Ausdruck; wörtlich übersetzt müsste das Lateinische etwa lauten: „Unser Erlöser, der du die Jungfrau Maria zum ganz reinen Brautgemach deiner Einwohnung und zum Heiligtum des Heiligen Geistes gemacht hast, mache uns zu einem immerwährenden Tempel deines Geistes." Das auch in allgemeinerem Sinne verstehbare Wort „purissimum" wird durch die Verbindung mit „thalamus" besonders auf die Jungfräulichkeit bezogen. Die gleiche Gnade, die bei Maria die Jungfräulichkeit hervorgebracht hat, soll auch uns zu einem Tempel des Geistes formen, so dass auch für die Gläubigen, soweit übertragbar, einschlussweise Aspekte der Jungfräulichkeit Mariens gelten müssen.

61 Vgl. im Gesamtindex Nr. 314.

Diese eine Gnade, die Maria und die Gläubigen verbindet, wird im Schlussgebet der Messe zu Ehren Mariens, des Sitzes der Weisheit,[62] als Licht der Weisheit bezeichnet:

„Per haec sancta libamina, quaesumus, Domine, infunde cordibus nostris lumen sapientiae, quod almam Virginem mire replevit, ut te veraciter agnoscamus et fideliter diligamus."

„Herr, durch diese heilige Opferspeise gieße unseren Herzen das Licht der Weisheit ein, von dem die erhabene Jungfrau erfüllt war, damit wir Dich wahrhaft erkennen und von Herzen lieben."

Maria ist als „alma Virgo" ein Gefäß des eingegossenen Lichtes der Weisheit. Daher müssen, wenn die Gläubigen das gleiche Licht in sich tragen sollen, auch für sie gewisse geistige Aspekte der Jungfräulichkeit gelten, wie es dann auch im Gebet zum Ausdruck kommt: „damit wir dich wahrhaft erkennen und von Herzen lieben".

Pneumatologisch wird diese gnadenhafte Realität in folgendem Schlussgebet aus der Messe zu Ehren Mariens als der Quelle des Lichtes und des Lebens[63] gefasst:

„Quos Christi corpore satiasti, reple, Domine, Spiritu Christi, ut ab illo semper nostrae dirigantur actiones, qui omnes Ecclesiae semitas illustrat, sicut totam sanctificavit Virginis vitam."

„Herr, du hast uns mit dem Leib Christi genährt. Erfülle uns mit seinem Geist, damit all unser Tun stets von ihm geleitet werde, der das ganze Leben der seligen Jungfrau geheiligt hat und die Wege deiner Kirche erhellt."

Maria wird hier betont nur „Virgo" genannt; wie Christus ihr Leben – „Virginis vitam" –geheiligt hat, so heilige er auch unser Leben. Daher steht die Heiligung beiderseitig mit der Jungfräulichkeit in Verbindung.

Das österliche Schlusssegensformular aus dem Marienmessbuch[64] beleuchtet die Gnade, welche Maria und die Gläubigen verbindet, vom Wirken Christi her:

„Iesus Christus, qui ex intemerata Virgine

„Jesus Christus, der aus dem unversehrten

[62] Vgl. im Gesamtindex Nr. 202.

[63] Vgl. im Gesamtindex Nr. 209.

[64] Vgl. im Gesamtindex Nr. 236.

natus, ex intacto sepulcro resurrexit, integram in vobis servet fidem Baptismi."

Schoß der Jungfrau geboren und aus dem unberührten Grabe erstanden ist, bewahre in euch unversehrt den Glauben, den ihr im Wasser der Taufe empfangen habt."

Logisch gesehen, entspricht der „intemerata Virgo" und dem „intactum sepulcrum" auf Seiten der Gläubigen das „baptisma": Wie die Taufe in ihrer Heiligkeit den Glauben hervorbringt, so die Jungfräulichkeit Mariens bzw. die Unberührtheit des Grabes Christus. Daher gilt die Unversehrtheit Christus selbst, und dies wird auf den Taufglauben der Christen übertragen, der folglich auch unversehrt – jungfräulich – sein muss.

2.2.1.2. Die Gnade als Kräftigung des Tugendstrebens nach dem Beispiel der Jungfrau

Eine weitere Gruppe an Texten betrachtet weniger die Einheit der Gnadengabe, die sich bei Maria wie bei den Gläubigen auswirken möge, sondern beleuchtet die Gnade in ihrem Ziel, das darin besteht, das Tugendstreben der Gläubigen zu stärken, damit sie dem Vorbild Mariens nachstreben können. Dazu gehört zunächst einmal folgendes Tagesgebet aus der fünften Messe des Marienmessbuches:[65]

„Deus, qui beatam Virginem Mariam inter humiles et pauperes praecellentem, Matrem Salvatoris elegisti, praesta, quaesumus, ut, eius exempla sectantes, tibi sincerae fidei praestemus obsequium et in te totam spem salutis collocemus."

„Gütiger Gott, unter den Demütigen und Armen ragte die selige Jungfrau Maria hervor. Du hast sie zur Mutter des Erlösers erwählt. Gib, dass wir nach dem Beispiel deiner Magd dir in aufrichtigem Glauben gehorchen und unsere ganze Hoffnung auf dich setzen."

Bei dieser Oration ist beachtenswert der Parallelismus der Gedanken: Für Maria wird die Jungfräulichkeit ausgesagt und näher charakterisiert als herausragend unter den Demütigen und Armen. Zu Demut und Armut korrespondiert im zweiten Teil die Betonung der Hoffnung im Leben der Gläubigen, während die jungfräuliche Reinheit der Gottesmutter bei ihnen in der Aufrichtigkeit des Glaubens ihren Widerhall findet. Das

65 Vgl. im Gesamtindex Nr. 22.

Bindeglied zwischen beiden Vergleichspunkten heißt: „nach dem Beispiel deiner Magd“, also eine Ausrichtung am Vorbild Mariens.

Auch folgendes Tagesgebet aus der 23. Messe des Marienmessbuches[66] – zu Ehren Mariens als des Tempels des Herrn – darf hier Beachtung finden:

„Deus, qui in virginali beatae Mariae gremio ineffabili arte sanctum Filio tuo templum condidisti, concede ut, gratiam baptismi fideliter custodientes, tui simus adoratores in spiritu et veritate et templum glorie tuae nos quoque perfici mereamur.“

„Gott, in deiner Schöpfermacht hast du den jungfräulichen Schoß Mariens auf wunderbare Weise als einen heiligen Tempel für deinen Sohn erbaut. Hilf uns, dass wir die Gnade der Taufe treu bewahren, dich anbeten im Geist und in der Wahrheit und immer mehr Tempel deiner Herrlichkeit werden“.

Durch den Ausdruck „ineffabili arte“ – „auf wunderbare Weise“ – wird Maria hier als Tempel des Sohnes in Verbindung gebracht mit der Jungfräulichkeit; damit steht der Vergleichspunkt „templum gloriae tuae nos quoque“ einschlussweise ebenfalls in Verbindung mit der Jungfräulichkeit. Das im Deutschen nicht wiedergegebene „mereamur“ („wir mögen es verdienen“) kann als möglicher Hinweis auf den Verdienstcharakter des Tempel-Seins und damit auf die Tugendhaftigkeit der ‚virginitas‘ gewertet werden.

Dass wir von Maria als einer Lehrmeisterin lernen können, wird von der Präfation der 32. Messe des Marienmessbuches[67] – zu Ehren Mariens als geistlicher Mutter und Lehrerin – in Verbindung gebracht mit der Jungfräulichkeit:

„Quae mysterio Christi tui intime sociata, filios tibi cum Ecclesia generare non desinit, quos ad perfectam caritatem persequendam, urget amore, attrahit exemplis. Ipsa enim vitae evangelicae exsistit imago, quam supplices intuentes, discimus eius mente te super omnia diligere, eius spiritu Verbum tuum

„Du hast sie dem Geheimnis Christi innig verbunden, aus dem der Kirche fortwährend Kinder erwachsen. Durch ihre Liebe und ihr Beispiel hält Maria sie an, nach vollkommener Liebe zu streben. Du hast sie uns geschenkt als Vorbild eines Lebens aus dem Geist der Frohen Botschaft. Im

[66] Vgl. im Gesamtindex Nr. 36.

[67] Vgl. im Gesamtindex Nr. 145.

iugiter contemplari, eius corde fratribus deservire.“

Blick auf Maria lernen wir, dich über alles zu lieben, dein Wort eifrig zu betrachten und den Brüdern und Schwestern zu dienen.“

Hier kommt die Jungfräulichkeit, die in der Einleitung der Präfation mit dem Ausdruck „semper Virginis“ bereits direkt betont wurde, auch bei Maria nur in ihren geistigen Ausprägungen zum Ausdruck: im Streben nach vollkommener Liebe, in einem evangeliumsgemäßen Leben, in der Betrachtung des Wortes und im liebenden Dienen.

Gemäß dem Schlussgebet der 23. Messe des Marienmessbuches[68] – zu Ehren Mariens als des Tempels des Herrn – soll sich das Beispiel der Jungfräulichkeit Mariens bei den Gläubigen in reiner Gesinnung und in Loppreis aus lauterem Herzen auswirken:

„Caelesti alimonia nutritos, fac nos, exemplo beatae Virginis Mariae, pura tibi conversatione servire, te in fratribus praesentem venerari, te cum ipsa sinceris magnificare laudibus.“

„Allmächtiger Gott, Du hast uns mit himmlischer Speise genährt. Hilf uns, dir nach dem Beispiel der seligen Jungfrau Maria in reiner Gesinnung zu dienen, deine Gegenwart in den Brüdern und Schwestern zu ehren und dich mit Maria lauteren Herzens hochzupreisen.“

Der Dienst an Gott und die Verherrlichung Gottes bilden in ihrer dem Beispiel der Jungfrau folgenden Lauterkeit den Rahmen dafür, Gottes Gegenwart in den Mitmenschen erkennen zu können.

Das aufmerksame Hören und Befolgen des Wortes steht hinwiederum in folgendem Schlussgebet aus der 10. Messe des Marienmessbuches[69] im Vordergrund:

„Repleti, Domine, sacramentis et gaudiis, te suppliciter imploramus, ut, beatae Virginis exempla sectantes, veri inveniamur Christi discipuli, qui eius verba seduli audiant et custodiant fideles.“

„Herr, unser Gott, durch die Feier des Sakramentes gestärkt und mit Freude erfüllt, bitten wir Dich: Gib, dass wir dem Vorbild der seligen Jungfrau nacheifern, und mache uns zu wahren Jüngern Chris-

[68] Vgl. im Gesamtindex Nr. 181.

[69] Vgl. im Gesamtindex Nr. 214.

ti, die sein Wort aufmerksam hören und befolgen.“

In ähnliche Richtung weist folgende Brevierbitte aus den Vespern zum Hochfest der Verkündigung des Herrn:[70]

„Qui, ancilla tua annuente et Spiritu Sancto operante, Verbum tuum in nobis habitare fecisti, corda nostra ad Christum suscipiendum ita dispone, ut Maria Virgo eum suscepit.“

„Maria hat dein göttliches Wort vom Heiligen Geist empfangen; mache alle Menschen bereit, Christus aufzunehmen.“

Der deutsche Text unterschlägt hier die Betonung der Jungfräulichkeit, heißt es doch gemäß dem lateinischen Original wörtlich: „Lenke unsere Herzen dahin, Christus so aufzunehmen, wie die Jungfrau Maria ihn aufnahm.“

2.2.1.3. Gabengebete: geistlich-moralische Implikationen im Hinblick auf das spirituelle Opfer der Gläubigen

Wenden wir uns nun den Gabengebeten zu, die insofern eine eigene Gruppe bilden, als sie den Gedanken des geistlichen Opfers der Gläubigen bei der Messe in Verbindung bringen mit der Jungfräulichkeit Mariens. In einer ersten Sorte erfolgt dies im Blick auf die liturgischen Opfergaben, in einer zweiten Gruppe hingegen auf das (liturgisch ausgedrückte) Opfer des ganzen Lebens.

a) Jungfräulichkeit im Hinblick auf die liturgischen Opfergaben

Im Blick auf die liturgischen Opfergaben selbst gibt es drei Gabengebete, welche die Jungfräulichkeit vom Wirken des Geistes her betrachten. Ihnen steht ein Gabengebet gegenüber, welches sich der jungfräulichen Opferhaltung eher vom Standpunkt des Menschen her nähert. Zur erstgenannten Art gehört folgendes Gabengebet aus der dritten Messe des Marienmessbuches:[71]

70 Vgl. im Gesamtindex Nr. 294.

71 Vgl. im Gesamtindex Nr. 99.

„Munera nostra, quaesumus, Domine, Spiritus ille sanctificet, qui beatam Virginem Mariam novam plasmavit creaturam, ut ex ipsa, caelesti rore perfusa, fructus oriretur salutis, Iesus Christus, Filius tuus“

„Herr, unser Gott, dein Heiliger Geist hat die selige Jungfrau Maria zu einer neuen Schöpfung gemacht, damit sie, vom himmlischen Tau benetzt, als Frucht Jesus Christus, deinen Sohn, den Heilbringer, gebäre. Dein Geist heilige auch diese Gaben, die wir darbringen“

Die Jungfräulichkeit Mariens wird hier in der schönen Formulierung angedeutet, dass Christus als Frucht des Heiles aus ihr entstehe („oriretur“). Darin kommt gewissermaßen das Unberührtbleiben der Gottesmutter zum Ausdruck, während die deutsche Übersetzung das gewöhnliche ‚gebären‘ heranzieht. Im Kern aber ist es das Wirken des Geistes, das auch als ‚himmlischer Tau‘ bezeichnet wird und die Gaben so heiligen möge, wie Maria trotz ihrer Mutterschaft als Jungfrau bewahrt wurde.

Dieser Gedanke wird in folgendem Gabengebet aus der 33. Messe des Marienmessbuches[72] mehr auf das Wohlgefällig-Werden der Gaben bezogen:

„Spiritus consilii, Domine, qui beatae Virgini, ancillae tuae, mirabiliter obumbravit, tibi reddat accepta haec dona reverenter oblata.“

„Herr, unser Gott, voll Ehrfurcht bringen wir Dir unsere Gaben dar. Der Geist des Rates, der die Jungfrau Maria auf wunderbare Weise überschattet hat, mache Dir die Gaben wohlgefällig.“

Dabei wird die Jungfräulichkeit insofern betont, als für die Überschattung durch den Geist eigens hervorgehoben wird, dass sie „auf wunderbare Weise“ erfolgte.

In diesem Rahmen müssen wir nun auch auf ein berühmtes und markantes Gabengebet eingehen:[73]

Unigeniti tui, Domine, nobis succurrat humanitas, ut, qui natus de Virgine Matris integritatem non minuit, sed sacravit,

Herr, unser Gott, dein eingeborener Sohn komme uns zu Hilfe in seiner großen Liebe zu uns. Seine Geburt hat die Jungfräulich-

72 Vgl. im Gesamtindex Nr. 112.

73 Vgl. im Gesamtindex Nr. 129.

a nostris nos piaculis exuens, oblationem nostram tibi reddat acceptam.	*keit der Mutter nicht gemindert, sondern geheiligt. Durch seine Menschwerdung heilige auch uns. Nimm von uns alle Schuld und mache dir unsere Gabe wohlgefällig.*

Dieses Gabengebet fand sich in den ersten beiden Editionen des erneuerten römischen Messbuches an zwei Stellen, wurde aber merkwürdigerweise in die Editio typica tertia vom Jahre 2000 an beiden Stellen nicht mehr aufgenommen[74] und gehört von daher nur noch so lange zur aktuellen römischen Liturgie, wie die muttersprachlichen Messbücher, die aufgrund des neuen lateinischen Missale zu erarbeiten sind, noch nicht approbiert sind. Diese Oration ist deshalb von großer Aussagekraft, weil sie wie keine andere die Mutterschaft und die Jungfräulichkeit Mariens aneinander konfrontiert und die Geburt des fleischgewordenen Wortes geradezu als Stärkung der Jungfräulichkeit behauptet.[75] Durch die Ersetzung dieses Gebetes ist einer der markantesten Ausdrücke für die Sakralität der jungfräulichen Mutterschaft Mariens, für das Herausgehoben-Sein der Gottesmutter vor den übrigen Menschen, für den Realismus der wunderhaften Jungfrauengeburt weggefallen,[76] ein Anlass, zum ‚Sacrum‘

74 An dem Gabengebet zum 8. Sept. der neuesten Ausgabe des römischen Messbuches sieht man übrigens, dass es sich in einigen Formulierungen an der hier zur Frage stehenden Oration wörtlich orientiert, so dass z.B. der Passus „nobis succurrat humanitas“ übernommen wurde, aber die bisherige Aussage über die Jungfräulichkeit weggefallen ist.

75 Wörtlich übersetzt heißt die Oration freilich an dieser Stelle: „Seine Geburt aus der Jungfrau hat die Unversehrtheit der Mutter nicht gemindert, sondern geheiligt“: Könnte ein Beweggrund für den Ausfall dieser Oration möglicherweise in der Befürchtung liegen, dass die gebärenden Mütter der Welt dies als Diskriminierung auffassen könnten in dem Sinne, dass durch jede normale Geburt eine wie auch immer geartete Versehrung der gebärenden Frau stattfinde?

76 Gewissermaßen könnte in ähnliche Richtung eine Beobachtung MAGGIONIs (a.a.O., 104, Anm. 8) weisen, dass die zweite Bitte des marianischen Schlusssegensformulars des Missale Romanum die historische Vorlage (GrS 1766) mit deren Worten „ex cuius intemerato utero“ durch ein schlichtes „per quam“ ersetzt. Ebenso ist in der Übernahme des Hochgebetes der Traditio Apostolica durch die Liturgiereform als heutiges zweites Hochgebet die ursprüngliche Formulierung „misisti de caelo in matricem Virginis, quique in utero habitus incarnatus est“, die das Realistische der jungfräulichen Geburt Mariens zum Ausdruck brachte, ersetzt worden durch „quem misisti nobis

des Glaubensgeheimnisses aufzuschauen, nicht mehr geboten. Dabei weist das Gebet gerade unter Voraussetzung des ‚Heiligen' eine schöne Verbindung zwischen Maria und den Gläubigen auf: Die Heiligung Mariens in ihrer ‚virginitas in partu' wird nämlich in Beziehung gesetzt zur Heiligung der Gläubigen, die nun ihre Gaben bringen: Dieselbe Gnade, die damals die Heiligung durch die jungfräuliche Geburt bewirkt hat, möge sie jetzt durch die reine Darbringung der Gaben bewirken.

Weniger von einer gemeinsamen Gnade als vielmehr von einer für den Menschen zu erflehenden göttlichen Hilfe her betrachtet das folgende Gabengebet aus dem siebten Messformular des Mariencommune des allgemeinen Messbuches[77] den Bezug zwischen Gabenbereitung und Jungfräulichkeit:

„Accepta sint tibi, Domine, munera populi tui, in memoria beatae Virginis oblata, quae tibi virginitate placuit et humilitate concepit Filium tuum Dominum nostrum."

„Herr, unser Gott, in ihrer Jungfräulichkeit hat Maria dein Gefallen gefunden und in ihrer Niedrigkeit deinen Sohn empfangen. Nimm die Gaben deines Volkes an, die wir beim Gedenken an die selige Jungfrau darbringen."

Dieses Gebet ist geprägt von der Parallelstellung zwischen „virginitate placuit", also dass Maria in ihrer Jungfräulichkeit Gottes Gefallen gefunden hat, und der Bitte „accepta sint", dass also die unsere Gaben wohlgefällig seien. Daher wird implizit ausgesagt, dass die Opferhaltung der Gläubigen eine gewisse geistliche Ähnlichkeit zur Jungfräulichkeit Mariens haben muss.

b) Die Jungfräulichkeit im Hinblick auf das (liturgisch ausgedrückte) Opfer des ganzen Lebens

Neben diesen vier Gabengebeten gibt es nun eine Reihe weiterer Gabengebete, die in ihrer Formulierung weniger die liturgischen Opfergaben in den Mittelpunkt stellen als vielmehr die in ihnen symbolisierte Hingabe des ganzen Lebens. Dies erfolgt in drei verschiedenen Weisen:

Salvatorem et Redemptorem, incarnatum de Spiritu Sancto et ex Virgine natum"; vgl. MAGGIONI, a.a.O., 111.

77 Vgl. im Gesamtindex Nr. 72.

Zwei Gabengebete betonen hierbei den sakrifikalen Charakter dieser Hingabe, ein Gabengebet stellt den Christusbezug heraus, und ein weiteres Gabengebet geht besonders auf das Taufversprechen ein. Vom Opfergedanken her geprägt ist folgende Formel:[78]

„Munera tibi placationis et laudis offerimus, Domine, humiliter deprecantes, ut, Virginis Nazarethanae sequentes exempla, nosmetipsos exhibeamus hostiam sanctam, tibi placentem."

„Herr, unser Gott, wir bringen Dir das Opfer der Versöhnung und des Lobes dar und bitten dich in Demut: Leite uns durch das Vorbild der Jungfrau von Nazaret, und mache uns zu einer heiligen Opfergabe, die dir wohlgefällt."

Die Lebenshingabe der Christen wird hier bezeichnet als „hostia sancta" und erfüllt damit das Anliegen, dem Beispiel der Jungfrau von Nazareth zu folgen.

Ist es hier das Lebensopfer der Gläubigen, das in seiner Heiligkeit den Blick auf die Jungfräulichkeit Mariens richtet, so wird in dem folgenden Gabengebet[79] die Jungfräulichkeit Mariens selber näher charakterisiert:

„Suscipe, sancte Pater, oblationes et munera, quae tibi offerimus in memoria beatae Mariae Virginis, docilis ancillae tuo servitio totaliter dicatae, et concede nobis ut hostiam tibi placentem nosmetipsos offere valeamus."

„Heiliger Vater, nimm diese Gaben gnädig an. Wir bringen sie dar beim Gedenken an die selige Jungfrau Maria, die sich als gehorsame Magd ganz deinem Willen ergeben hat. Hilf auch uns, dass wir uns selbst als wohlgefällige Opfergabe dir schenken."

Das wohlgefällige Opfer unseres Lebens wird hier beleuchtet aus dem Gedächtnis daran, dass Maria als gehorsame Magd ganz dem Willen Gottes ergeben war. Dieses „ganz" – „totaliter" ist das gedankliche Bindeglied zwischen dem Lebenseinsatz der Gläubigen und der Virginität der Gottesmutter.

Das hier angesprochene ‚Totale' der Hingabe an Gott wird in einem anderen Gabengebet[80] auf den Christusbezug hin konkretisiert:

78 Vgl. im Gesamtindex Nr. 100.

79 Vgl. im Gesamtindex Nr. 127.

80 Vgl. im Gesamtindex Nr. 101.

„Muneribus, Domine, oblatis intende, ut corda nostra, Sancti Spiritus illustratione perfusa, exemplo beatae semper Virginis Mariae, Christo Filio tuo adhaerere studeant, ei soli vivere eique soli in omnibus placere.“

„Herr, schau gnädig auf diese Gaben und erleuchte unsere Herzen mit dem Licht des Heiligen Geistes, damit wir nach dem Beispiel der seligen Jungfrau Maria deinem Sohn anhangen, für ihn allein leben und ihm allein in allem gefallen.“

Für Christus allein zu leben und ihm in allem zu gefallen ist hier nähere Charakterisierung der Jungfräulichkeit; deren Quelle ist die Erleuchtung durch den Heiligen Geist nach dem Vorbild der immerwährenden Jungfrau. Die liturgischen Opfergaben fungieren hier als Zeichen der Bitte, dass dies im Leben der Gläubigen wirklich werde.

Ein letztes Gabengebet dieser Gruppe spannt den Bogen zwischen der Jungfräulichkeit Mariens und dem Taufversprechen der Gläubigen:[81]

„Per haec munera quae tibi laetantes offerimus, sanctifica, quaesumus, Domine, famulos tuos, quos beata Virgo docet exemplis et patrocinio custodit, ut promissa baptismi fideliter adimplentes, tibi et fratribus sincero corde deserviant.“

„Gütiger Gott, nimm die Gaben an, die wir dir voll Freude darbringen, und heilige uns. Lass uns nach dem Vorbild Mariens und unter ihrem Schutz unser Taufversprechen erfüllen. Hilf uns, dir und den Brüdern und Schwestern mit aufrichtigem Herzen zu dienen.“

Diese deutsche Version unterschlägt, dass im lateinischen Original Maria betont mit „beata Virgo“ und ohne ihren Eigennamen erwähnt wird, und verdunkelt somit die eigentliche Aussage des Textes: Wir als Diener mögen geheiligt werden, da die selige Jungfrau uns durch ihr Beispiel lehrt und durch ihren Schutz behütet, dem Taufversprechen im Dienst an den Nächsten mit reinem Herzen und in Treue nachzukommen. Der Jungfräulichkeit auf Seiten Mariens entspricht also auf Seiten der Gläubigen Treue und Lauterkeit. Überhaupt aber ist es hier die Jungfräulichkeit Mariens, die einen Lichtstrahl auf den Bezug zur Taufe wirft und dieses Sakrament in betontem Maße als die Quelle aller Reinheit herausstellt.

[81] Vgl. im Gesamtindex Nr. 105.

2.2.2. Anderweitige inhaltliche Prägungen des ganzen Textes durch die Jungfräulichkeit

Neben der hiermit vorgestellten Reihe an Texten, in welchen die Jungfräulichkeit Mariens auf die eine oder andere Weise als Vorbild für die lautere Hingabe der Gläubigen zur Sprache kommt, weist die Liturgie noch einige weitere Texte auf, in denen die Jungfräulichkeit auf andere Weise die inhaltliche Grundaussage mitprägt.

2.2.2.1. Maria als Typos der jungfräulichen Kirche

Dabei fällt zunächst eine Gruppe auf, deren gedanklicher Duktus sich sehr eng an das eben Behandelte anschließt: In ihnen tritt die jungfräuliche Gottesmutter nicht als Vorbild der Gläubigen, sondern als Typos der Kirche in Erscheinung. Dies ist in zwei Tagesgebeten, zwei Gabengebeten, vier Präfationen und einem Schlussgebet der Fall. In dem folgenden Tagesgebet aus der siebten Messe des Marienmessbuchs[82] wird die Kirche selbst als Jungfrau bezeichnet:

„Novum amoris foedus, Domine, virgo Ecclesia integrum custodiat et, humilis Ancillae tuae exemplo, quae tibi novae legis Auctorem in templo praesentavit, intaminatam servet fidem, supernam roboret spem, ardentem nutriat caritatem."

„Herr, unser Gott, Maria hat dir als demütige Magd im Tempel den Urheber des neuen Gesetzes dargestellt. Lass die Kirche ihrem Beispiel folgen und als Jungfrau dem neuen Bund der Liebe treu bleiben: Sie bewahre den Glauben unversehrt, sie stärke die Hoffnung aller auf das ewige Heil; sie entfache die Liebe zu dir und zum Nächsten."

Alle Eigenschaften der Jungfräulichkeit werden hier der Kirche zuerkannt; dass sie ursprünglich der Jungfrau Maria eigen sind, kommt nur in dem Einschub „humilis Ancillae tuae exemplo" – „durch das Beispiel deiner demütigen Magd" zum Ausdruck. Die Attribute, die am Ende des Gebetes den drei göttlichen Tugenden beigesellt werden – „intamitatam" („unversehrt"), „supernam" (übertragbar etwa mit: „auf die Ewigkeit bezogen"), „ardentem" („brennend") – lenken diese Tugend-Dreiheit in eine Richtung, in der die jungfräuliche Reinheit sich als wirksam erweist.

82 Vgl. im Gesamtindex Nr. 63.

Von der Kirche als Jungfrau ist auch in folgendem Gabengebet aus der 16. Messe des Marienmessbuches die Rede:[83]

„Suscipe, sancte Pater, hanc oblationem, quam, Matrem Christi imitans, tibi offert virgo Ecclesia, ut ipsa, ex omni gente et natione collecta, unum corpus fiat ab uno Spiritu vivificatum."

„Heiliger Vater, wie Maria, die Mutter Christi, sich dir geschenkt hat, so bringt die jungfräuliche Kirche dir ihre Gaben dar. Nimm sie an und lass deine Kirche, die du aus allen Völkern sammelst, ein Leib werden, belebt von dem einen Geist."

Die Kirche ist hier Jungfrau, indem sie Maria in ihrer Opferhaltung nachahmt. Das Ziel der Opferung ist unter anderem, belebt zu werden von dem einen Geist, was – unausgesprochen – wiederum auf Maria als jungfräuliche Braut des Heiligen Geistes hinweist.

Im folgenden Tagesgebet aus dem gleichen Messformular[84] entsprechen dem aus der Jungfrau geborenen Christus die aus der Kirche geborenen Gläubigen, die zur Ähnlichkeit mit ihrem Herrn zu führen sind:

„Praesta, Domine, ut mater Ecclesia homines quos, condicione terrenos, e virgineo fontis utero caelestes parturivit, per evangelium vitae et gratiae sacramenta, ad similitudinem sui perducat Auctoris, qui ex alma Virgine natus, primogenitus multorum fratrum exsistit et universalis salvator, Iesus Christus Dominus noster."

„Allmächtiger Gott, die Mutter Kirche gebiert irdische Menschen aus Wasser und Geist zum göttlichen Leben. Gib ihr die Kraft, durch das Evangelium des Lebens und die Sakramente der Gnade die Neugeborenen zur Ähnlichkeit mit ihrem Urheber Jesus Christus zu führen. Von der erhabenen Jungfrau geboren, ist er zum Erstgeborenen unter vielen Brüdern und Schwestern und zum Heiland aller geworden."

Wiederum ist es der deutsche Text, der hier Entscheidendes unterschlägt: Im lateinischen Original ist nämlich die Rede davon, dass die Mutter Kirche die irdischen Menschen aus dem jungfräulichen Schoß der Quelle des Wortes und der Sakramente zu himmlischen (Menschen) gebiert. Diesem im Deutschen ungenannten jungfräulichen Schoß entspricht bei Christus seine jungfräuliche Mutter. Die Ähnlichkeit der Glieder der Kirche zu Christus ist daher auch im Lichte der Jungfräulichkeit zu sehen.

[83] Vgl. im Gesamtindex Nr. 125.

[84] Vgl. im Gesamtindex Nr. 68.

Auch für das Anliegen der Einheit der Kirche wird auf die Jungfräulichkeit Mariens Bezug genommen, wie die folgende Präfation aus der 38. Messe des Marienmessbuches [85] zeigt:

„Ille enim, integritatis auctor et unitatis amator, corde et corpore incorruptam sibi Matrem elegit atque unam et indivisam voluit Ecclesiam sponsam."

„Denn er, der Unversehrtheit schafft und Einheit liebt, hat sich eine Mutter erwählt, die makellos ist an Seeleund Leib; er wollte, dass seine Braut, die Kirche, eins sei und ungeteilt."

Was bei Maria die Makellosigkeit an Seele und Leib ist, das ist gemäß diesem Text bei der Kirche die Einheit. Nachdem diese Gleichung ausgesagt ist, wird sie im weiteren Textverlauf nur heilsgeschichtlich ausgefaltet:

„Qui, exaltatus a terra, adstante Virgine Matre, dispersos filios tuos in unum congregavit, amoris nexibus sibi devinctos. Sed ad te reversus atque ad dexteram tuam sedens, super beatam Virginem una cum Apostolis orantem, Spiritum misit concordiae et unitatis, pacis et veniae."

„Von der Erde ans Kreuz erhöht, unter dem seine jungfräuliche Mutter stand, hat er deine versprengten Kinder geeint und an sich gefesselt mit Banden der Liebe. Zu dir heimgekehrt und sitzend zu deiner Rechten, hat er auf die selige Jungfrau, die mit den Aposteln im Gebet verharrte, den Heiligen Geist gesandt, den Geist der Eintracht und der Einheit, des Friedens und der Versöhnung."

Das Gabengebet der 38. Messe des Marienmessbuches[86] zielt ebenfalls auf die Einheit der Kirche ab:

„Memoriam celebrantes beatae Mariae Virginis, cuius in purissimo gremio Filius tuus divinam naturam sociavit humanae, te, Domine, suppliciter exoramus, ut haec oblatio fiat nobis sacramentum pietatis, signum unitatis et vinculum caritatis."

„Herr, unser Gott, beim Gedenken an die selige Jungfrau Maria, in deren reinem Schoß dein Sohn die göttliche mit der menschlichen Natur vereinigt hat, bitten wir dich, dieses Opfer werde uns zum Sakrament des Erbarmens, zum Zeichen der Einheit und zum Band der Liebe."

85 Vgl. im Gesamtindex Nr. 142.

86 Vgl. im Gesamtindex Nr. 94.

Dieses Gebet weist eine bemerkenswerte gedankliche Parallele auf: Wie zwischen „purissimo gremio" und der Einheit von göttlicher und menschlicher Natur in Christus („divinam naturam sociavit humanae") ein gedanklicher Zusammenhang besteht, so auch zwischen der „oblatio" der Gläubigen und dessen Ziel, dem Sakrament als „signum unitatis et vinculum caritatis". Daher muss die „oblatio" entsprechend „purissima" sein wie das „gremium" Mariens. Das Wort „purissimus" ist zwar in seiner Bedeutung umfassender als „virginalis", jedoch in Verbindung mit „gremium" liegt auf dem Jungfräulichen der Schwerpunkt. Daher ist die Jungfräulichkeit sozusagen eine von Gott gewollte Voraussetzung sowohl für die Einheit von Gottheit und Menschheit in Christus als auch für die Einheit der Christen untereinander.

Von großer Aussagekraft ist die folgende Präfation aus der zweiten Messe zu Ehren Mariens, des Urbildes und der Mutter der Kirche,[87] die der Kirche in umfassendem Sinne die Jungfräulichkeit Mariens als Vorbild ihres Gottesbezuges vor Augen stellt:

„Quia immensa bonitate tuae Virgini Ecclesiae germani cultus exemplar Virginem dedisti Mariam. Quae, Virgo audiens, verba tua laeta complectitur atque, condita in corde, tacita confert. Virgo orans, laudis cantico tuam extollit misericordiam, pro sponsis sollicita intercedit, cum Apostolis deprecatur unanimis. Virgo pariens, Filium generat Spiritus Sancti virtute, et, iuxta crucem, mater proclamatur novi foederis populi. Virgo offerens, tibi in templo Primogenitum sistit et apud lignum vitae eius immolationi consentit. Virgo vigilans, resurrectionem Filii incunctanter praestolatur et Sancti Spiritus effusionem exspectat fidelis."

„Denn in deiner unermesslichen Güte hast du der jungfräulichen Kirche die Jungfrau Maria geschenkt als Vorbild dir wohlgefälliger Verehrung: Hörend hat sie dein Wort vernommen, es mit Freude umfangen, aufgenommen in ihr Herz und schweigend erwogen. Betend pries die Jungfrau in ihrem Lobgesang dein Erbarmen, zu Kana bat sie besorgt für Bräutigam und Braut und war mit den Aposteln einmütig im Gebete versammelt. Gebärend schenkte uns die Jungfrau in der Kraft des Heiligen Geistes deinen Sohn; unter dem Kreuze trat sie hervor als Mutter für das Volk des Neuen Bundes. Opfernd stellte sie dir im Tempel den Erstgeborenen dar, und als er sich hingab am Holz des Lebens, nahm sie innig Anteil an seinem Opfer. Wachend

[87] Vgl. im Gesamtindex Nr. 164.

erwartete die Jungfrau die Auferstehung des Sohnes und harrte gläubig auf die Herabkunft des Heiligen Geistes."

Der deutsche Text übernimmt nicht die pointierte Stellung des lateinischen „virgo" vor jeden einzelnen für Maria genannten Aspekt: „virgo audiens..., virgo orans..., virgo pariens..., virgo offerens..., virgo vigilans". Indem dies sprachlich im Deutschen nicht zum Tragen kommt, wird die Grundaussage verdunkelt: Das ganze Leben Mariens war von Jungfräulichkeit durchdrungen, und gerade als Jungfrau ist Maria für die jungfräuliche Kirche Vorbild einer gottgefälligen Lebensweise: hörend, lobend, bittend, gebärend, opfernd, wachend, hoffend und erwartend.

In der folgenden Präfation aus der 16. Messe des Marienmessbuches[88] werden die Initiationssakramente Taufe, Firmung und Eucharistie im Lichte der Jungfräulichkeit Mariens betrachtet: Taufe und Firmung werden in Beziehung gesetzt zur Jungfräulichkeit Mariens in ihrer Empfängnis, die Eucharistie zur Jungfräulichkeit in der Geburt:

„Quia miro tuae pietatis dono statuisti, ut ea in Ecclesiae sacramentis mystice peragerentur, quae sunt rerum veritate in alma Virgine impleta: novos e fonte baptismi parturit Ecclesia filios, quos ex fide et Spiritu virgo fecunda concepit; linit recentes natos pretioso chrismatis oleo, ut Spiritus, qui beatam Virginem abunde replevit, super eos descendat munificus; sed et cotidie filiis mensam parat, ubi ipsos caelesti nutriat pane, quem Virgo Maria pro mundi edidit vita, Iesum Christum Dominum nostrum."

„Denn in deiner väterlichen Liebe wirkst du unser Heil: Du lässt in den Sakramenten der Kirche zeichenhaft geschehen, was sich an der erhabenen Jungfrau vollkommen verwirklicht hat. Aus dem Wasser der Taufe gebiert dir die Kirche neue Kinder, die sie als Jungfrau und Mutter aus Glauben und Heiligem Geiste empfangen hat. Die Neugeborenen salbt die Kirche mit kostbarem Chrisam, damit der Geist, der die selige Jungfrau überreich erfüllte, auf sie herabkomme mit seinen Gaben. Tag für Tag bereitet sie ihren Kindern den Tisch und nährt sie mit dem Brot, das vom Himmel herabkommt, mit unserem Herrn Jesus Christus, den für das Leben der Welt die Jungfrau Maria geboren hat."

[88] Vgl. im Gesamtindex Nr. 170.

Eine letzte hier anzuführende Präfation – aus der elften Messe des Marienmessbuches[89] –erwägt die Jungfräulichkeit unter dem Aspekt der Unbeirrbarkeit und Treue, sowohl bei Maria wie auch bei der Kirche:

„Quia providenti consilio statuisti ut iuxta crucem Filii Mater sisteret fidelis, antiquas adimplens figuras et nova praebens documenta vitae. Ibi enim beata Virgo nova fulget Eva, ut, sicut mulier contulit ad mortem, ita mulier conferret ad vitam. Ibi dispersos homines, Christi morte congregatos, materno suscipiens amore, Matris Sion adimplet mysterium. Ibi exemplar sistit Ecclesiae sponsae, quae, intrepidam Virginem contemplans, fidem Sponso datam integram servat, nec perterrita minis nec persecutionibus fracta."

„Nach deinem Ratschluss stand Maria in Treue unter dem Kreuz ihres Sohnes und hat so die Vorbilder des Alten Bundes erfüllt und neu für das Leben Zeugnis gegeben. Denn dort leuchtet die selige Jungfrau auf als neue Eva: Wie eine Frau beitrug zum Tode, so sollte auch eine Frau beitragen zum Leben. Dort erfüllt sich das Geheimnis der Mutter Zion: Sie nimmt die versprengten, durch Christi Tod geeinten Menschen auf in ihrer mütterlichen Liebe. Dort wird sie zum Vorbild der Kirche, die Christi Braut ist und die im Blick auf die standhafte Jungfrau dem Bräutigam die versprochene Treue hält und sich nicht durch Drohung erschrecken noch durch Verfolgung bezwingen lässt."

Das bräutliche Verhältnis der Kirche zu Christus ist zugleich ein jungfräuliches Verhältnis. Für „fidem integram" sagt der deutsche Text „die versprochene Treue". Wörtlich heißt es eher „die unversehrte Treue", was klarer auf die Jungfräulichkeit bezogen werden kann.

Es bleibt in der Reihe noch ein Schlussgebet übrig, und zwar das der siebten Messe des Marienmessbuches:[90]

„Percepti sacramenti virtute, virgo Ecclesia, virgini Mariae similis, tibi sincero corde deserviat, Spiritus vocem obaudiat, ac, fidei lampade accensa, venienti Sponso laeta occurrat."

„Herr, unser Gott, stärke die Kirche durch die Kraft des Sakramentes. Gleich Maria, der Jungfrau, diene sie dir mit aufrichtigem Herzen, höre auf die Stimme des Geistes und gehe mit der brennenden Lampe des Glaubens freudig dem Bräutigam entgegen, wenn er kommt."

[89] Vgl. im Gesamtindex Nr. 173.

[90] Vgl. im Gesamtindex Nr. 204.

Während der lateinische Text die Jungfräulichkeit sowohl für die Kirche als auch für Maria gebraucht, erwähnt die deutsche Übersetzung dies nur für Maria. Damit wird die Aussage abgeschwächt, die darauf zielt, dass die Kirche und Maria gerade ihrer Jungfräulichkeit wegen ähnlich, und Herzensreinheit, Hörbereitschaft und Wachsamkeit nur nähere Konkretisierungen dieser Ähnlichkeit sind. Im deutschen Text wird dann aus den Konkretisierungen die Hauptaussage, das Gewicht wird von der Jungfräulichkeit zu Einzelaspekten verschoben

2.2.2.2. Jungfräulichkeit im Bezug auf Maria allein

Neben dieser Reihe an Texten, die in großem gedanklichem Reichtum die Kirche an Maria ihre eigene Jungfräulichkeit erkennen lassen, gibt es auch drei Präfationen, in welchen die Gottesmutter in ihrer Jungfräulichkeit alleine im Zentrum steht. Die folgende Präfation aus dem Messformular zu Ehren Mariens als der Jüngerin des Herrn[91] führt aus:

„Cuius mater, gloriosa Virgo Maria, iure proclamatur beata, quia Filium tuum castis meruit generare visceribus; sed merito felicior praedicatur, quia, incarnati Verbi facta discipula, voluntatem tuam sedula quaesivit et adimplevit fidelis."

„Denn du hast Großes getan an der glorreichen Jungfrau Maria: Da sie in ihrem jungfräulichen Schoß deinen Sohn trug, wird sie seliggepiesen. Noch reicher hast du sie beschenkt: Du hast sie zur Jüngerin des fleischgewordenen Wortes berufen, die aufmerksam nach deinem Willen fragte und ihn treu erfüllte; deshalb preist man sie selig durch alle Geschlechter."

Hier wird die leibliche Jungfräulichkeit in Beziehung gesetzt zu einer geistlichen Haltung, die aber nur implizit als Jungfräulichkeit zur Sprache kommt: Dass Maria Jüngerin ihres Sohnes ist, bedeutet noch ein reicheres Geschenk als die leibliche Jungfräulichkeit. Implizit ist damit ein Vorrang der geistlichen vor der leiblichen Jungfräulichkeit ausgesagt, was insofern adäquat ist, als seit dem Zeugnis der Kirchenväter her auch die geistliche Gottesmutterschaft einen Vorrang vor der leiblichen hat.

91 Vgl. im Gesamtindex Nr. 132.

Die Mutterschaft Mariens wird in der folgenden Präfation ganz und gar im Lichte der Jungfräulichkeit beleuchtet:[92]

„Quae et Unigenitum tuum Sancti Spiritus obumbratione concepit, et, virginitatis gloria permanente, lumen aeternum mundo effudit, Iesum Christum Dominum nostrum."

„Vom Heiligen Geist überschattet, hat sie deinen eingeborenen Sohn empfangen und im Glanz unversehrter Jungfräulichkeit der Welt das ewige Licht geboren, unsern Herrn Jesus Christus."

Der deutsche Text arbeitet durch die Übertragung des Wortes „gloria" („Herrlichkeit") mit „Glanz" eine im lateinischen Text eher verborgene Parallele zwischen Jungfräulichkeit Mariens und Christus heraus, deren Gemeinsamkeit in der Lichtthematik liegt.

Von tiefer theologischer Aussagekraft ist die folgende Präfation aus der 22. Messe des Marienmessbuches:[93]

„Quia in beata Virgine tibi singulariter complacuisti: illa enim, salvificam voluntatem tuam complectens, operi Filii tui totaliter se devovit, mysterio redemptionis fideliter inserviens..."

„Denn du hast die selige Jungfrau Maria auf einzigartige Weise begnadet: Sie öffnete sich deinem Heilsplan, weihte sich ganz dem Heilswerk deines Sohnes und diente treu dem Geheimnis der Erlösung."

In diesem Text wird die Jungfräulichkeit unter anderem umschrieben mit dem Ausdruck „operi Filii tui totaliter se devovit" – „Maria weihte sich ganz dem Heilswerk deines Sohnes". Von dieser Umschreibung der Jungfräulichkeit hängt geistig die gesamte nachfolgende Ausführung des Dienstes Mariens am Heilsplan ab, so dass man sagen kann: Jungfräulichkeit ist in der Theologie dieser Präfation sozusagen die Quelle der gesamten Heilsmitwirkung Mariens:

„... unde eam, quae multum Christo ministravit, multum honorificasti; et quae humilem ancillam tuam se dixit, eam gloriosam apud Filium tuum exaltasti reginam, ubi, pietatis ministra, pro nobis intercedit benigna."

„Deshalb hast du sie, die Christus vollkommen diente, hoch geehrt: Sie selbst nannte sich die niedrige Magd, du aber hast sie erhöht zur glorreichen Königin an der Seite deines Sohnes. Sie ist die Dienerin der Barmherzigkeit, die voll Güte für uns eintritt."

92 Vgl. im Gesamtindex Nr. 148.

93 Vgl. im Gesamtindex Nr. 165.

Eine weitere Präfation dieser Art – aus der vierten Messe des Marienmessbuches[94] – dürfte die einzige überhaupt in der aktuellen römischen Liturgie sein, in der die Jungfräulichkeit Mariens förmlich im Zentrum der Aussage steht, während sie in den sonst behandelten Texten um anderer Realitäten willen ausgesprochen wird. Hier aber ist der einzige Bezug, der zur Jungfräulichkeit aufgebaut wird, gerade jene marianische Wahrheit, an welcher die Jungfräulichkeit Mariens zu ihrer Einzigartigkeit findet, nämlich die Gottesmutterschaft, der dieses vierte Messformular des Marienmessbuches gewidmet ist:

„Quia per mirabile mysterium et inenarrabile sacramentum Unigenitum tuum Virgo sacra concepit, et caeli Dominum clausis portavit visceribus: quae virum non cognovit, mater est, et post partum virgo est. Duobus enim gavisa est muneribus: miratur, quod virgo concepit, laetatur quod edidit Redemptorem.“

„Nach deinem wunderbaren und unerforschlichen Ratschluss hat die heilige Jungfrau deinen eingeborenen Sohn empfangen und ihn, den die Himmel nicht fassen, in ihrem Schoße getragen. Sie, die keinen Mann erkannte, ist Mutter, und auch nach der Geburt bleibt sie Jungfrau. Ein Zweifaches ward ihr geschenkt: Voll Staunen hat sie als Jungfrau empfangen und den Erlöser voll Freude geboren.“

Während bei der weiter oben behandelten Präfation „Quae et Unigenitum tuum“[95] der Akzent eher auf der Gottesmutterschaft liegt, die im Licht der Jungfräulichkeit betrachtet wird, liegt hier die Betonung auf der Jungfräulichkeit, deren Größe an der Mutterschaft veranschaulicht wird.

2.2.2.3. Jungfräulichkeit in Bezug auf das Heilswerk Christi

Eine letzte Gruppe von Texten, die auf die Jungfräulichkeit Mariens tiefer eingehen, beleuchten sie im Hinblick auf das Heilswerk Christi. Dabei handelt es sich um zwei Präfationen, die jeweils gemeinsam haben, dass die Jungfräulichkeit Mariens in Zusammenhang steht mit Christus als Bräutigam. Die folgende Präfation des Messformulars zu Ehren Mariens als der Mutter des Erlösers[96] führt aus:

94 Vgl. im Gesamtindex Nr. 172.

95 Vgl. im Gesamtindex Nr. 148.

96 Vgl. im Gesamtindex Nr. 137.

„Hoc praesertim tempore, quo ab uteri virginalis arcano ipsum salutis nostrae sacramentum in lucem gentium revelasti, Iesum Christum Filium tuum; qui, tamquam sponsus procedens de thalamo suo, Salvator et Dominus illuxit nobis, ut nos de tenebris et umbra mortis eriperet et regnum perpetuae lucis efficeret."

„Denn dein Sohn, unser Herr Jesus Christus, wurde uns nach deinem unerforschlichen Ratschluss aus dem heiligen Schoß der jungfräulichen Mutter geboren. Ihn hast du geoffenbart als das Sakrament unseres Heiles und bestimmt zum Licht aller Völker. Wie ein Bräutigam geht er hervor aus seinem Gemach und erstrahlt uns als Herr und Erlöser, um uns zu befreien aus der Finsternis und dem Schatten des Todes und um das Reich seines unvergänglichen Lichtes zu errichten."

In diesem Text gibt es eine Relation zwischen dem „arcanum", dem „Heiligtum" des jungfräulichen Schoßes Mariens, und dem „thalamus", dem Brautgemach, welches Christus als Bräutigam verlässt, um sein Heilswerk zu vollbringen. Somit wird eine theologische Relation zwischen der Jungfräulichkeit Mariens und dem Heilswerk Christi hergestellt.

Sehr ähnlich ist die Theologie der folgenden Präfation:[97]

„Illa enim nec de originali culpa suscepit contagium, nec resolutionem pertulit in sepulcro; in sua virginitate intacta permanens, speciosus facta est thalamus, de quo Christus prodit, lux gentium atque Ecclesiae sponsus; germine gloriosa, spes fulget fidelium et fidei praesidium."

„Denn du hast sie bewahrt vor dem Makel der Erbschuld und vor der Verwesung im Grabe. In immerwährender Jungfräulichkeit wurde sie zum herrlichen Brautgemach, aus dem Christus hervorging, als Licht der Völker und als Bräutigam der heiligen Kirche. Verherrlicht durch ihren Sohn, leuchtet sie den Gläubigen voran als Hort des Glaubens und als Zeichen der Hoffnung."

2.2.2.4. Ein Blick auf die Hymnen

Am Ende dieser Abhandlung können wir einen Blick auf drei hymnische Texte und eine Marianische Antiphon werfen, die die Jungfräulichkeit Mariens in ein bemerkenswertes Licht stellen.

[97] Vgl. im Gesamtindex Nr. 139.

Dem Gedanken der letztgenannten Präfationen, dass Christus aus dem jungfräulichen Brautgemach hervorgeht und so sein Heilswerk vollbringt, ist der Laudes-Hymnus Hochfestes der Gottesmutter[98] verpflichtet. In dessen erster Strophe heißt es zunächst:

„Fit porta Christi pervia	*„Zur Pforte Christi ward die Magd,*
omni referta gratia,	*begnadet durch des Höchsten Kraft:*
transitque rex, et permanet	*Der König schreitet durch das Tor,*
clausa, ut fuit, per saecula."	*es bleibt verschlossen, wie es war."*

Indem Maria als Tor nur einmal geöffnet wird, drückt sich ihre Jungfräulichkeit vor und nach der Geburt aus. Der Hymnus geht dann mit folgender Strophe weiter:

„Summi Parentis Filius	*„Und aus der Jungfrau Festgemach*
processit aula Virginis,	*erscheint des Vaters ew'ger Sohn,*
sponsus, redemptor, conditor,	*frohlockend wie ein Bräutigam,*
suae gigas Ecclesiae:"	*beginnt der Held den Siegeslauf"...*

Das Festgemach der Jungfrau lässt dessen ‚Einwohner', Christus, zum Bräutigam und damit zum Erlöser werden. Der lateinische Text beendet diese Strophe mit einem Doppelpunkt, wodurch die folgende (im deutschen Stundenbuch unterschlagene) Strophe an diesen jungfräulich-hochzeitlichen Zusammenhang gebunden bleibt. Mit der vierten Strophe beginnt ein neuer Satz, der die Freude über die Erlösung zum Ausdruck bringt. So bildet der Hymnus einen ungebrochenen geistigen Zusammenhang; sein ganzer Inhalt strömt gewissermaßen aus der Verbindung zwischen Jungfräulichkeit und bräutlichem Heilswerk Christi hervor. Die letzte Strophe kehrt gewissermaßen zu diesem Ausgang zurück in der Formulierung:

„quem Virgo mater edidit	*„Gott, den die Jungfrau uns gebar",*
fecunda Sancto Spiritu",	

und hier ist beim deutschen Text zu ergänzen: „fruchtbar durch den Heiligen Geist". So schlägt sich auch die mittlere Dimension der Jungfräulichkeit, die ‚virginitas in partu', in diesem Hymnus nieder.

[98] Vgl. im Gesamtindex Nr. 248.

Als ein weiterer Text darf der zweite Hymnus der Lesehore des Gedächtnisses Mariens am Samstag bedacht werden.[99] In dessen erster Strophe

„O virgo mater, filia	*„O Jungfrau Mutter,*
tui beata Filii,	*selige Tochter deines Sohnes,*
sublimis et humillima	*in Erhabenheit und höchster Demut*
prae creaturis omnibus,"	*vor allen Kreaturen [ausgezeichnet],"*

wird der Vorrang der jungfräulichen Mutter vor aller Kreatur gepriesen. So ist Maria – wie dann die zweite Strophe ausführt – Zier und Gipfel der menschlichen Natur, woran sich auf einen Doppelpunkt hin direkt die dritte Strophe anschließt:

„Quam sic prompsisti nobilem,	*„Welch eine noble [Natur] hast du hervorgebracht, dass deren [nämlich der Natur]*
ut summus eius conditor	*höchster Schöpfer in ihr [der Natur] selbst*
in ipsa per te fieret	*durch dich auf wunderbare Weise geschaffen*
arte miranda conditus."	*wurde."*

In den Worten „arte miranda" – „auf wunderbare Weise" – klingt die Jungfrauengeburt an. Die vierte Strophe ist nicht leicht zu verstehen:

„In utero virgineo	*„In jungfräulichem Schoß*
amor revixit igneus,	*kam eine glühende Liebe*
cuius calore germinant	*wieder zum Leben,*
flores in terra caelici."	*aus deren Glut*
	auf Erden himmlische
	Blumen sprießen."

Der Kontext der übrigen Strophen, vor allem die Worte „prompsisti nobilem" der vorangehenden Strophe, legen die Deutung nahe, den „amor igneus" auf Christus zu beziehen, in dem als Menschgewordenem jene menschliche Liebe, die durch die Sünde erkaltet ist, gottmenschlich wiederbelebt wird und so nun heilbringend ist: So verstanden, erinnert uns der Hymnus an Christus als jenen – in den vorausgehenden Texten betrachteten – von Liebe erfüllten Bräutigam, der das jungfräuliche Brautgemach für die Vollbringung seines Heilswerkes verlässt. Eine abschließende doxologische Strophe preist Maria in ihrem von der Dreifaltigkeit

99 Vgl. im Gesamtindex Nr. 259. Der Hymnus ist in das deutsche Stundenbuch nicht aufgenommen.

verliehenden ‚Gnadengewand'. Insgesamt leuchtet in dem Hymnus Maria in ihrer jungfräulichen Mutterschaft als Höhepunkt der Menschheit hervor, aus der der Schöpfer selbst geschöpfliche Natur annimmt, was der ganzen Welt zum Heil gereicht. Somit prägt die Jungfräulichkeit Mariens den gesamten Gedankengang mit.

Wenden wir uns noch dem berühmten Hymnus „Ave, maris stella“ zu,[100] der in der Liturgia horarum zur zweiten Vesper des Commune der Jungfrau Maria vorgesehen ist. In der ersten Strophe heißt es schon „atque semper virgo“:

Ave, maris stella,	*Sei gegrüßt, Meeresstern,*
Dei mater alma,	*Gottes gütige Mutter,*
atque semper virgo,	*und immerwährend Jungfrau,*
felix caeli porta.	*selige Pforte des Himmels.*

Der Hymnus entfaltet dann zunächst in drei Strophen ein theologisch reichhaltiges Bittgebet, worin von der Jungfräulichkeit Mariens nicht die Rede ist. Doch dieses Bittgebet kulminiert gewissermaßen in den anschließenden Strophen 5 und 6, in denen die Jungfräulichkeit wiederaufgegriffen wird: Die in der fünften Strophe gebrachte Formulierung „virgo singularis inter omnes mitis“ strahlt auf die Gläubigen aus in den Worten: „nos culpis solutos mites fac et castos. Vitam praesta puram“:

Virgo singularis,	*Einzigartige Jungfrau,*
inter omnes mitis,	*lieblich unter allen,*
nos culpis solutos	*lass uns frei sein von Schuld,*
mites fac et castos.	*mild und keusch.*

In diesem Licht muss dann die nächste Strophe gelesen werden:

Vitam praesta puram,	*Gewähre reines Leben,*
iter para tutum,	*bereite eine sichere irdische Pilgerschaft,*
ut videntes Iesum	*damit wir uns auf immer (im Himmel)*
semper collaetemur.	*des Anblicks Jesu erfreuen können.*

Hinter diesem Gedanken steht die Seligpreisung Jesu „selig, die ein reines Herz haben, denn sie werden Gott schauen“ (Mt 5,8). In dieser Reinheit, die von der Keuschheit im Hymnus nicht getrennt wird, kul-

[100] Vgl. im Gesamtindex Nr. 243.

miniert also das ganze Lied. Ihren gedanklichen Ausgangspunkt aber hat sie nirgendwo anders als in der Jungfräulichkeit Mariens. Mit einer Doxologie endet der Hymnus.

Zum Abschluss wenden wir uns der einzigen der für nach der Komplet vorgesehenen Marianischen Antiphonen zu, worin auf Mariens Jungfräulichkeit tiefer eingegangen wird, nämlich der Antiphon „Alma Redemptoris Mater".[101] Deren Text besteht aus zwei Bitten: Die erste bringt die Folgen der Erbsünde („cadenti, surgere qui curat, populo") in Verbindung mit Mariens Nähe zum Erlösungsgeheimnis („alma Redemptoris Mater"):

„Alma Redemptoris Mater,
quae pervia caeli porta manes,
et stella maris,
succurre cadenti,
surgere qui curat, populo."

„Erhabene Mutter des Erlösers,
du allzeit offne Pforte des Himmels
und Stern des Meeres,
komm, hilf deinem Volke, das sich müht,
vom Falle aufzustehn."

Die zweite Bitte bringt die allgemeine Sündigkeit der Menschen („peccatorum") in Verbindung mit der Jungfräulichkeit, die ausgeprägt entfaltet wird („tu, quae genuisti, natura mirante, tuum sanctum Genitorem, Virgo prius ac posterius").

„Tu, quae genuisti, natura mirante,
tuum sanctum Genitorem,
Virgo prius ac posterius,
Gabrielis ab ore
sumens illud Ave,
peccatorum miserere."

„Du hast geboren, der Natur zum Staunen,
deinen heiligen Schöpfer,
Unversehrte Jungfrau,
die du aus Gabriels Munde
nahmst das selige Ave,
o erbarme dich der Sünder."

Als Mutter des Erlösers wird Maria also eher auf die universale Sündenmacht, die Erbsünde und deren Folgen, bezogen; als Jungfrau hingegen wird sie in Beziehung gesetzt zu den konkreten Sündern.

[101] Vgl. im Gesamtindex Nr. 343.

Schlussbemerkung

Überblickt man nun den in dieser Studie zusammengetragenen Befund als ganzen, so zeigt sich, dass eine gewisse Ernüchterung anhand der zunächst ermittelten statistischen Zahlen durch einen großen inhaltlichen Reichtum an verschiedensten Bezügen relativiert wird. Die Jungfräulichkeit Mariens kommt darin zum Ausdruck in einem umfassenden Beziehungsgeflecht, welches v.a. die allgemeine Heilsgeschichte, das Christusgeheimnis, das Wirken des Heiligen Geistes, die ekklesiologische Wahrheit und das Leben der Gläubigen umfasst. Um ihrer selbst willen freilich wird die Virginität der Gottesmutter so gut wie nicht thematisiert, kaum innerhalb eines Geflechtes verschiedener Aspekte als Hauptaussage eines Textes angestrebt. Dies relativiert sich höchstens daran, dass – im Unterschied zu allen anderen marianischen Dogmen – der Jungfräulichkeit der Gottesmutter im Kirchenjahr auch kein eigenes Fest gewidmet wird.[102]

Der Blick in die Texte erlaubte uns auch einen gewissen Vergleich zwischen dem lateinischen Original und der offiziellen deutschen Übersetzung. Immer wieder konnte man dabei erkennen, dass die lateinischen Texte deutlicher und klarer die Jungfräulichkeit Mariens ins Licht stellen, während die deutschen Texte eine geringere Betonung der Jungfräulichkeit manchmal fast zum Duktus ihrer Abweichung vom Original zu haben scheinen. Dies ist freilich ein deutliches Wort, das aber auch in seiner Tragweite nicht überbewertet werden darf, da es Ergebnis einer wissenschaftlichen Fixierung der Aufmerksamkeit gerade auf das Thema der Jungfräulichkeit ist und von daher nur eine Teildiagnose artikulieren kann.

102 An dieser Stelle sei hingewiesen auf die Beobachtungen Corrado MAGGIONIS (a.a.O., 149f.), dass die der aktuellen römischen Liturgie vorausgehende Tradition einhellig das Hochfest Verkündigung des Herrn als Fest der Jungfräulichkeit Mariens kennzeichnet. Obwohl die aktuelle Euchologie eine andere ist, würde sich diese Charakterisierung auch auf sie übertragen lassen.

Autorenverzeichnis

Prof. Dr. Klaus Guth
em. Professor für Volkskunde und Historische Landeskunde, Otto-Friedrich-Universität Bamberg

Prof. Dr. Manfred Hauke
Professor für Dogmatik, Facoltà di Teologia di Lugano

Dr. Michael Kreuzer
Wallfahrtspfarrer, Violau

Prof. Dr. Manfred Lochbrunner
Professor für Dogmatik, Priesterseminar Redemptoris Mater, Berlin

P. Dr. Johannes Nebel FSO
Verwalter des Leo-Scheffczyk-Archivs, Bregenz

Dr. Christian Schaller
Theologischer Referent des Bischofs von Regensburg, München-Regensburg

Prof. Dr. Joachim Schmiedl
Professor für Kirchengeschichte, Phil.-Theol. Hochschule Vallendar

Prof. Dr. Franz Sedlmeier
Professor für Alttestamentliche Wissenschaft, Universität Augsburg

Prof. Dr. Dr. Anton Ziegenaus
em. Professor für Dogmatik, Universität Augsburg

Mariologie: unaufgebbare theologische Konsequenz der Fleischwerdung Gottes

Karl-Heinz Menke

Fleisch geworden aus Maria

Die Geschichte Israels und der Marienglaube der Kirche

190 Seiten • kartoniert

ISBN 978-3-7917-1665-7

Die Mariendogmen sind selbst für viele Christen die am wenigsten plausiblen Aussagen des Glaubens. Zentrum dieses Unverständnisses ist dabei die jungfräuliche Empfängnis. Dem setzt der Dogmatiker Menke eine provozierende These entgegen: die mariologischen Dogmen sind nicht durch außerchristliche bzw. außerjüdische Einflüsse zu relativieren, sondern ausschließlich im Licht der hebräischen Bibel zu verstehen und zu interpretieren; sie sind allesamt heilsgeschichtlich begründet. Mariologie und die Mariendogmen erscheinen hier als eine unaufgebbare theologische Konsequenz der wörtlich (nicht metaphorisch) verstandenen Fleischwerdung Gottes.

„Das vorliegende Buch ist ein großes Stück Theologie, unerlässlich für Christologie, Mariologie und Theologische Anthropologie."

(Theologische Revue)

Verlag Friedrich Pustet **www.pustet.de**

Maria – Die Frau im Heilsplan Gottes

Gerhard Ludwig Müller
Maria – Die Frau im Heilsplan Gottes
Mariologische Studien, Band XV
280 Seiten • kartoniert
ISBN 978-3-7917-1803-3

Diese Beiträge zur Mariologie bieten eine Gesamtsicht einer trinitarisch erschlossenen Anthropologie, die in Maria einen konkreten Namen hat. Dabei geht es nicht in erster Linie um Ideenkonstruktionen oder moralische Programme, sondern um den Menschen als Person vor Gott und in Gemeinschaft mit anderen Menschen. Maria als historischer und in der Gnade vollendeter Mensch ist das Bild, an dem sich Jesus als die Hoffnung für jeden Menschen erschließt.

„Mit diesem Buch legt der Verfasser die Summe seiner bisherigen mariologischen Studien in systematischer Konzentration vor und präsentiert damit eine überaus fundierte theologische und anthropologische Grundlegung der Marienverehrung. Müller versteht es, die Stellung der Gottesmutter im Heilswerk klar und theologisch kompetent zu umschreiben.“ (Die Tagespost)

Verlag Friedrich Pustet **www.pustet.de**